국립중앙도서관 출판시도서목록(CIP)

돈가스의 탄생—튀김옷을 입은 일본근대사 / 지은이: 오카다 데쓰 ; 옮긴이: 정순분.—서울 : 뿌리와이파리, 2006
　p.292 ; cm

원서명: とんかつの誕生 : 明治洋食事始め
참고문헌수록
ISBN 89-90024-54-4 03910 : ₩13,000
-
381.75-KDC4
394.1-DDC21　　　　　　　　　　　　　　　　　　　CIP2006001270

TONKATSU NO TANZYO by Tetsu OKADA
Copyright ⓒ Tetsu OKADA 2000, Printed in Japan

Korean translation Copyright ⓒ 2006 by PURIWA IPARI Pub. Co.
Korean Translation rights arranged with Kodansha Ltd.
through Imprima Korea Agency.

이 책의 한국어판 저작권은 Imprima Korea Agency를 통해
Kodansha Ltd.와 맺은 독점계약에 따라 뿌리와이파리가 갖습니다.
저작권법에 의하여 한국 내에서 보호를 받는 저작물이므로
무단전재와 복제를 금합니다.

튀김옷을 입은 일본근대사

오카다 데쓰 岡田哲 지음 · **정순분** 옮김

돈가스의 탄생

뿌리와 이파리

이해할 수 없는 일본인의 식성

1603년에서 1867년까지 이어진 에도江戶 막부(幕府, 바쿠후) 말기가 되면서 대외교류가 활발해졌다. 외국으로 떠나는 사절과 유학생, 반대로 일본으로 들어오는 외국인 선교사와 기술자들이 늘어났다. 다섯 차례에 걸쳐 파견된 막부의 외교사절단은 나이프와 포크를 쓰는 양식요리를 접하고 깜짝 놀랐고, 일본에 온 영국과 미국의 외교관 어네스트 사토, 타운젠드 해리스, 매튜 페리 같은 사람들은 일본인의 기묘한 생활습관과 음식을 흥미롭게 기록하고 있다. 여기서는 시대는 서로 다르지만 두 가지 구체적인 예를 통해 메이지明治시대(1868~1912) 이전에 일본과 서양이 얼마나 달랐는지를 살펴보고자 한다.

이탈리아의 예수회 선교사로 일본에 기독교를 전파했던 알렉산드로 발리냐노(1539~1606)는 16세기 말에 일본에서 체험한 일본인의 식성에 대해 다음과 같이 기록하고 있다.

식사방법과 요리, 그리고 수프에 이르면 도대체 이해할 수가 없다. 항상 청결을 유지하며 식사하는 방법은 매우 진중해서 우리의 식사와는 비슷한 점이 전혀 없다. 사람들은 모두 독상을 받는다. 식탁보, 냅킨, 나이프, 포크, 스푼 같은 것은 아무것도 없고, 그저 젓가락이라는 작은 막대기 두 개가 있을 뿐이다. 그 젓가락을 능란하게 써서 음식에 전혀 손을 대지 않고도 밥 한 톨 흘리지 않는다. 그들은 매우 조심스럽고 예의바르게 식사를 하며 식사에도 다른 일 못지않은 엄격한 규칙이 있다. 그리고 우리한테는 해롭지만 그들은 무척이나 좋아하는 쌀로 만든 술 말고도, 식사가 끝날 때쯤이면 겨울에나 여름에나 항상 뜨거운 물을 마신다. 이것은 너무 뜨거워서 조금씩이 아니면 도저히 마실 수가 없다. 또 그들의 음식과 조리법도, 재료와 맛이 유럽과는 전혀 다르다. 결국 그들의 음식에 익숙해지기까지는 많은 노력과 고통을 겪지 않으면 안 된다.(마쓰다 다케이치松田毅一 외 옮김, 『일본순찰기日本巡察記』)

당시 서양 사람들의 눈에는 빵, 버터, 쇠고기, 우유, 커피, 나이프, 포크가 없는 식사를, 그것도 의자가 아닌 다타미에 앉아서 먹는 일본인의 모습이 이상하게 비쳤고, 차 마시는 법이나 그 맛없는 음료(맛차抹茶, 녹차잎을 가루로 빻은 차—옮긴이)는 도저히 이해할 수 없는 것이었다. 그 무렵 일본에서 포교활동을 할 선교사의 자격에는 '거친 음식에도 견딜 수 있을 것'이라는 조건이 붙어 있었다고 한다.

서양식 앞에서 굶어죽을 지경이었던 견외사절단

한편 외국에 나간 일본인들은 서양 사람들의 음식을 어떻게 받아들였을까. 1863년 세 번째 견외사절단遣外使節團이 프랑스에 파견되었다. 지쿠고(筑後, 지금의 후쿠오카福岡 현縣)의 번주藩主였던 스물 일곱 살의 이케다 나가오키池田長發가 이끄는 34인의 사절단이었다. 일곱 달에 걸친 견문을 마치고, 적극적인 양이론자攘夷論者였던 이케다는 개국론자가 되어 귀국했다. 그는 귀국하자마자 '이제 양이로는 안 된다. 각국과 조약을 맺고 유학생을 파견해야 할 때다'라는 건백서建白書를 막부에 제출해 개국을 촉구했다. 그러나 이케다는 막부의 노여움을 사 은거隱居 명령을 받고 만다. 어쨌든 이때 동행했던 이발사 아오키 바이조青木梅藏는 견외사절단이 겪었던 일을 일기에 상세하게 기록하고 있다.

> 빵과 쇠고기구이 등등 모든 것에 절로 탄식이 나왔다. 빵은 특별히 이상한 냄새는 안 났지만 왠지 기분이 이상하고, 쇠고기는 더했다. 이틀이고 사흘이고 식사를 전혀 못 하니 배가 고파 견딜 수가 없다. 곰곰이 생각해보니, 관리 나리들은 부득이한 명이라 어쩔 수 없다 치더라도 우리는 다른 사람 눈치보느라 굶어죽을 지경에 이르렀으니 이게 도대체 무슨 죄과란 말인가. 세상에 이런 바보 같은 짓이 있

나 싶어 그저 탄식과 눈물 속에서 신께 기도를 올릴 뿐이다.

우리는 원래 떡을 좋아해 떡을 조금 준비해왔는데, 문득 그 떡이 생각났다. 얼른 꺼내서 먹었더니, 맛이 어디에도 비할 바 없었다. 떡 덕분에 겨우 힘을 얻어 배 위에 나가서 햇볕을 쏘이며 사방을 둘러보니 그때서야 기분이 좋아졌다. 때마침 관리 나리 가운데 안색이 창백하고 비틀비틀 걷는 모습이 이 세상 사람이라고는 도저히 생각되지 않는 분이 계셨다. 하다못해 죽이라도 있었으면 싶지만, 하인들도 다 죽어가는 사람들이라 아무 도움도 안 되었다. 그때 나리께서 황송하게도 내게 "어떻게 허기진 배를 채울 만한 게 없겠느냐?"고 하셔서 "알겠습니다" 대답하고, 일본에서 가져온 쌀 30섬 중에서 한 줌을 꺼내 죽을 쑤어 드리기로 했다. 그런데 물이 없어서 바닷물을 퍼올려야 했는데, 파도가 하도 거칠어서 몸이 바닷물에 빠지지 않도록 밧줄로 몸을 돛대에 묶고 두레박으로 바닷물을 퍼올렸다. 이렇게 기기묘묘한 방법으로 죽을 쑤어 먼저 나리께 드리고 차례로 하인들한테까지 돌려 먹이니 모두가 무척 기뻐했다.

이 일은 실로 내 생애 최대의 자랑거리가 아닐 수 없다. 외람된 말이지만, 관리 나리를 비롯해 죽을 먹고 있는 사람 모두가 마치 식탁에 둘러앉은 거지떼 같았다.(오사타케 다케키尾佐竹猛, 『막말 견외사절 이야기幕末遣外使節物語』)

막부 말기에 듣도 보도 못한 프랑스로 장기출장을 명령받아 떠난 사절들은 무슨 이유에서인지 일본음식을 거의 가져가지 않았다. 빵도 쇠고기도 먹어본 적이 없던 이들은 서양음식을 목으로 넘기지 못했고, 드디어는 굶어죽기 직전 상황에까지 내몰렸다. 그들이 한 숨 돌리고 겨우 살아

날 수 있었던 것은 바닷물로 끓인 죽 덕분이었다. 육식과 양식을 좋아하는 요즘 젊은이들이야 웃어넘길 이야기지만, 이것은 불과 백수십 년 전에 일본을 대표하는 관리 나리들이 이국 땅 프랑스에서 겪어야 했던 문화적 충격이었다.

돈가스, 카레라이스, 고로케의 불가사의한 마력

실은 필자도 비슷한 문화적 충격을 겪은 적이 있다. 1962년에 약 두 달에 걸쳐 미국의 16개 도시를 돌았던 업무시찰 때였다. 미국 관광 여행 같은 건 생각할 수도 없었던 시절에, 지참할 수 있는 최대한도의 돈 500달러를 가지고 미국 군용수송기를 개조한 사발기四發機에 탑승해 어렵게 떠난 해외여행이었다.

요즘처럼 국내여행과 다름없이 쾌적한 해외여행을 즐길 수 있는 시절이 아니었다. 급유와 기체 정비 때문에 몇 번이고 이착륙을 반복해야 했고, 로스앤젤레스에 도착하는 데만 이틀이 걸렸다. 일본에서는 볼 수 없었던 고층건물, 고속도로, 대형 주차장, 슈퍼마켓, 자판기, 전 세계의 술담배를 파는 가게 등은 그저 신기하고 감탄스러울 따름이었지만, 점차 여행의 피로가 쌓인 40일 뒤에 뉴욕에 닿았을 때는 그렇게 다양하고 풍부한 미국음식에도 완전히 질리고 말았다. 식욕이 사라져버렸다.

다행히 일본 상사商社의 어떤 이가 일본인클럽에 연락해서 돈가스덮밥을 특별히 준비해주었다. 아무런 장식도 없고 의자와

테이블밖에 없는 허름한 기숙사 같은 곳이었지만, 나는 거기서 미역과 두부를 넣은 된장국과 단무지 세 조각, 그리고 곱빼기로 담은 돈가스덮밥 한 그릇을 일본식 나무젓가락으로 먹을 수 있었다. 아, 그때의 감격이란……. 나는 그 돈가스덮밥 한 그릇으로 겨우 기운을 차려 여행을 계속할 수 있었다. 그때 그 돈가스의 맛은 평생 잊을 수 없을 것이다.

다른 사람들 얘기를 들어봐도, 외국에서 향수병에 걸리거나 몸 상태가 안 좋을 때는 돈가스, 카레라이스, 고로케(croquette: 고기를 다져 기름에 볶은 것을, 쪄서 으깬 감자와 섞어 둥글게 빚어 달걀·빵가루를 묻혀서 기름에 튀긴 서양식 튀김요리의 하나로, '크로켓'이 바른말이다. 그러나 여기서는 일본에서 개량되어 한국에서도 흔히 일본식으로 불리는 그 음식의 어감을 살려 '고로케'로 표기했다—옮긴이) 등 이른바 일본의 '3대 양식'이 먹고 싶어진다고 한다. 일본의 양식에는 메이지 시대 이래 선인들의 노력과 집념이 깃든 불가사의한 마력이 숨겨져 있음이 틀림없다.

메이지 유신은 요리유신

다시 한 번 막부 말기로 돌아가보자. 일본은 서양이라는 전혀 다른 세계와 만나 어느 날 갑자기 이전엔 상상도 할 수 없던 걸음을 내딛기 시작했다. 쇄국에서 개국으로 대외정책이 180도 전환된 것이다. 1868년의 이 메이지 유신을 계기로, 일본인의 식사 또한 양상이 크게 바뀌게 된다. 에도 시대에 쇄국정책을 실시할 때는 생각도 못 했던 서양의 음식문화가 급속도로 침투하기 시작해 서양풍의 재료와 서양식 조리법이 도입된 것이다.

서양음식의 대부분은 막부 말기부터 메이지 시대에 걸쳐 도입되었다. 그 후 불과 백수십 년이 지난 오늘날, 일본은 세계 어느 나라보다도 다양한 음식문화를 즐기고 있고, 국내에서 전 세계 모든 요리를 먹을 수 있게 되었다. 100년 남짓한 사이에 도대체 어떤 일들이 벌어진 걸까. 외래의 서양음식은 어떤 식으로 수용되었을까. 메이지 유신은 현대 일본의 다채로운 음식문화를 이해하는 바탕이 되는 가장 흥미로운 시대의 개막이었고, 근대화를 향한 탈피였던 메이지 유신은 그런 의미에서 동시에 '요리유신'이기도 했다.

에도 시대에 서민들이 즐겼던 음식은 경단, 찐빵, 단팥죽, 꼬치, 우무, 우동, 메밀국수, 튀김(덴뿌라), 주먹초밥, 오징어구이, 장어덮밥 등과 같은 포장마차의 즉석음식이었다. 모두가 서민들의 지혜와 궁리로 만들어진 것이었다. 재료는 어패류나 채소류가 중심이었고, 육고기는 거의 쓰지 않았으며, 남방에서 도래한 튀김을 빼고는 기름을 쓴 음식도 찾아볼 수 없었다.

메이지 유신과 함께 서양요리가 본격적으로 도입되고, 그것은 위(정부와 지식인)에서 아래(서민)로 전해졌다. 1872년(메이지 5년)에 메이지 천황이 앞장서서 육고기를 먹으면서, 바야흐로 육식이야말로 문명개화의 상징인 시대를 맞게 된 것이다.

막부 말기에서 메이지 유신에 걸친 이와 같은 음식문화의 흐름을 좀 더 좇아가보자. 막부의 쇄국정책하에서도 일찍부터 네덜란드인과 교역해온 나가사키長崎는 서양음식을 접할 기회가 많았다. 그래서 서양요리의 발상지 하면 우선 나가사키를 꼽는다. 요코하마橫濱와 고베神戶 같은 외국인거류지 근처에서도 서양요릿집이 속속 문을 열었다. 그리고 외국인을 상대로 한 쇠고깃집이 생겨나 쇠고기를 쉽게 살 수 있게 되면서 일본식 쇠고기전골(규나베牛鍋)집이나 스키야키(쇠고기와 채소를 간장과 설탕으로 조린 음식—옮긴이)집도 등장했다.

서양요리가 본격적으로 받아들여진 것은 사회의 상층부에서부터였다. 1872년 메이지 천황이 솔선해서 육식을 한 것을 시작으로 정부와 지식인들은 적극적으로 육식을 장려하고 나섰다. 궁중의 정찬에도 프랑스요리가 도입되었으며, 밤마다 열리던 로쿠메이칸(鹿鳴館: 1883년에 도쿄 히비야에 지어진 국제사교장—옮긴이) 무도회에도 등장하게 되었다. 물론 이때까지만 해도 서민에게는 그림의 떡이었다.

하지만 일본요리와 서양요리를 절충해 새로운 스타일의 음식 '양식洋食'을 만들어낸 것은 역시 쌓이고 쌓인 서민들의 창의와 궁리였다. 그 과정은 이렇다.

① 서민들은 처음 마주하는 양식 조리법에는 좀처럼 익숙해지지 않았다.
② 이윽고 쇠고기를 그때까지 먹어왔던 일본식 조미료(된장, 간장)로 맛을 내어 쇠고기전골과 스키야키를 만들어냈다.
③ 나아가 양식 조리법에 일식 조리법을 절충한 독특한 양식을 가정요리에 받아들였다.

한편 메이지 시대 중반이 되면서 일반인을 대상으로 하는 요리학교가 개설되고 활자매체에도 가정요리 관련 기사가 실리기 시작했다. 신문이나 잡지와 같은 매체가 정보를 전달하는 유력한 수단이 되어 서양요리를 일반 가정으로 침투시킨 것이다. 처음에는 서양식 요리를 만드는 방법보다 식사예법과 같은 지식을 주로 전달했지만, 점차 가정에서도 만들 수 있는 일식·양식 절충요리를 소개하는 기사가 늘어났다.

서민들이 자유자재로 양식을 만들어 먹게 된 것은 육식이 해금된 지 60여 년이 흐른, 다이쇼大正 시대(1912~1926)에서 쇼와昭和 시대(1926~1989)로 넘어가는 시기에 이르러서였다. 그리고 그 60년 세월은 곧 '돈가스'의 탄생에 이르는 과정이기도 했다.

그런데 '서양요리' 하면 곧 고기와 빵이 떠오른다. 위에서 인용했던 발리냐노의 일기에도 나와 있듯이, 메이지 시대 이전의 일본에는 나이프도 포크도 서양풍의 식탁도 없었다. 다타미 위에 자리를 펴고 풍로風爐를 놓고 그 풍로에 영양가 높은 쇠고기전골을 끓여 다 같이 젓가락으로 집어먹는 데서부터 음식의 문명개화가 시작되었다. 한편으로는 쌀밥과 경합하지 않는 '단팥빵(단빵)'이라는 간식도 만들어졌다.

쌀밥은 맛이 담백해서 여러 서양요리와도 잘 맞고 간장이나 된장 맛과도 어우러지기 쉽다. 이와 같은 특징 때문에 일본음식이 다양해질 수 있었던 것으로 생각된다.

근대국가로의 급속한 변신

그런데 당시의 일본인들은 일본과 서양의 차이를 어떻게 생각했을까. 비교할 수 없을 만큼 차이가 나는 것을 일본인들은 '달과 자라'나 '고래와 정어리'에 비유한다. 막부 말기에 통역사로 활약한 모리야마 다키치로森山多吉郎는 서양인들과 만나 그들의 문화를 처음 접하고는 "암실에서 햇빛 환한 곳으로 끌려나왔을 때의 눈부심 같았다"고 쓰고 있다. 너무나도 다른 세계에 숨이 막히는 듯했던 것이다.

이런 상황에서 메이지 신정부는 잇달아 '일본'의 급속한 변신을 계획하고 실행에 옮겼다. 메이지 원년인 1868년부터 1872년까지의 연표를 대략 살펴보자. 우선 에도를 도쿄東京라고 개칭하고, 교토京都 부府에 초등학교와 대학교를 설치했으며, 도쿄와 요코하마 사이에 전신을 개통하고, 중의원衆議院을 개원했다. 그리고 정부에 상공부를 설치하고 이와쿠라 도모미岩倉具視를 비롯한 사절단을 서양으로 파견했으며, 여학생들을 미국에 유학 보내는가 하면, 도쿄에 사범학교를 설립하고, 신바시新橋와 요코하마 사이에 철도를 개통했다.

개혁의 일부만 들어도 이 정도인, 어제와 오늘, 내일의 생활방식이 송두리째 바뀔 만큼 엄청난 활력과 변화의 시대였다. 그리고 거기에는 분야를 막론하고 근대화된 서구 세계를 하루라도 빨리 따라잡고 추월하자는 메이지 시대 사람들의 결의가 가득 차 있었다.

1,200년의 금기를 깨뜨리다

그런데 이처럼 근대화를 추진한 메이지 신정부가 그토록 육식을 장려한 까닭은 무엇일까. 그 이유에 대해 잠깐 짚어두기로 하자. 일본인은 7세기에 덴무天武 천황이 살생을 금지한 이래 1,200년 동안 소와 같은 육고기는 먹지 말도록 철저히 교육받아왔다. 다행히 일본은 수전도작水田稻作 농경문화권에 속하는 천혜의 기후풍토를 누리고 있었다. 사계절이 뚜렷한 온대지역이어서 북쪽에서 남쪽에 이르기까지 음식자원의 종류와 양이 매우 풍부했다. 그래서 일찍부터 각 지방마다 그곳에서 나는 어패류나 채소를 가장 맛있게 조리하는 음식가공법이 발달했다. 일본식 조리법과 독특한 발효기술 덕분에 적어도 에도 시대 정도의 인구까지는 자급자족체제를 갖출 수 있었다.

그러나 급속히 근대화를 추진해 서구의 선진국가 대열에 끼기 위해서는 불가피하게 서양문명을 도입하지 않을 수 없었다. 단적으로 말하자면, 육식을 해금해 체격을 키움으로써 일본인의 체력에 대한 열등감을 불식함과 동시에 서양요리의 보급을 통해 서구의 뛰어난 음식문화, 나아가서는 문명을 섭취·흡수·동화하려고 했던 것이다.

그러나 벌써부터 남만(南蠻: 일본이 중세 말부터 에도 시대에 걸쳐 동남아시아를 일컫던 말—옮긴이)문화로 전해져 있던 발효식품인 서양의 빵은 300년이 지난 막부 말기에 이르러서도 그다지 널리 보급되어 있지 않았다. 기껏해야 존왕양이(尊王攘夷, 일본 에도 시대 말기에 일어난 외세배격운동으로, '존왕'은 천황의 권위를 복원하자는 '천황숭배' 사상이고, '양이'는 외국을 오랑캐로 낮추어보며 배격하고자 했던 봉건적 배외사상이다. 메이지 유신 이후 개화론에 밀려 세력을 잃었다—옮긴이)를 지향하는 각 번들이 빵을 휴대용 군량으로 연구한 정도였다. 더구나 육식 쪽을 보면, 육식을 하면 심신이 모두 부정을 탄다는 금기가 엄격하게 지켜진 결과로 일본인은 어패류와 채소류만 즐기는 민족이 되어 있었다. 어떻게 좋아하지도 않는 냄새나는 육고기를 하루아침에 표변해서 먹을 수 있단 말인가. 육식반대론도 거세었다.

한편 육식을 지향하는 세계에서도 불가사의한 일이 벌어졌다. 육식의 풍조는 1883년 로쿠메이칸이 완성되면서 한층 더 성행하고 정부나 지식인들의 노력은 대성공으로 보였지만, 연일 계속되던 무도회는 그로부터 불과 몇 년 뒤에 막을 내리고 만다. 서양요리는 서민들에게 더욱 인연이 닿지 않는 존재가 된 것이다. 육식은 역시 일본인에게는 무리였던 것일까. 그러나 그것은 끝이 아니었다. 이윽고 때가 되자, 서민들이 서양요리를 일본식으로 만들어낸 일품一品 양식들이 속속 탄생했다.

서양요리의 소화·흡수를 넘어

오늘날 우리는 물건(물질)보다 사람(정신)의 풍요로움을 추구하는 시대에 살고 있다. 생활의 리듬이나 가치관이 인간관계, 가족의 건강, 정신세계의 충실 등을 추구하는 쪽으로 크게 바뀌어가고 있다.

이 책은 문명개화를 배경으로 한 양식 이야기다. '돈가스'나 '단팥빵'이 주인공인 양 자주 등장한다. 그러나 돈가스나 단팥빵이라는 물건의 세계에만 집착하고 싶지는 않다. 어떻게 해서 단팥빵이 만들어지고 돈가스가 탄생하게 되었는지, 그리고 얼마나 많은 사람들이 이 요리유신에 정열을 쏟으며 관여해왔는지를 얘기하고 싶다. 오늘날과 마찬가지로 물건보다 사람이 중심이었던 이 시대 사람들을 되돌아보면서 현대의 진정 풍요로운 삶이 무엇인가에 대해 다시 한 번 생각해보고 싶은 것이다.

각설하고, 정부가 1872년에 육식을 해금하고 서양요리를 예찬하는 캠페인을 대대적으로 벌이자 서양음식은 빠른 속도로 엘리트층으로 파고들었다. 그러나 민중에게는 여전히 소원한 존재였다. 하지만 몇몇 사람들의 수많은 고민과 궁리의 결과로 메이지 시대로부터 60년이 지난 쇼와 시대 초기에 돈가스가 탄생하면서 육식은 서민생활 깊숙이 스며들었다. 밀가루, 계란, 빵가루로 입힌 세 겹의 튀김옷이 뜨거운 기름과 고기를 격리시켜 육즙이 유출되는 것을 막고 육질을 부드럽게 유지한다. 그리고 빵가루에 적당히 스며든 기름이 풍미를 더해 사각사각 씹히는 맛이 그만이다. 양식의 왕자王者 돈가스의 탄생, 그리고 돈가스가 그 발상지 우에노上野와 아사쿠사淺草에서 전국으로 급속하게 퍼진 일이야말로 일본 서민이 서양요리를 소화하고 흡수했음을 나타내는 기념비적인 사건이었다.

이 책은 거기에 이르는 긴 과정을 그린다. 우선 제1장에서는 메이지 시대 초기에 육식이 해금될 때까지 일본인은 육식을 어떻게 생각했는지를 역사의 흐름 속에서 에피소드 몇 가지를 통해 살펴보고자 한다.

제2장에서는 정부나 지식인들의 육식장려책에 대해 구체적으로 다룬다. 하지만 먹는 방식(조리법)을 결정짓는 것은 역시 서민들이다. 일본에 육식이 침투한 것은 육고기를 일본식으로 조리한 쇠고기전골과 스키야키에서부터였다. 돈가스를 중심으로 한 일양절충和佯折衷요리 '양식洋食'이 출현하기까지의 먼 도정은 소만큼이나 느릿한 발걸음이었다.

제3장에서는 육식과 관련된 진귀하고 기이한 이야기를 소개한다. 오늘날 우리의 상식으로는 도저히 이해할 수 없는 것들이지만, 당시 사람들은 매우 진지했다.

그런데 서양요리는 빵과 고기 없이는 말이 안 된다. 제4장은 1874년에 만들어진 단팥빵 이야기다. 빵은 6,000년 이상의 역사를 가지고 있다. 그러나 일본인이 빵과 만난 것은 겨우 400년 전의 일이다. 일본인과 빵의 그 특이한 만남에 대해서도 다룰 것이다.

이 많은 과제를 거쳐서 비로소 '돈가스의 탄생'이 이루어진다. 메이지 시대 초기 육식이 해금되고 60년이라는 긴 세월이 흐른 뒤의 일이다. 제5장에서는 이렇게 돈가스를 만들어낸 일본인들의 집념을 여러 각도에서 구체적으로 살펴본다.

제6장은 돈가스의 탄생을 '도달점'으로 한 양식의 역사를 4기로 나누어 되돌아보는 마지막 장이다.

본론에 들어가기 전에 미리 얘기해두고 싶은 것이 있다. 제5장의 '돈가스의 어원' 대목에서도 나오지만, 돈가스는 일본어로 다양한 방식으로 표기되고 있다. 그것은 돈가스가 원래 '돈'(豚: 돼지)과 '가스'(커틀릿, cutlet)라는 일본어+외래어의 합성어인 데서 생기는 문제인데, 이 책에서는 독자의 눈에 친숙한 '돈가스'로 표기하기로 하겠다 (일본어로는 히라가나, 가타카나와 한자 등이 다양하게 조합된 여러 표기가 있지만, 우리말로는 별 의미가 없다―옮긴이).

또한 이 책에서 다루는 주제는 '음식'이고, 이들 음식을 '창제' 또는 '창업'한 사람의 이름이나 날짜에 대해서는 이설이 따르기 마련이다. 하지만 여기서는 필자가 신뢰하는 다수설에 따랐음을 미리 밝혀둔다.

— 머리말 • 5

01 | 메이지 5년 정월, 메이지 천황 육고기를 먹다
1. 메이지 유신, 요리유신 • 25
2. 육식의 일본사 • 32
3. 막부 말기의 육식은 '보약' • 38

02 | 쇠고기를 먹지 않는 자는 문명인이 아니다
1. 쇠고기, 냄비에 들다 • 47
2. 지식인들의 쇠고기 찬가 • 64
3. 증가하는 육류 수요 • 74
4. 모리 오가이 대 후쿠자와 유키치 • 80
5. 서양요리의 정통 • 86

03 | 진기한 음식, 기묘한 매너
1. 고기 알레르기 • 109
2. 쉽지 않은 식사예법 • 114
3. 해괴한 양식 • 119

04 | 단팥빵이 태어나던 날
1. 빵의 장대한 역사 • 127
2. 신기한 음식, 빵 • 133
3. 군사식량으로 빵을 만들고 • 137
4. 단팥빵의 탄생 • 149

05 | 양식의 왕자 돈가스
1. 돈가스의 수수께끼 • 169
2. 튀김방법의 비밀 • 178
3. 돼지고기와 일본인 • 187
4. 돈가스의 탄생 • 193
5. 돈가스를 탄생시킨 지혜 • 212

06 | 양식과 일본인
1. 서양요리에 대한 숭배―메이지 시대 초기 • 233
2. 서양요리의 흡수 및 동화―메이지 시대 중기 • 236
3. 일양절충요리의 대두―메이지 시대 후기 • 238
4. 양식의 보급―다이쇼 시대와 쇼와 시대 • 255

― 에필로그 • 262
― 옮기고 나서 • 273
― 일본 양식 연표 • 279
― 참고문헌 • 284

01

메이지 5년 정월, 메이지 천황 육고기를 먹다

1. 메이지 유신, 요리유신
2. 육식의 일본사
3. 막부 말기의 육식은 '보약'

일본인은 덴무 천황이 「살생과 육식을 금지하는 칙서」를 발표한 675년 이래 1,200여 년 동안을 육식에서 멀어져 있었다. 이 기나긴 전통을 스물한 살의 메이지 천황이 하루아침에 해금해버린 것이다. 1872년 1월 24일, 천황이 대신과 참의들을 궁중의 학문소로 불렀다.

01 메이지 5년 정월, 메이지 천황 육고기를 먹다

1. 메이지 유신, 요리유신

체력적·문화적 열등감

메이지 천황이 육식을 해금한 경위부터 이야기를 시작해보자. 메이지 유신이 시작되기 바로 전의 막부 말기는 한창 존왕양이다, 좌막佐幕이다, 도막倒幕이다, 개국開國이다 하는 격론이 되풀이되던 시대였다. 러시아, 네덜란드, 프랑스, 미국 등의 배가 일본 근해에 출몰해 무역의 재개 또는 화친·통상조약의 체결을 강력히 요구하기 시작했다. 이런 소란 속에서 쓰러져간 지사志士만 해도 480여 명에 달했다고 한다.

일본은 과연 어떻게 되는 것일까. 내우외환이 소용돌이치는 가운데 고메이孝明 천황은 끝까지 양이론을 고집했다. 어수선한 정국의 흐름 속에서 15대 쇼군將軍 도쿠가와 요시노부德川慶喜는 심사숙고 끝에 드디어 정치를 천황에게 봉환했고(大政奉還), 왕정복고와 함께 메이지라고 하는 새로운 시대, 근대화를 촉진시킨 '요리유신'의 시대가 도래했다.

1867년 1월 약관 열여섯의 나이로 즉위한 메이지 천황은 쇄국에서 개국으로 정책을 180도 전환시켰고, 온 나라가 서양 여러 나라를 따라잡기 위해 동분서주했다. 메이지 신정부는 잇달아 근대화계획을 세웠다. 이와 같은 당시의 정세를 이와쿠라 도모미岩倉具視는 "효고兵庫를 개항한 뒤로, 조정이 외국과 화친을 맺는 것은 이미 되돌릴 수 없는 흐름이 되어 있었다"고 썼다.

당시 지도자들의 고민거리는, 근대화의 격심한 차이도 차이지만, 위로 올려다보아야 할 정도에 이르는 서구인과의 체형의 차이였다. 그런 현실에서 어떻게 하면 서구의 뛰어난 문명을 무리 없이 도입할 수 있을까. 발상의 대전환이 필요했다. 그리고 그 결론은, 육식을 해금하고 서양음식을 보급해 체형으로나 문화적으로 서구인에 대한 열등감을 없애는 것이 급선무라는 것이었다.

일본인은 7세기 후반 덴무 천황이 '살생과 육식을 금지하는 칙서'를 발표한 이래 1,200여 년 동안을 육식에서 멀어져 있었다. 이 기나긴 전통을 스물한 살의 메이지 천황이 하루아침에 해금해버린 것이다.

1872년 1월 24일, 천황이 대신과 참의들을 궁중의 학문소學問所로 불렀다. 『요시이 도모자네 일기吉井友實日記』에는 '천황, 서양요리의 만찬에

임하시다'라는 글과 함께 고토 쇼지로後藤象二郎, 소에지마 다네오미副島種臣, 에토 신페이江藤新平, 데라시마 무네노리寺島宗則, 이노우에 가오루井上馨 등 일본의 역사에 이름을 남긴 쟁쟁한 정치가들의 이름이 적혀 있다. 메이지 천황의 이날 회고담에는 "육식은 양생養生을 위해서라기보다는 외국인과 교제하기 위해 먹었다"고 오쿠보 도시미치大久保利通에게 전했다고 되어 있다. 서양의 사절단을 계속해서 초빙하는 판에 육고기 없이 생선만 있는 기묘한 일본요리만 내놓아서는 도무지 체면이 안 섰던 것이다.

서양요리는 처음에는 영국풍이었지만, 나중에는 프랑스풍으로 바뀌었다. 그리고 프랑스요리가 외국 사신들을 접대하는 정찬이 되었는데, 이 습관은 오늘날까지 변하지 않고 있다. 일설에 따르면, 메이지 천황과 황후는 일본풍의 생활양식과 일식을 좋아해서 개인적으로는 육식을 그다지 즐기지 않았다고 한다. 그러나 공식적인 자리에는 그 무렵 유행한 말처럼 '화혼양재和魂洋才'(일본의 전통적인 정신을 잊지 않고 서양문화를 배워서 양자를 조화시키고자 하는 정신—옮긴이)가 도입되었다. 서양문명의 찬란함은 그만큼 눈부셨고, 절대적인 영향력을 지니고 있었다. 당시의 신문 『신분잣시新聞雜誌』에는 "우리 조정에서는 중고中古 시대 이래 육식을 금했는데, 황송하게도 천황께서는 그에 대한 말씀이 없으시고 스스로 육식을 드시고 계시니, 이것은 궁중에서 정하신 바가 있기 때문이니라"라고 되어 있다.

육식 해금은 일본인의 식사습관에 큰 영향을 미쳤다. 그때까지만 해도 육고기는 불결한 것이었고, 사람들은 오랫동안 "먹으면 몸도 마음도 의복도 주거도 부정을 탄다, 다른 사람 앞에 나설 수도 없게 된다, 금기를 범한 자는 귀양 등의 엄벌에 처해진다"고 철저히 교육받아왔다. 그런데 하루아침에, 문명인 대열에 끼기 위해 육식을 하라는 것이다. 뿌리 깊은 금기를 깨뜨리기 위해서는 정부와 지식인들이 적극적으로 육식을 장려하는 수밖에 없었다.

이와 같은 궁중의 육식해금계획은 사실 하루아침에 이루어진 것이 아니었다. 궁내청(宮內廳: 황실 관계의 업무를 보는 관청—옮긴이)이 펴낸 『메이지 천황기明治天皇記』에는 1871년(메이지 4년) 12월 17일의 「육고기 공진供進」 항에 "육식의 금지는 원래 승려의 정계定戒지만, 중고 시대 이래 궁중에서도 육고기를 금해 오늘에 이르렀다. 그러나 그 후 이것을 해금해 천황께도 올리도록 했다. 내선사(內膳司: 궁내청에서 천황의 식사를 담당하는 부서—옮긴이)에 명해 쇠고기와 양고기는 평상시에 올리도록 하고, 돼지·사슴·멧돼지·토끼 고기는 때때로 소량을 올리도록 한다"고 되어 있다.

신정부의 지도자들은 돼지, 사슴, 토끼, 양, 소 등의 육고기를 해금하고 천황이 스스로 육식의 모범을 보임으로써 일본의 근대화를 촉진하고자 했던 것이다. 이미 8월에 천황이 산조 사네토미三條實美를 비롯한 고관을 불러 궁중에서 서양요리를 시식하고 또 매일 우유 2홉(1홉은 약 180밀리리터—옮긴이)을 마시는 등 육식을 하기 위한 준비가 착착 진행되고 있었다.

육식 해금은 매우 괴이한 일

어떤 제안이든, 찬성의견이 있는가 하면 반대도 있게 마련이다. 역사는 이와 같은 일이 되풀이되면서 만들어진다. 육식 해금 또한 결코 순조로이 이루어진 것이 아니었다. 역시 강하게 반발하는 자들이 나타났다.

육식이 해금된 지 한 달쯤 뒤인 1872년 2월 18일, 흰 천으로 온몸을 휘감은 자객 열 명이 천황의 거처에 난입해 네 명이 사살되고 중상 한 명에 다섯 명이 체포되는 사건이 발생했다. 진술서에는, 이들은 "현재 이방인이 들어온 이후 일본인이 오로지 육식을 하는 고로 땅이 모두 더러워지고 신이 있을 곳이 없음에 즈음하여 (중략) 이방인을 몰아내고 신불神佛과 제후의 영토를 예전과 같이 지켜내야만 한다"고 주장한 것으로 되어 있다.

만백성 위에 군림해 곡물의 이삭으로 제를 올리고 고대 이래로 육식을 금지한 역대의 천황을 내팽개치고 외세에 눌려 육고기를 해금하는 것은 얼토당토않은 일이라는 것이었다. 정진결재(精進潔齋: 육식을 끊고 근행을 하여 몸을 깨끗이 하는 것—옮긴이)를 신조로 한 산악山岳신앙을 지닌 그들은 육식 재개는 용서할 수 없는 행위이자 사회혼란의 원흉이라며 구질서의 부활을 강력히 주장했던 것이다.

그리고 1877년 4월, 『조야 신문朝野新聞』에는 「양식洋食과 양의洋醫를 궁중에서 몰아내라」라는 제목으로 양식에 반대하는 과격한 고풍당高風黨 선언이 실렸다. "주상의 수라상에 양식을 올리는 것은 심히 괴이한 일로, 주상은 원래 양식을 좋아하지 않으시지만 ○○ ○○○(오쿠보 도시미치大久保利通―지은이)가 무리하게 권해 마음에 드시지 않는데도 아침과 점심을 드시고 계시니, 신하된 자로서 실로 그 울분을 견디기 힘든 노릇이다"라는 것이었다. 하지만 이와 같은 격렬한 육식반대론에도 불구하고 상층부에는 서양요리가 착착 정착되어갔고, 이윽고 로쿠메이칸 시대를 맞이하게 된다.

육식과 서양요리를 향한 신정부의 집념

메이지 천황의 육식 해금에 어떤 의도가 있었는지는 이미 서술했다. 메이지 신정부는 일본을 근대국가로 탈바꿈시켜 선진세계의 대열에 끼기 위해 필사적으로 노력했다. 그 목표를 위해 정부는 육식을 장려하고 서양요리 보급에 힘쓰며 이와 관련된 정보를 대대적으로 보도하는 작전을 폈다. 그리고 그 중심에 천황을 두었다.

『메이지 천황기』에는 많은 에피소드가 실려 있다. 1872년 5월 19일, 천황은 궁중으로 부른 의과학교의 네덜란드인 교사 맨스펠트와 양학교의 미국인 교사 제임스에게서, 일본인의 체형을 향상시키는 데는 육식이 필요하고 목축을 장려하는 것이 급선무라는 말을 듣는다. 그리고 이런 얘기도 실려 있다. 그로부터 닷새 뒤에 천황이 가고시마鹿兒島 순행을 떠났는데, 순행 중에 들른 외국인 집의 노파가 서양요리를 대접하고 싶다고 청했다. 천황은 "그 노파는 짐이 누구인지 모르는 것 같았다"고 술회하고 있다.

다음 해인 1873년 7월 2일, 황후와 궁중의 여관女官들은 쓰키치築地의 세이요켄精養軒의 주인 기타무라 시게요시北村重威를 교사로 삼아 '서양요리 식사법 수업'을 시작했다. 그리고 영국, 미국, 네덜란드, 프랑스, 독일, 벨기에, 러시아, 스페인 등 각국 공사와의 만찬에 서양요리를 내놓는 일이 셀 수 없을 만큼 빈번해졌다. 일본어와 서양어로 병기된 이들 메뉴의 대부분이 지금까지 남아 있다고 한다.

단발머리에 양장을 한 천황이 서양요리를 본격적으로 도입하는 데 앞장섰다. 서양요리의 식사예절에 익숙해진 황후는 1877년 12월 29일 천황과 함께 서양식을 먹은 후 '서양요리'라는 시제詩題를 받고 "수라상 받든 신하도 온 정성을 다하는도다 그 맛보는 것조차 다르디다른 것에"라고 시(여기서는 5·7·5·7·7의 일본 전통시 와카和歌를 말한다—옮긴이)를 읊고 있다. 대략 '주방의 요리사들은 손에 익지 않은 서양요리를 정성을 다해 조리했겠지요, 평소에 먹는 일본음식과 비교하면 어찌 이리도 맛이 다를까요' 정도의 뜻인데, 이 얘기를 전해 들은 내선內膳과장은 더욱 정진해서 서양요리 만드는 솜씨를 기르기로 결심했다고 한다.

이듬해인 1878년 4월 9일에는 천황이 근위병을 데리고 우에노上野 공원에서 활짝 핀 벚꽃을 구경한 다음 공원 안의 세이요켄에서 서양요리 점심을 먹었다. 그 무렵은 정한론征韓論이 저지되고 세이난西南 전쟁이 종결되어 근대화를 향한 여러 정책들이 순조롭게 진행되던 시기였다.

지금까지 '메이지 천황, 고기를 먹다'라는 주제로 정부 상층부의 육식 도입에 대해 살펴보았다. 하지만 서민층은 상황이 달랐다. 육식이 해금되었다고 해서 서민들이 바로 육식에 뛰어든 것은 아니었다. 서민들은 이로부터 오랜 시간을 거치면서 서양요리의 틀 안에서 고기 조리법을 습득하고 일본인의 독특한 절충요리인 '양식'을 차례차례 만들어간다. 메이지 시대는 '양식의 시작'에 지나지 않는 것이다. 그리고 쇼와 시대에 들어서야 '돈가스의 탄생'이 이루어진다.

하지만 본론으로 들어가기에 앞서, 에도 시대 이전에는 일본인과 육식의 관계가 어떠했는지를 간단히 살펴보기로 하자.

2. 육식의 일본사

들짐승과 날짐승의 보고

1872년에 육식을 해금하기까지 일본인이 육고기를 전혀 먹지 않은 것은 아니다. 고대로 거슬러올라가 당시 사람들과 육고기의 관계를 살펴보자. 일본에서는 구석기 시대에서 벼농사의 전래와 함께 농경문화가 시작된 조몬繩文 시대 말기까지 수렵과 어로를 위주로 한 생활이 이어졌다. 이 시대의 유적에서는 많은 수의 뼈가 확인되는바, 고대 일본에서는 육고기가 단백질 공급원으로서 중요한 식자원이었음을 알 수 있다.

이 가운데 홋카이도北海島에서 오키나와沖繩에 이르는 구석기 시대의 유적에서는 멧돼지와 사슴의 뼈가 출토되고 있다. 조몬 시대 유적은 간토

關東와 도호쿠東北 지방에 많은데, 주로 멧돼지와 사슴을 중심으로 너구리, 늑대, 곰, 원숭이, 영양, 토끼, 날다람쥐, 물오리, 꿩, 학의 뼈가 발굴되고 있다. 일본은 온대지역에 속하고 강수량도 많아 들짐승과 날짐승의 보고였을 것이다. 하지만 여기에는 소, 말, 염소, 양이 보이지 않는데, 그것은 이 짐승들이 조몬 시대 후기 이후에 대륙으로부터 전해졌기 때문이다. 이와 같은 자연환경에서 일본은 유목민족과는 전혀 다른 가축문화를 형성하고 있다.

야요이彌生 시대의 유적은 일본의 서쪽 지역에 많다. 멧돼지, 사슴 외에도, 곰, 늑대, 원숭이, 토끼, 날다람쥐, 영양 등의 뼈가 출토되고 있다. 이 무렵에 소와 말은 가축화되어 농경용으로 논농사에 쓰이기 시작했다는 설이 있다. 고대인은 들짐승 고기를 즐겨 먹었지만, 소와 말은 가축으로 귀하게 다루었다. 그리고 닭은 때를 알려주는 상서로운 짐승이었다. 일본인은 이처럼 일상생활에서 동물들을 구분해 쓰고 있었던 것이다. 『삼국지 위지 왜인전三國志魏志倭人傳』의 "사람이 죽은 후 10여 일은 고기를 입에 대지 않는다"는 기술에서 역으로, 고대 일본에는 육식이 꽤 보급되어 있었음을 알 수 있다.

고훈古墳 시대가 되면 육식에도 큰 변화가 나타난다. 소는 농경용으로 말은 군사용으로 이용되고, 이것이 일본 각지로 퍼져나간다. 이 무렵에는 중국이나 한반도에서 건너와 정착하는 사람들도 많아지는데, 그들은 멧돼지나 개, 그리고 가축으로 쓰던 소나 말을 먹는 습관을 지니고 있었던 것으로 추측된다.

불교의 전래와 육식금지령

538년(긴메이欽明 천황 7년)에 일본에 불교가 전래된 것으로 되어 있다. 663년에 벌어진 백마강(하쿠손코白村江) 전투 이후 멸망한 백제의 망명자들이 속속

[그림 1] 일본의 살생금단·방생령 (야마우치 아키라山內昶의 『식食의 역사인류학』에서)

연대	포고자	동물	이유	출전
675년(덴무天武 4)	덴무 천황	소, 말, 개, 원숭이, 닭	불교 및 실리	『일본서기日本書紀』 29
721년(요로養老 5)	겐쇼元正 천황	사냥개, 가마우지, 닭, 돼지 방생	불교 및 인애仁愛	『속일본기續日本紀』 8
730년(덴표天平 2)	쇼무聖武 천황	돼지, 사슴	난획 금지	『속일본기續日本紀』 10
732년(덴표 4)	쇼무聖武 천황	돼지 40두 방생	가뭄	『속일본기續日本紀』 11
741년(덴표 13)	쇼무聖武 천황	말, 소	실리	『속일본기續日本紀』 14
758년(덴표호지天平寶字 2)	고켄孝謙 천황	돼지, 사슴	황후의 쾌유 기원	『속일본기續日本紀』 20
791년(엔랴쿠延曆 10)	간무桓武 천황	소	제물 사용의 금지	『속일본기續日本紀』 40
801년(엔랴쿠 20)	간무桓武 천황	소	제물 사용의 금지	『일본후기日本後紀』 9 일문逸文
804년(엔랴쿠 23)	간무桓武 천황	소	실리	『일본후기』 12
810년(고닌弘仁 1)	사가嵯峨 천황	소, 말	실리	『일본후기』 20
1126년(다이지大治 1)	스토쿠崇德 천황	가마우지, 매, 개 방생	기근	『햐쿠렌쇼百練抄』

바다를 건너왔다. 신라와 고구려 사람들도 찾아왔다. 이들은 오미(近江, 지금의 시가滋賀 현)의 도읍지(오쓰大津)에서 우대받으며 갖가지 이문화의 꽃을 피웠는데, 거기에는 좋은 소를 사육하고 소를 잡아 신에게 바치는 풍습도 들어 있었다. 그래서 오늘날 소의 주요 생산지는 이 '도래인' 들의 전통을 이어받은 곳이 많다.

진신壬申의 난에서 승리한 오아마大海人 황자는 덴무 천황이 되었다. 그는 불교를 융성시키고자 불상을 만들고 사원을 일으켜 경전을 봉납하기도 했는데, 675년(덴무 4년) 불교 교의를 기반으로 한 살생 금지, 육고기 금지 사상에 입각해 소, 말, 개, 원숭이, 닭 등의 육식을 금하는 칙령을 발포했다. "소, 말, 개, 원숭이, 닭은 먹지 말라. 이 밖의 것은 금하지 않는다. 만일 이를 범하는 자가 있으면 처벌하리라.且莫食牛馬犬猿鷄之宍 以外不在禁例 若有犯者罪之" 최초의 육식금지령이었다. [그림 1]은 일본의 살생금단령殺生禁斷令과 방생령放生令을 나타낸다.

불교는 본래 음식에 대한 터부는 없지만, 산 것을 해하거나 죽이는 일은 피했다. 육식금지령은 여기에 기반을 둔 일본적 금기로, 그 후에도 때때로 금지령이 발포되었다. 살생금단령 외에 방생령도 발포되었는데, 방생령이란 잡은 동물을 들에 놓아주는 의식이다. 신사나 절에서는 오늘날에도 음력 8월 15일에 방생 행사를 벌이고 있다.

이들 금지령은 1,200년 동안이나 이어져, 일본의 음식이 육고기와 멀어지고 단백질공급원이 육류에서 어패류 중심으로 바뀌는 원인이 된다. 수·당 시대에 전해진 우유나 유제품도 사라져버렸다. 금지령의 특징은 사육동물인 가축을 대상으로 했다는 점이다. 예외는 있지만, 야생동물은 제외되었다. 농경, 군사, 수송에 유용한 소와 말은 절대로 살생해서는 안 되었다.

몬무文武 천황 때인 701년(다이호大寶 원년) 일본 최초의 본격적인 법전인 다이호 율령이 발포되었다. 율령에는 가축이나 고기에 대한 조항도 들어 있었다.

그러나 가축을 먹는 것은 기마민족의 습관으로, 고대 일본에는 없던 것을 '도래인'이 가져온 것이었다. 따라서 당시의 일본인에게 육식 금지는 그다지 고통스럽지 않은 금지령이었을 것으로 생각된다. 오히려 불교의 융성과 함께 대두되기 시작한 도래인 세력을 음식 측면에서 억압하려고 한 정책이었다는 견해도 있다.

우유를 마시는 것은 생피를 마시는 것과 같다

불교의 5계 가운데 '불살생不殺生'이 있다. 먹는 음식에 대한 터부는 없지만, 유전流轉과 윤회輪廻 사상 때문에 산 것을 해치거나 살생하는 것을 피하려고 했다. 산 것은 사람도 동물도 마찬가지라고 보았기 때문에 살생의 응보를 두려워한 것이다. 그러나 같은 생물이라도 어패류는 별개였다. 불교 살생계殺生戒의 모순이라고도 할 수 있다.

같은 불교국가지만, 중국에서는 일본과 같은 육식금지령이 발포되지 않았다. 살생계가 사원을 중심으로 한 일부 신도들에 의해 지켜지긴 했지만, 일반적으로는 소, 돼지, 말, 양, 닭, 물고기 등 뭐든지 먹었다. 다만 부모의 상을 당했을 때는 고기와 술을 삼갔다. 한반도에도 살생금지령이 있긴 했지만, 일본만큼 엄격하진 않았다. 쇠고기는 몽고의 침략 무렵에 부활해 조선시대에 정착했다고 한다.

이처럼 일본, 중국, 한반도는 각기 전혀 다른 육식문화를 형성하고 있었다. 서양의 요리를 받아들이고, 나아가 독자적인 절충으로 '양식'을 만들어낸 것은 일본뿐이었다.

일본인의 육식기피 현상은 율령국가 이래 계속된 것으로, 들짐승과 날짐승의 고기는 별개였지만 가축류의 고기를 먹는 것은 엄격하게 금지되었다. 무로마치室町 시대의 선교사 클라세가 쓴 『일본서교사日本西敎史』에는 "일본인이 쇠고기와 돼지고기, 양고기를 기피하는 것은 우리나라에서 말고기를 기피하는 것과 같다. 또 우유를 마시는 것은 생피를 마시는 것과 마찬가지라고 해 굳이 마시지 않으며, 소와 말이 아주 많지만 소는 농사에 쓰고 말은 전쟁에 사용할 뿐이다. 일본인은 사냥으로 잡은 들짐승 외에는 먹지 않는다. 산에는 영양, 멧돼지, 토끼류가 매우 많다. 새 역시 많다"고 되어 있다. 그러나 에도 시대 중기부터 말기에 걸쳐 영주大名 중에는 이런 규정에 따르지 않고 몰래 '몸보신' 용으로 육식을 하는 자가 나타났다.

3. 막부 말기의 육식은 '보약'

히코네 지방의 쇠고기 된장절임

에도 시대에 은밀하게 행해진 육식이나 몸보신용 '보약'과 관련된 에피소드가 다양하게 전해지고 있다. '보약'이란 양생養生이나 병자의 체력 회복을 위해 약 대신 먹던 고기를 말한다. 육식금지령이 발포된 뒤에도 아스카飛鳥, 나라奈良 시대에는 보약 사냥이 벌어졌고, 에도 시대에는 보약 복용이 성황을 이루었다. 불교에 귀의한 귀족이나 영주들도 뭐든 이유를 붙여서 육식을 즐기고 있었던 것이다.

보약으로는 멧돼지나 사슴이 많이 쓰였다. 사슴은 멧사슴이라고도 불린다. 겨울의 멧돼지고기는 기름이 올라 맛이 좋았으므로, 보약은 하이쿠 (俳句: 5·7·5조의 17음으로 된 일본 고유의 짧은 시—옮긴이)의 겨울 계어(季語: 하이쿠에서 계절감을 나타내기 위해 넣도록 정해진 말—옮긴이)로 쓰이기도 했다. '냉증 때문에 스무날 동안 먹은 겨울 모란꽃', '독약이 되는 놈 펄펄 끓고 있는 몸보신 탕기', '고깃집 고기 돌팔이의사만큼 병에 잘 들어', '보신 고기에 옆집 남자 주인장 젓가락 지참', '보약을 먹는 사람한테 말 마라 사슴 계곡을', '보약 챙기기 그래도 역시 서방밖에 없어라', '부엌 끝없는 불조심 또 불조심 보약 끓이기'와 같은 센류(川柳, 하이쿠와 형식은 같지만 내용은 풍자와 익살을 주로 한 짧은 시—옮긴이)가 당시의 상황을 전하고 있다.

어른들이 아이들한테는 독이라고 해놓고 밤중에 화로를 뜰에 내놓고 몰래 수육을 삶는데, 그 냄새에 아이들이 잠을 깨는 바람에 고기 한 점씩을 먹여 재웠다는 이야기도 있다. 고기를 삶으면 부정탄다고 자기 냄비는 놔

두고 이웃집 냄비를 빌려다 썼기 때문에 '다음부터는 빌려주지 마 냄비 버려'라고 빌려준 사람이 혼난 이야기도 있다.

오미近江 지방은 백제나 신라에서 건너온 사람들이 일찍부터 정착해 살던 곳이다. 좋은 소를 사육하는 기술이 뛰어나서 '오미 소'나 '오쓰 소'의 산지로 알려져 있다. 히코네彦根 번에서는 매년 한겨울에 붉은 반점이 있는 소를 잡아 만든 쇠고기 된장절임을 쇼군將軍이나 3대 가문(오와리尾張, 기이紀伊, 미토水戶)에 헌상하는 것이 상례였다. 멧돼지를 '모란'이라 부르던 것에 비기어 쇠고기는 '흑모란'이나 '겨울모란'이라는 은어로 불렸던 시대였다. 붉은 반점이 있는 소는 먹어도 몸이 더럽혀지지 않는다는 그럴싸한 구실이 만들어졌다. 쇠고기 된장절임은 서양요리의 조리법과는 전혀 다른 완전히 일본풍의 조리다. 쇠고기라는 서양풍의 재료를 가지고 일본식으로 맛을 낸 것이다. 고기를 이처럼 일본식 조미료로 조리하는 발상이 훗날 쇠고기전골에 응용되었는지도 모른다.

외국인거류지의 육식

막부 말기 요코하마나 고베 같은 외국인거류지의 골칫거리는 쇠고기를 손에 넣기가 어렵다는 점이었다. 이들은 막부에 살아 있는 소를 제공해달라고 요구했지만, 막부는 몇 차례나 '쇠고기 유서諭書'를 내어 거절했다. "우리나라 백성이 기르는 소와 말은 무거운 짐을 지고 먼 곳까지 가서 사람을 돕는 고로 그 은공을 생각해서 고기를 먹는 일이 없다"는 것이었다. 미국 배가 하코다테箱館에 정박했을 때는, 막부에서 하코다테 관청에 "농민이 소를 끌고 짐을 나르거나 목장에 방목하는 것을 금한다"는 통지를 보냈다. 우유조차 마실 수 없었던 미국의 초대 총영사 해리스는 영사관으로 쓰고 있던 시모다下田의 교쿠센지玉泉寺 경내에서 소를 기르기 시작했는데, 절이 부정탄다는 이유로 마을사람들과 논란을 벌여야 하는 형편이었다.

난처해진 외국인들은 미국이나 중국에서 소를 수입해 요코하마나 요코스카橫須賀에서 식육으로 가공했다. 그리고 1865년(게이오慶應 원년) 7월에 외국인을 위한 쇠고기 가공처리시설이 요코하마의 산기슭에 설치된다. 그러나 소를 몇 마리씩 수입해오는 것은 매우 번거로운 일이었다. 게이오 연간이 되자 오미나 산단(三丹: 단파丹波, 단고丹後, 다지마但馬 지방)에서 사육한 소를 고베에서 30~40마리씩 배로 실어나르게 되었는데, 이때부터 '고베 소' 맛이 외국인들 사이에서 명성을 떨치기 시작했다.

모몬지야의 '보약'

오카다 아키오岡田章雄는 『메이지 시대의 도쿄明治の東京』(1978)에서 막부 말의 니혼바시日本橋 일대가 얼마나 번화했는지를 영국의 로버트 포춘이 쓴 재미있는 기사를 통해 소개하고 있다. 포춘은 말을 타고 니혼바시를 지나갔다.

> 말을 타고 가는 길에 여기저기 고깃집도 보였다. 이는 일본사람들이 그저 채소와 생선만 먹으며 사는 게 아니라는 것을 보여준다. 이들 가게에서 쇠고기

를 전혀 볼 수 없었던 것은 사실이다. 그것은 일본사람들이 우리처럼 수소를 잡아 식용으로 쓰지는 않기 때문이다. 이 나라에는 양이 없으므로, 당연히 양고기는 없다. 그러나 사슴고기는 흔히 볼 수 있고, 원숭이고기도 몇몇 가게에서 볼 수가 있다. 고깃집 앞에 원숭이가 거꾸로 매달려 있는 모습은 평생 잊지 못할 광경이었다. 껍질이 벗겨진 채 꼭 사람이 매달린 것처럼 보이는 참으로 기묘한 모습이었다. 일본사람들은 아무래도 원숭이고기가 매우 맛있다고 생각하고 있는 것 같았다.

포춘은 상당한 문화적 충격을 받았다. 지금의 우리도 등줄기에 식은땀이 흐를 정도다. 이것이 불과 백수십 년 전 일본의 중심도시 에도의 니혼바시 일대의 풍경이었다.

막부 말기에 식용으로 쓰인 것은 사슴과 원숭이뿐만이 아니다. '모몬지야'가 등장한 것이다. '모몬지이', '모몬지'는 멧돼지, 사슴, 토끼, 너구리, 원숭이와 같은 짐승 고기의 총칭이다. 괴물이나 도깨비 같은 이미지를 갖고 있다.

에도 고지마치麴町에 육고깃집, 모몬지야 등으로 불리는 멧돼지나 원숭이를 취급하는 고깃집이 있었다. 그 가게에는 '멧돼지고기'라고 쓴 각등이 내걸려 있었다. 각등은 창호지에 사슴을 나타내는 단풍과 멧돼지를 나타내는 모란을 그려 넣고 감물로 방수처리한 것이었다. 당시에는 '고지마치'하면 고깃집을 가리켰고, 서민들은 그것을 '고지마치의 고깃집'이라고 불렀다.

손님 여럿이 냄비 하나를 둘러싸고 앉아 있는 풍경은 당시로서는 참으로 기이한 것이었다. 추운 겨울에 몸이 따뜻해진다며 악취가 나는 괴상한 것을 먹고 있었던 것이다. '무시무시한 것 선 채로 팔고 있는 저 고지마치'라는 센류도 남아 있다. 에도의 모몬지야는 고슈야甲州屋, 도요타야豊田屋, 미나토야港屋가 유명했다. 메이지 시대에 접어들면서 변두리에 있는 가게는 자취를 감추었지만, 료코쿠 다리兩國橋 끝의 모몬지야는 오늘날에도 건재하다.

　데라카도 세이켄寺門靜軒의 『에도 번창기 초편江戶繁昌記初編』(1832)에 따르면, 멧돼지, 사슴, 곰, 토끼 등의 고기로 전골을 끓이던 '보약' 식당이 에도 시대 중기 무렵에는 셀 수 없을 만큼 많아졌다. 영주들의 행렬이 모몬지야 앞을 지날 때면 심신이 부정타지 않도록 가마를 위로 치켜들었다고 한다. 막부 말기 오야마다 도모키요小山田與清의 수필 『마쓰노야 필기松屋筆記』에는, 분카文化·분세이文政 연간(1804~1830)에 고깃집에서 멧돼지, 사슴, 곰, 늑대, 여우, 너구리, 토끼, 족제비, 다람쥐, 원숭이, 박쥐, 두꺼비 등을 팔고 있었다는 기록이 나오는데, 오야마다는 그것을 실로 통탄할 만한 난학자(蘭學者: 주로 네덜란드를 통해 전래된 서양 학문을 연구한 학자—옮긴이)들의 폐풍弊風이라며 분개하고 있다.

후쿠자와 유키치와 돼지머리

오가타 고안緖方洪庵이 세운 오사카大坂 데키주쿠(適塾: 난학을 가르친 학교—옮긴이)의 학생들은 이 무렵 그 누구보다도 뛰어난 지식인집단의 하나였다. 후쿠자와 유키치福澤諭吉가 학생이었던 1856~1857년경에 답례로 받은 식육食肉으로 도살한 돼지머리를 삶아서 먹은 얘기가 『후쿠옹자전福翁自傳』에 나와 있다. 육고기를 전골로 만들어 먹는 것은 이 무렵에는 아직 매우 드문 육식 풍습이었다. 아래에서 살펴볼 '이세구마伊勢熊'가 번성하기 5~6년 전의 일이다.

후쿠자와 유키치는 서생일 때부터 진취성이 뛰어난 사람으로 훗날 문명개화의 시대에 '독립자존'을 외치며 크게 활약한 사람이다. 그는 서생일 때 오사카의 나니와바시難波橋 남쪽 끝과 신마치카쿠新町廓에 두 채밖에 없던 최하급의 쇠고기전골집에서 1인분에 150몬文이었던 냄새나고 질긴 쇠고기를 먹는 것이 낙이었다고도 쓰고 있다. 쇠고기를 꽤나 좋아하는 사람이었던 것 같다.

그 밖에도 막부 말기에 쇠고기요리를 고안해 평판이 좋았던 식당이 있었다. 분큐文久 연간(1861~1864) 무렵의 일이다. 요코하마의 스미요시초住吉町 고초메五町目와 이리에마치入江町 근처의 둑에 그다지 손님이 들지 않는 '이세구마'라는 술집이 있었다. 어느 날 술집 주인은 어디선가 요코하마의 외국인거류지에서 쇠고기를 먹는 것이 유행이라는 얘기를 들었다. 일본인들 사이에서도 쇠고기가 인기를 끌게 될지도 모른다고 생각한 그는 최초의 쇠고기요릿집을 열면 어떨까 하고 아내와 의논했다. 하지만 '양이론자'였던 아내는 펄쩍 뛰며 오열했다. "그런 부정탈 장사를 하시려면 저와 연을 끊어주세요." 이렇게 부부싸움이 계속되자, 어떤 사람이 가게를 반으로 나누어 한쪽은 아내가 밥집을, 다른 한쪽은 남편이 쇠고기요릿집을 하면 어떻겠느냐고 제안했다. 그래서 그대로 해보았더니, 쇠고기요릿집은 연일 초만원인데 밥집은 파리만 날렸다. 결국 아내도 칸막이를 떼어내고 부부는 화해했다. 당시는 쇠고기 구하기가 하늘에서 별 따기와 같아서, 외국 상관商館에서 고기 내장을 싸게 사들여와 그것을 뚝뚝 썰어 꼬치에 끼운 다음 큰 냄비에 넣고 된장이나 간장으로 푹 삶아 한 꼬치에 3몬에 팔았다고 한다(이시이 겐도石井研堂의『메이지 시대 사물의 기원明治事物起源』). 이렇게 해서 시대는 메이지로 넘어간다.

02

쇠고기를 먹지 않는 자는 문명인이 아니다

1. 쇠고기, 냄비에 들다
2. 지식인들의 쇠고기 찬가
3. 증가하는 육류 수요
4. 모리 오가이 대 후쿠자와 유키치
5. 서양요리의 정통

메이지 신정부는 1869년에 쓰키치 우마 회사를 설립해 쇠고기를 판매하고 보급하는 데에 발벗고 나섰고, 궁중에서 젖소를 기르고 천황이 우유를 마시면서 우유의 효용을 강조했다. 육식 추진의 또 다른 공로자는, 서생 시절부터 쇠고기를 꽤나 좋아했던 후쿠자와 유키치였다.

02 | 쇠고기를 먹지 않는 자는 문명인이 아니다

1. 쇠고기, 냄비에 들다

쇠고기전골의 루트를 찾아서

앞 장에서 서술한 바와 같이, 막부 말기에 이르러 보신용 고기를 먹는 풍조가 점차 확산되었다. 그리고 메이지 시대에 들어서는 육식이 공식적으로는 해금되었다. 하지만 서민의 식탁에는 좀처럼 고기가 오르지 않았다. 그 이유로는 첫째 1,200년 동안 기피해온 냄새 나는 육고기를 그리 간단히는 받아들일 수 없었다, 둘째 값비싼 서양요리는 그림의 떡이었다, 셋째 육고기의 조리법을 전혀 몰랐다, 넷째 육고기를 먹음으로써 몸과 마음이 부정타는 것을 두려워했다

[그림 2] **주저주저하며 육고기를 먹는 모습** (무라이 겐사이[村井弦齋]의 『식도락[食道樂]』에서)

등을 들 수 있다.

[그림 2]는 당시의 사람들이 주저주저하며 육고기를 먹고 있는 모습이다. 이와 같은 서민들의 육식에 대한 저항감을 완화시키는 방법은 일본식 전골에 쇠고기를 넣고 끓이는 것이었다. 간단히 말하면 멧돼지전골에 멧돼지고기 대신 쇠고기를 넣어 된장으로 양념해서 끓이는 것이다.

육고기를 삶아 조리하는 요리에 대해서는 에도 시대 이전에도 몇 가지 조리법이 알려져 있었다. 16~17세기에 남만 사람들의 왕래가 빈번해지면서 불에 직접 굽는 법이나 조리는 법이 전래되었다. 에도 시대의 『남만요리서南蠻料理書』에는 '히료즈'(멥쌀가루와 찹쌀가루를 반죽해서 기름으로 튀긴 음식—옮긴이)·다마고소멘(계란국수)·비스킷 등의 남만과자, 튀김, 생선요리, 닭고기요리 등 남만요리가 소개되어 있다. 이 책은 남방요리를 아는 데 매우 귀중한 문헌이지만, 저자 이름이나 출판년도는 알려져 있지 않다. 쇄국이라는 엄격한 관리체제하에서 일부러 저자명을 밝히지 않고 조리법만을 후세에 남긴 것일지도 모른다.

　　육고기를 삶아 조리하는 요리로 '구시이토'라는 것이 있다. "구시이토는 새나 생선 또는 소나 멧돼지고기에 무를 둥글게 썰어 넣고 파, 마늘, 고려후추(고추), 통후추로 양념을 해서 젓가락으로도 잘라질 정도로 푹 삶는 것인데, 맨 나중에 식초를 조금 뿌린다"고 되어 있다.

　　고기와 채소를 넣어서 끓이는 요리의 루트는 이베리아 반도(스페인)의 전통요리 '코시도cocido'라는 설도 있다. 코시도의 특징은 여러 종류의 고기와 채소를 큰 냄비에다 오랜 시간 끓이고 마지막에 식초를 넣는 데에 있다. 육식을 좋아하는 영주들은 이와 같은 외국의 조리법으로 만든 육고기를 먹었을 것이다. 이렇게 육고기조리법을 습득하게 되자 이윽고 쇠고기에 파, 곤약, 두부와 같은 여러 가지 재료를 넣고 된장·간장·설탕으로 양념하여 끓이는 일본 특유의 쇠고기전골이 탄생하게 된 것이다.

1868년(메이지 원년)에 요코하마에서 문을 연 '오타太田 나와노렌'은 지금도 문명개화 무렵의 쇠고기전골 맛을 그대로 간직하고 있다. 노토能登 혼고무라本鄕村의 다카하시 오토마쓰高橋音松는 1865년에 요코하마의 요시다吉田 둑에서 쇠고기 꼬치구이 장사를 시작했다. 그러고는 사각형으로 썬 쇠고기를 걸쭉한 된장으로 조려 만드는 독특한 '붓키리나베'를 만들어 냈다. 붓키리나베에는 앞 장의 끝에서 소개한 이세구마의 쇠고기조림을 한 단계 더 발전시킨 독특한 양념장이 쓰인다.

    쇠냄비에 기름을 두르고 각지게 썬 쇠고기의 양면을 육즙이 흘러나오지 않을 정도로 가볍게 지져 다른 그릇에 옮긴다. 같은 냄비에 파와 쑥갓 같은 채소를 볶고 그 위에 된장을 푼 다음 쇠고기를 넣는다. 너무 익지 않도록 주의하면서, 국물이 약간 줄어들면 구운 두부와 실곤약을 넣는다. 지나치게 많은 종류의 채소를 같이 넣지 않는 것이 좋고, 처음부터 고기와 채소를 함께 졸이지 않는 것이 좋다.

    가나가키 로분假名垣魯文의 『로분 신포魯文新報』(1877)에도 이와 비슷한 쇠고기전골 조리법이 나와 있다. "파를 다섯 푼分 길이(약 1.5센티미터—옮긴이)로 썰어 먼저 된장을 넣고 쇠냄비에 얇게 썬 고기를 넣는다. 여기에 산초가루를 조금 넣으면 누린내가 없어진다. 불을 너무 세게 하면 탈 수 있으므로 주의해야 한다. 거기에 양반다리 하고 앉아 잔을 기울일 새, '아가씨, 한 잔 따라주시오!' 하며 다섯 푼으로 자른 흰 파의 매운맛이 완전히 가시기 전에 반숙의 붉은 고기 한 젓가락 집어들면, '아아, 맛있도다, 쇠고기 맛이여!' 외치지 않을 사람이 거의 없을 것이다." 이 얼마나 유쾌하고 맛깔스러운 쇠고기전골집 풍경인가.

전골의 조리형태는 여러 종류의 육고기에서 쇠고기 한 가지로, 그리고 된장 맛에서 간장과 설탕 맛으로 바뀌어간다. 다시 말해 쌀밥에 맞는 반찬으로 발전하기 시작한다. 하지만 여기서 주목되는 것은 서구의 고기요리에 공통으로 쓰이는 향신료를 전혀 사용하지 않는다는 점이다. 즉 쇠고기전골은 일본인의 식탁을 서구풍으로 바꾼 게 아니라, 오히려 서양풍 재료인 쇠고기를 일본풍 전골로 받아들인 결과였다. 따라서 쇠고기전골과 스키야키의 유행은 서양요리와 상관없이 진행되어갔다.

이처럼 자연스러운 접근에 의해 일본인의 육식에 대한 꺼림칙한 느낌은 조금씩 엷어졌다. 더구나 쇠고기전골집이라는 외식장소를 통해 서민들이 고기 맛을 알게 되면서 고기가 점차 가정요리 속으로 파고들기 시작했다. 외래음식을 탐욕스럽게 흡수·동화해가는 것은 일본 음식문화의 커다란 특징 가운데 하나라고 할 수 있다. 쇠고기전골의 맛을 내는 재료가 된장에서 간장으로 바뀌는 것은 메이지 10년대(1877~1886), 그리고 파 이외에 두부나 실곤약을 쓰기 시작한 것은 메이지 20년대 이후의 일이다.

야나기타 구니오柳田國男는 『메이지다이쇼사 세상편明治大正史世相篇』에서, "우리는 결코 어느 역사가가 상상한 것처럼 고기를 잊어버린 민족이 아니었다. (중략) 그저 다수의 사람들이 일생 동안 이것을 먹지 않고도 살 수 있는 방법을 알고 있었다는 것에 지나지 않는다. 그러므로 새로운 시대가 되어 비로소 알게 된 것은 고기를 많이 먹어야 한다는 그 한 가지 사실이었다고 할 수 있다.

이것은 배우는 데 전혀 어려울 게 없는 가르침으로, 사람들은 금세 그 맛을 너무 늦게 알게 된 것을 억울해했지만, 처음에는 그저 천진난만한 모방이었다"고 쓰고 있다. 그러면 쇠고기전골은 구체적으로 어떻게 메이지 시대 서민들의 마음을 파고든 것일까.

쇠고기전골의 대유행

메이지 시대 초기에 호리코시 도키치堀越藤吉는 육식추진파인 실업가 나카가와 요시헤에中川嘉兵衛로부터 쇠고기 판매권을 양도받아 도쿄 시바쓰유쓰키초芝露月町에 최초의 쇠고기전골집을 열었다. 호리코시는 요코하마의 이진칸異人館에서 요리사 수업을 받은 사람으로, 고기를 잘 다루었다. 하지만 쇠고기전골집을 열려고 해도 가게를 빌려주는 사람이 없어서, 욕심 많은 어느 노파에게 비싼 방세를 지불하고서야 겨우 얻을 수 있었다. 호리코시는 멀리서도 눈에 확 띄도록 하얀 천에 빨간 글씨로 '양생 쇠고기 나카가와집'이라고 쓴 깃발을 내걸고 손님을 끌어들였다. 그렇지만 처음에는 기괴한 것을 먹는 이상한 취미를 가진 사람들만 모이는 분위기여서, 일반 서민들은 고기 냄새를 맡지 않으려고 코를 막고 눈을 가린 채 가게 앞을 지나갔다고 한다.

이시이 겐도의 『메이지 시대 사물의 기원』에는 손님이 한 사람도 오지 않아 골치를 앓고 있는 나카가와집의 풍경이 그려져 있다. 좀 장황하지만 당시의 분위기를 잘 전해주기 때문에 여기에 인용한다.

"가게를 열었는데 손님이 한 사람도 없다니, 이거야 원!" 하고 투덜거리며 밤 10시경에 문을 닫으려 하면, 곤드레만드레 술에 취한 두 사람이 뛰어들어 "자, 쇠고기 내놔! 우리는 괴상한 것만 먹는 놈들이야!"라고 거들먹거리며 먹고 간다. 그 뒤로도 띄엄띄엄 오는 손님은 모두 못돼먹은 하인이나 불량배, 품성이 나쁜 놈들뿐이다. 그 사람들은 "나, 쇠고기 먹었다!"고 큰소리칠 거리를 만들려고 오는 것이다. 말하자면 제대로 된 인간이라고는 한 사람도 없으니, 장사가 제대로 될 리가 없다. 그런데 오는 손님도 손님이지만, 파는 쪽도 만만치 않다. 주인 도키치와 그 졸자 세이지로淸次郞는 막부 직할지의 묘슈(名主: 일정한 토지[묘덴名田]를 가지고 연공과 부역 등의 납입책임을 지는 농민—옮긴이)로서 성씨를 갖고 칼을 찰 수 있는 평민(苗字帶刀御免) 집안 출신이었기 때문에, 짧긴 해도 허리에 작은 칼까지 차고 있었다. 또한 가게 한쪽 구석에서는 포도주부터 시작해 중국에서 들여온 직물, 컵, 모자 같은 것을 조금씩 늘어놓고 팔고 있었다. 그것들은 기선汽船이나 상관商館에 납품하고 남은 것으로, 쇠고기를 사러 가는 길에 상관의 견본품을 사다가 진열해놓은 것이었다. 그 시대에는 물론 방석 같은 것은 내놓지도 않았으며 냄비를 거는 화로조차 없어서, 지금의 교바시京橋 도모아시초具足町 아와이河合의 '아오리'와 마찬가지로 얇은 냄비에서 끓여냈다. 젓가락도 옻칠한 나무젓가락이었고, 쇠고기전골 외에는 양념으로 파와 향신료 정도만 내놓는 지극히 소박한 것이었다. 차도 없이 그냥 맹물을 끓여 내놓았는데, 맹물은 아무리 끓여도 앙금이 생겼기 때문에 메이지 7년에 이르러 나카가와中川가 겨우 녹차로 바꾸었다.

초기에는 쇠고기전골집에 드나드는 건 인력거꾼이나 직공들뿐이었고, 보통은 쇠고기를 집으로 배달시켜 먹었다. [그림 3]은 그 무렵의 쇠고기장수 모습이다.

그러나 "쇠고기를 먹지 않는 자는 문명인이 아니다"라고까지 해가며 육식을 장려하고 입버릇처럼 문명개화를 떠들게 될 즈음에는 쇠고기전골집은 '관허官許'라고 쓴 깃발을 내걸고 서민들의 인기를 끌기 시작했다.

[그림 3] 쇠고기장수의 모습
(도요도東陽堂 편 『풍속화보風俗畵報』 316호에서)

쇠고기 수요가 늘어나자 가구라자카神樂坂의 도리가네鳥金, 가키가라초蠣殼町의 나카하쓰中初, 쓰치바시土橋의 기카와타黃川田, 아사쿠사淺草의 요네히사米久, 구로후네초黑船町의 후지산富士山, 나아가서는 모몬지야의 미카와야三河屋, 미나토야港屋, 오와리야尾張屋 등이 앞다투어 쇠고깃집을 겸업하기 시작했다. 쇠고깃집 확산에는 점점 가속도가 붙었다.

산골까지 퍼져나간 쇠고깃집

그러면 쇠고깃집이 어떻게 퍼져나갔는지, 그 과정을 살펴보기로 하자. 쇠고기는 1871년(메이지 4년)경부터 서민의 관심을 끌기 시작했고, 그로부터 2년 후에 그려진 민중회화 오쓰화大津畵에는 '일장기여 쇠고기여, 일요일의 기와로 만든 돌다리'라는 글귀도 보인다. 1874년 무렵의 쇠고기전골 값은 상품上品 1인분에 5센錢, 보통은 3센5리厘였다. 나고야名古屋에서도 쇠고깃집이 개점했다는 기사가 나온다. 1875년 도쿄에서 100개를 넘긴 쇠고기전골집은 2년 후 558개로 급증했다. 그러나 신정부가 장려하는 서양요릿집은 이 무렵에는 아직 많지 않았다.

하기와라 오토히코萩原音彦의 『도쿄 개화번창지東京開化繁昌誌』(1874) '쇠고깃집의 번창' 항목에 그 무렵의 쇠고깃집이 번창했던 모습과 메뉴, 쇠고기값 등이 적혀 있다.

"서양산 유리를 가득 붙여 만든 건물 앞에 세운 큰 깃발에는 빨간색으로 쇠고기라고 크게 씌어 있고, 그 옆에 관허라고 쓴 것이 바람에 휘날리며 펄럭거린다. 그 옆에 '효고兵庫산 암소 있음'이라고 쓴 팻말을 따로 걸고", "정면 벽에 여러 가지 색깔로 갖가지 일본요리를 써넣었는데, 예를 들면 스키야키, 돌솥냄비전골, 계란말이, 소금구이, 회, 조림 등이 있었다. 또한 다른 종이에다 쇠고기 한 근에 금金 2슈朱100몬文에서부터 금 1푼分2슈까지 운운. 이처럼 값이 다른 것은 각 지방마다 쇠고기의 질이 달라 등급에 상중하가 있었기 때문이다"라고 되어 있다. 쇠고기를 회로 쳐

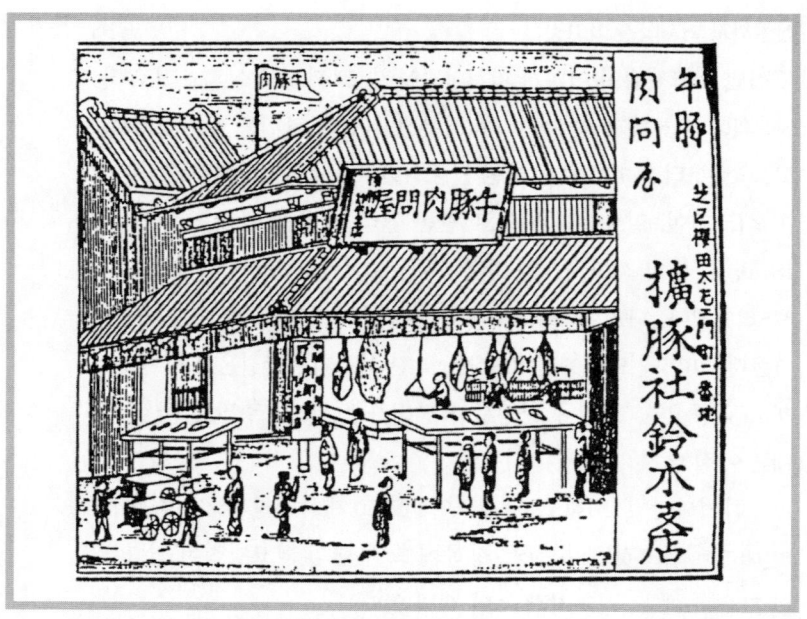

[그림 4] 1883년경의 소·돼지고기 도매상 (하야시 요시카즈林美一의 『에도 점포 도보江戶店鋪圖譜』에서)

서 식초와 된장을 넣고 버무린 것도 있었다.

　같은 쇠고기라도 질에 따라 실로 다양한 등급이 있었다. 같은 해에 나온 핫토리 세이이치服部誠一의 『도쿄 신번창기東京新繁昌記』에는 "고깃집에는 세 등급이 있었다. 깃발이 드높이 휘날리는 가게는 상등이다. 등을 처마 모서리에 건 곳은 중등이다. 장지문으로 팻말을 해 붙인 것은 하등이다. 모두 빨간색으로 쇠고기라고 써서 신선한 고기라는 것을 나타낸다. 전골에도 두 등급이 있다. 파를 넣어 끓인 것을 보통이라고 한다. 값은 3센 반이다. 비계로 냄비를 부드럽게 해서 끓이는 것을 야키나베燒鍋라고 한다. 값 5센. 손님 일인당 냄비 하나와 화로 하나를 내놓는다"고 되어 있다.

 이 무렵에는 깃발과 등불, 장지 등으로 가게의 등급이 세밀하게 나뉘어 있었다. 하지만 1887년경이 되면 그런 양상도 크게 바뀌어, 깃발은 없어지고 큰 등에 빨간 글씨로 '쇠고기 판매'나 '고베 암소고기'라고 쓰게 되었다. [그림 4]는 1883년경의 소·돼지고기 도매상을 그린 것이다.

 또 1875년의 『조야 신문』에는 「산골까지 쇠고기의 세상」이라는 제목으로 "열렸다고 해도 쇠고기전골만큼 열린 것은 없다. 6, 7년 전까지만 해도 도쿄에서조차 양학을 배우는 서생이 아니면 소를 먹는 자가 없었는데, 요새는 산간벽지의 처녀들까지도 소를 먹지 않으면 사람이 아닌 것처럼 생각하게 되었다. 소걸음처럼 느리기는커녕 대포알처럼 빠른 세상의 진보다"라는 기사가 실렸다. 기사에는 다른 한편, 지쿠마(筑摩, 현재의 나가노·기후 현—옮긴이)의 마루야마 리사쿠丸山理作라는 자가 쇠고기전골집을 시작했는데 손님은 좀처럼 오지 않고 밤이면 냄새를 맡고 몰려든 늑대떼에 둘러싸인다며 "늑대까지 쇠고기를 좋아하는 개화 세상이 되었다"고 쓴 대목도 들어 있다. 문명개화로 쇠고깃집이 늘어난 건 도회지뿐이고 농어촌의 식생활은 거의 변하지 않았던 당시의 모습을 비꼰 것이다.

스키야키의 탄생

지금까지 살펴본 '쇠고기전골' 다음에는 '스키야키'가 등장한다. 그런데 이 두 음식은 어떻게 다른 것일까.

쇠고기전골은 쇠고기를 일본식으로 조리한 요리의 총칭인데, 그 조리 방법에는 조림과 구이가 있었다. 쇠고기를 조리는 것과 굽는 것의 차이인데, 서민들이 받아들이기 쉬운 것은 조림 쪽이었다. 전자가 '간토關東의 쇠고기전골'이고 후자가 '간사이關西의 스키야키'다.

스키야키의 어원은 설이 분분하다. 육고기를 쟁기(鋤, 스키) 위에서 구운 데서 나왔다는 설과 삼(杉, 스기)나무 판자에 끼워서 구웠던 '스기야키'의 와전이라는 설, 얇게 저민 어육(스키미)에서 왔다는 설에, 도쿠가와 이에야스德川家康가 매사냥에서 돌아오는 길에 농민에게 명해 쟁기 위에다 새를 구워 먹은 데서 나왔다는 재미있는 설까지 있다. 한자로도 鋤燒, 數奇燒, 數寄燒 등으로 다양하게 쓴다. 아마도 간사이 지방에서 발달한 '우오魚스키'가 원형이고, 생선을 고기로 바꾼 것이 스키야키일 것이다. 이것은 여러 사람이 큰 냄비를 둘러싸고 담소하며 먹는다는 점에서는 중국요리로부터, 그리고 고기를 조려 먹는다는 점에서는 남만요리로부터 영향을 받았다고 할 수 있다.

시대를 조금 거슬러올라가 스키야키를 살펴보도록 하자. 에도 시대 전기에 간행된 『요리 이야기料理物語』(1643)에 새고기 스키야키의 조리법이 나온다. "새고기볶음. 오리를 먼저 껍질부터 볶아 기름을 빼고 나서 살코기를 넣는다. 간장을 넣고 조린다. 술을 넣기도 한다. 미나리, 파 등을 넣어도 좋다." 그리고 에도 시대 후기에 나온 『초보자를 위한 요리책素人庖

丁』(1803)에서는 쟁기나 조개껍질에 방어를 구워 간장과 무 간 것, 고추 등으로 양념하는 간사이 지방 특유의 우오스키를 볼 수 있다. 이에 비해 에도에서는 생선은 쓰지 않고 기러기, 오리, 사슴 등의 고기를 쓰고 있다. 이 요리는 에도 시대 중기의 교호享保 연간(1716~1736)에 시작되었다는 설이 있다. 이 무렵에는 육고기를 쓰지 않고 기러기나 오리 같은 새고기를 썼다.

에도 시대 후기의 『요리지침서料理早指南』(1822)에는 "스키야키에는 기러기, 오리, 영양 등을 간장에 재워두고 오랫동안 쓴 쟁기를 불 위에 놓는다. 쟁기에다 앞서 열거한 고기를 굽고, 빛깔이 변할 즈음에 먹으면 된다"고 되어 있다. 『고래고기 조리법鯨肉調味方』(1832)에도 "스키야키란 오랫동안 써서 잘 닳은 깨끗한 쟁기를 장작불 위에 놓고 거기에 자른 고기를 얹어서 굽는 것을 말한다. 쟁기뿐만 아니라 많이 써서 잘 닳은 깨끗한 철기를 써도 된다"고 씌어 있다. 이 무렵의 스키야키에는 고래고기가 쓰였다.

메이지 시대가 되자, 간사이 지방에서 쇠고기를 사용하는 스키야키 조리법이 생겨났다. 1869년 고베 모토마치元町에서 쇠고기 스키야키집 '겟카테이月花亭'가 문을 열었다. 오타니 미쓰요시大谷光瑞는 1931년에 나온 『식食』에서, 진짜 스키야키를 만들려면 "① 편편한 냄비를 쓸 것 ② 기름 외에는 철판 위에 국물을 넣지 말 것 ③ 쇠고기가 완전히 익으면 그릇에 옮겨 양념장으로 재어놓을 것—이것이 고베 쇠고기의 진미 ④ 고기를 들어낸 다음에는 채소를 넣고 쇠고기 국물과 기름으로 볶을 것, 고기와 채소는 절대로 같이 넣지 말 것"이라며 간사이식 스키야키 만드는 비결을 설명하고 있다.

간사이에서 간토로

1923년의 간토 대지진 이후 간사이 지방의 스키야키가 간토 지방에 전해지면서, 쇠고기전골은 변형되어 스키야키로 불리게 되었다. 간사이 지방의 스키야키는 날달걀을 찍어서 먹는데, 이 습관도 간토 지방으로 그대로 전해졌다. 간토 지방의 스키야키는 간사이 지방과는 달리 간장, 설탕, 맛술로 양념한 쇠고기에 파, 양파, 표고버섯, 쑥갓, 실곤약, 구운 두부 등을 넣어서 끓인다. 누린내를 없애기 위해 넣고 끓이던 된장도 간장으로 바뀐다. 여담이지만, 도쿄의 스키야키 집에는 긴한今牛, 긴킨今金, 긴몬今文, 긴초今朝와 같이 '긴今' 자를 붙이는 집이 많다. 이것은 막부 말기 시바시로가네芝白金 긴리초今里町에 있던 식육처리장에서 직송되는 신선한 쇠고기라는 뜻이었다.

　한편 간사이 지방에서는 와리시타(고기요리에 쓰기 위해 간장·가다랭이국물·설탕·맛술 등을 섞어 끓인 국물—옮긴이)를 거의 사용하지 않고 쇠고기를 굽는 데 반해 간토 지방에서는 와리시타를 듬뿍 넣어 조리는 방식이 정착된다. 이것도 여담인데, 일본에서는 스키야키나 샤브샤브용으로 얇게 썬 고기가 가게 앞에 진열되어 있다. 하지만 그것은 외국에서는 전혀 볼 수 없는 진풍경이다. 육고기가 공기에 노출되면 신선도가 떨어지기 때문이다. 그렇다면 왜 일본에서만 얇게 썬 고기가 생겨난 것일까. 일설에 따르면, 육식을 일본 사람들이 좋아하는 생선 먹는 식으로 변형한 것인데, 거기에는 얇게 썬 고기만이 갖는 독특한 맛이 있기 때문이라고 한다.

미에三重 현 마쓰자카松阪의 전통 깊은 식당 '와다가네和田金'의 스키야키는 그야말로 예술이다. 다지마但馬의 송아지를 3년쯤 사육하는데, 마지막 한 해는 맥주를 먹이고 마사지를 해주어 살 속으로 지방분이 점점이 배어들게 한다. 말하자면 '꽃등심'을 만드는 것이다. 이 마쓰자카 쇠고기와 파를 냄비에 넣고 볶아 간장과 설탕으로 간을 한다. 생고기의 색깔이 변하는 순간에 먹는데, 그때가 육질이 가장 부드럽기 때문이다. 하지만 그 순간을 놓치지 않고 잡아내는 것이 꽤 까다롭다. 그래서 종업원이 좌석에서 직접 시중을 들어준다.

가네코 슌무金子春夢는 그의 책 『도쿄 신번창기』(1897)에서, 그 무렵 육식이 많이 보급된 데 대해 "쇠고기가 크게 유행하고 있다. 많은 수의 크고 작은 쇠고기요릿집이 시내 곳곳에 흩어져 있고, 모두들 손님의 수요에 잘 대응해 매우 번창하고 있다. 이는 도쿄 사람들의 쇠고기 섭취량이 늘어났다는 것을 보여주며, 이처럼 양생가養生家가 증가한 것은 매우 기뻐할 일이다. 그런데 쇠고기 공급에 제한이 있다고 해서 말고기나 돼지고기를 섞거나 기타 잡고기를 쇠고기라고 속여 파는 집이 왕왕 있으니, 이에 유의해 신용 있는 집에서 음식을 먹을 일이다"라고 쓰고 있다. 메이지 시대 중반을 거치면서 서민들도 점점 육식에 맛을 들여 수요가 늘어나면서, 악덕상인들이 말고기를 섞거나 신선도가 떨어지는 고기를 파는 일도 있었기 때문에 조심해야 한다고 한 것이다.

[그림 5] 메이지 시대 중기의 쇠고깃집과 메밀국숫집
(히라데 고지로平出鏗二郞의 『도쿄 풍속지 중권東京風俗志中卷』에서)

쇠고기전골의 뒷이야기

쇠고기전골에 담긴 몇 가지 에피소드를 소개하겠다. 1888년경, 시바芝 구 미타三田에 쇠고기전골집 '이로하'가 문을 열었다. 이로하는 이름에 걸맞게 48개의 체인점을 목표로 하고 있었다(이로하는 48개의 일본어 문자를 써서 만들어진 노래의 제목이자, 그 첫 세 글자다. 사물의 기초, 처음을 뜻한다—옮긴이). 건물은 2층 창에 빨강, 파랑, 노랑의 바둑판무늬 유리창을 끼워 넣어 바깥 경치를 바라볼 수 있는 첨단 유행의 서양식 취향으로 꾸몄다(그림 5).

　　창업자 기무라 소헤이木村莊平는 이로하 각 지점의 지점장이 첩을 둘 정도로 가게를 융성케 했고, 빨간 인력거에 프록코트를 입은 그의 화려한 모습은 당시의 화젯거리였다. 『기무라 소하치木村莊八 전집』 제7권에 따르면, 빨간 글씨가 쓰어진 깃발은 생고기의 빨간색을 상징하며 먼 데서도 눈에 잘 뜨인다는 이점이 있었다. 그리고 색유리는 서양식 건물이나 이진칸異人館의 스테인드글라스를 모방해 만든 것으로, 햇빛이 비치면 실내의 다타미에 그림자가 아름답게 드리웠다고 한다.

　　'이로하'라는 명칭은 사물의 처음을 뜻하고, 또 이로하 48개 점포의 개점을 염원한 것이었다. 그러나 2대째가 되자 방만한 경영으로 부채가 급증, 1913년 8월에는 16개 전 지점을 폐쇄하고 말았다. 참고로 말하면, 이 가문에서는 아케보노(曙, 여류작가), 소타(莊太, 문예평론가), 소하치(莊八, 화가), 소주(莊十, 작가), 소토지(莊十二, 영화감독) 등의 유명한 문화예술인들이 나왔다.

　　오늘날의 쇠고기덮밥(규돈, 牛丼)의 원조인 쇠고깃밥집牛飯屋이 출현한 것은 1887년 무렵이다. 잘게 썬 쇠고기에 파를 넣고 끓여 밥에 얹어서 먹는 것으로, 당시에는 '쇠고기뿌림밥牛めしブッカケ'이라고도 불렸다. 로스가 1인분에 3~4센일 때, 쇠고깃밥은 1센이었다. 1897년의 잡지 『국민의 친구國民之友』에는 "쇠고깃밥이라는 음식은 도쿄에는 있으나 교토와 오사카에는 없다"고 되어 있다. 또 1906년에 나온 『실업의 일본實業之日本』에 따르면, 식육처

리장에서 호크(삶은 내장), 배 껍질, 코, 창자를 20센에 사서 쇠고깃밥을 만들면 2엔円의 매출을 올릴 수 있었다. 그런데 질겨서 씹을 수가 없다는 불만이 속출했다.

한편 막부 말기 무렵에는 말고기를 삶아 파는 가게도 생겨났다. '사쿠라'나 '내지르기'라고도 불렸는데, 말고기가 체온을 떨어뜨리고 독을 없앤다고 해서 유녀촌遊女村 가까이에 들어섰다. 1910년경에는 아사쿠사의 말고깃집에 '놀라지 말지어다, 말고기전골 2센'이라는 간판이 걸렸는데, 이 '놀라지 말지어다'는 담배의 왕이라 불렸던 이와야 마쓰헤이岩谷松平가 고안해낸 당시의 유행어였다.

2. 지식인들의 쇠고기 찬가

육식을 방해하는 자는 관리 자격이 없다
정부와 지식인들은 국민의 체력을 향상하고 음식문화의 근대화를 꾀하려면 쇠고기를 먹어야 한다고 연일 선전해댔다. 신정부는 1869년(메이지 2년)에 쓰키치築地 우마회사牛馬會社를 설립해 쇠고기를 판매하고 보급하는 데에 발 벗고 나섰고, 궁중에서는 젖소를 몇 마리 기르고 천황이 우유를 마시면서 우유의 효용을 강조했다. 식육처리장은 인가가 없는 곳에 만들고, 병들고 부패한 소는 매매를 금지했다.

육식을 장려한 것은 정부뿐만이 아니었다. 1872년에 당시의 쓰루가敦

賀 현에서 쇠고기요릿집 개점을 앞두고 좋지 않은 소문이 나돌자, 현청은 "쇠고기는 건강 증진, 활력 보강, 자양강장에 좋은 음식이다. 그런데도 지금까지의 관습에 얽매여 쇠고기를 먹으면 심신이 부정탄다는 헛소문을 퍼뜨리고 다니는 수상한 자가 있다. 이것은 문명개화의 길을 방해하는 행위고, 도리에 어긋나는 행위다"라고 이례적인 경고문을 내놓고 있다. 그리고 육식을 방해하는 자는 그 마을의 관리로서 자격이 없다고 규정하는 등 철저한 육식장려책을 취했다. 시가滋賀, 와카사若狹, 에치젠越前 등지는 특히 불교도가 많은 지역이었기 때문이다.

후지산 꼭대기에서 얼음을 자르다

육식을 장려하는 당시의 풍조를 장사로 연결한 사람은 실업가 나카가와 요시혜에中川嘉兵衛였다. 그는 요코하마에서 입수한 쇠고기를 에도로 운반해 다카나와高輪의 영국공사관에 납품하고 있었다. 그러나 신선도가 많이 떨어지는 등 불편이 뒤따랐기 때문에, 1867년 무사시武藏 지방의 에바라군荏原郡 시로가네무라白金村의 호리코시 도키치의 땅에 도살장을 두고 에도 다카나와에 쇠고깃집 나카가와야中川屋를 열었다. 그는 후쿠자와 유키치의 육식론에서 많은 영향을 받았고, 게이오 기주쿠慶應義塾 사람들을 중요한 단골손님으로 두고 있었다.

같은 해의 『만국신문지萬國新聞紙』 광고에는 "육식은 건강에 좋다. 허약하거나 병중일 때 또는 병후에 기력을 증진하고 신체를 단련하는 데 좋다"고 되어 있으며, 용도에 따라 육질을 선택할 수 있다면서 쇠고기의 부위와 용도의 관계를 설명하고 있다. 아마도 요코하마에 사는 외국인에게 배운 것으로, 이것 말고도 로스트, 스테이크, 보일, 스튜 같은 말이 보인다. 쇠고기와 함께 빵, 비스킷, 버터에 대해서도 일본인으로서는 최초로 광고를 내고 있다.

이런 에피소드도 있다. 생고기의 신선도를 유지하기 위해 노력한 나카가와는 1861년 요코하마에 얼음판매회사를 설립했다. 그러나 제빙설비가 없었다. 나카가와는 후지산 꼭대기에서 얼음을 잘라 나르기로 했는데, 이 무모한 계획은 얼음이 운반 도중에 녹아버려 실패로 끝나고 말았다. 그는 1871년에 홋카이도의 하코다테 도요카와초豊川町에 3,500톤의 얼음을 저장할 수 있는 얼음창고를 만들어, 그 얼음을 배로 운반하는 데 성공한다. 참고로, 일본에서 기계제빙이 시작된 것은 1883년의 일이었다.

육식론자 후쿠자와 유키치

육식 추진의 또 다른 공로자는 바로 후쿠자와 유키치福澤諭吉였다. 그는 막부 말인 1860년 정월, 스물일곱 살의 나이로 미일수호통상조약 비준서의 교환을 위해 간린마루咸臨丸를 타고 미국으로 떠난 방미사절단의 수행원으로 참가했다. 그리고 2년 후에 파견된 유럽사절단에도 통역관으로 참가해 프랑스, 영국, 네덜란드, 프러시아, 러시아, 포르투갈 등 여섯 나라를 순방했다. 이 나라들의 문명을 접한 충격은 훗날 '독립자존'의 사상으로 발전, 그를 동분서주하며 활약하게 한 원동력이 되었다. 하지만 적극적인 육식론자였던 후쿠자와도 미국인 가정에 초대되어 통돼지요리를 보았을 때는 간이 오그라들었다고 한다.

이렇게 경험한 미국과 유럽의 정치, 경제, 양식洋食 등에 관한 견문록이 『서양사정西洋事情』(1866)과 『서양의 의식주西洋衣食住』(1867)다. 가타야마 준노스케片山淳之助라는 필명으로 그릇과 같은 일상생활의 필수품을 그림과 함께 소개한 『서양의 의식주』에 대해서는 뒤에서 다시 얘기하기로 한다.

1870년 후쿠자와는 쓰키치 우마회사로부터 선전문을 써달라는 의뢰를 받고 1,300자 분량의 「육식을 말한다肉食の說」를 썼다. 영양학적인 관점에서 육식과 우유의 효용을 강조한 글로, "수천 수백 년 동안 이어져온 전통과 풍속 때문에 육식을 불결하고 흉측한 것으로 여겨 꺼리는 사람이 많다. 이는 필경 사람의 천성을 모르고 사람 몸의 궁리를 분별하지 못하는 무학문맹의 공론에 지나지 않는다"는 자신감과 힘이 넘치는 문장이다. 이듬해에는 서양 요릿집 센리켄千理軒의 개점을 알리는 안내문의 초안도 썼다.

후쿠자와는 데키주쿠適塾 시절부터 육식론자였기 때문에, 육식의 추천자로서도 적극이었다. 그가 1875년에 쓴 『문명론의 개략文明論の槪略』에는 "지금 우리의 문명은 소위 불에서 물로 바뀌고, 무에서 유로 옮아가고 있다"고 되어 있으며, '시조始造'라는 말을 만들어 근대화라는 미지의 세계로 발을 내딛는 일대 결의를 보이고 있다. 그는 이 사상을 평생의 신조로 삼아 게이오 기주쿠

대학의 창설을 비롯한 많은 업적을 남기게 된다.

쇠고기전골이 기염을 토하고
한편 쇠고기전골을 통해 육식을 장려한 사람이 있었다. 요코하마에서 태어나 신문사와 현청에 근무했고 처음에는 가나가키神奈垣라 칭했던 희곡작가 가나가키 로분假名垣魯文이 그 사람이다. "사농공상, 남녀노소, 빈부와 현우賢愚를 막론하고, 쇠고기전골을 먹지 않는 자는 개화를 거부하는 자다"로 시작하는 『쇠고깃집 잡담 아구라나베牛店雜話安愚樂鍋』(1871~1872)는 그가 다분히 후쿠자와 유키치의 「육식을 말한다」에 계몽되어 문명을 예찬하고 육식을 장려한 글이었다.

　　삽화가 있는 짧은 글 세 편을 묶은 이 책은 값싼 쇠고기전골집을 무대로 쇠고기의 맛과 효능을 서민들에게 호소하고 있다. [그림 6]은 무척이나 붐비는 당시의 쇠고기전골집 앞을 보여준다.

　　이 책에서는, 아무리 그동안 미신에 사로잡혀 있었다고 하더라도 이렇게 영양분 많은 쇠고기를 지금까지 왜 먹지 않았던가 하는 회한의 소리가 흘러나온다. 서양 취미에 겉멋 들어 값싼 손목시계에 금으로 도금한 팔찌를 번뜩이며 오데코롱 냄새를 풍기는 남자의 말이다. 시골 무사, 목수, 문인화가, 기생, 연극인, 만담가, 돌팔이 한의사, 식도락가 등 다양한 계급과 계층의 손님이 등장해 기염을 토하며 쇠고기전골을 먹는 모습이 박진감 넘치게 그려져 있다.

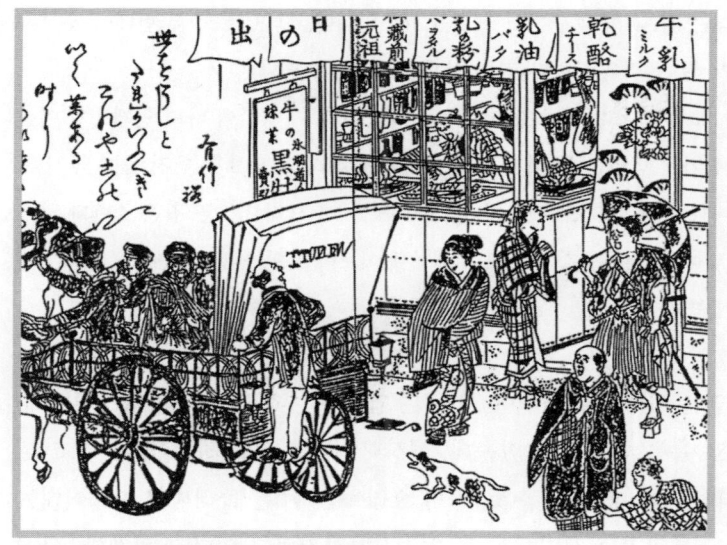

[그림 6] 손님들로 붐비는 쇠고기전골집 앞 풍경

"노형은 쇠고기를 정말 맛있게 드시는구려. 쇠고기를 먹을 수 있게 되면서부터 멧돼지고기나 말고기는 입에도 대지 않으니 말이오. 그런데 이렇게 깨끗한 것을 지금까지는 왜 안 먹었단 말이오."

"우리나라도 문명개화를 내걸고 점차 개국을 해온 덕에, 실로 고맙게도 우리들까지 쇠고기를 먹게 되었지요. 꽉 막힌 사람들이 그것을 아직까지도 야만의 폐습이라 손가락질하고, 육식을 하면 신불 앞에 두 손을 모을 수 없다느니 부정을 탄다느니 무식한 소릴 떠들어대는 건, 과학이 뭔지도 모르기 때문입니다. 그런 촌뜨기들한테는 후쿠자와가 쓴 「육식을 말한다」라도 읽게 했으면 좋으련만."
"암, 그렇고말고. 내가 요코하마 살 때는 쇠고기 생각이 나면 언제든지 이진칸에 가서 먹었는데, 여기 와서도 사흘을 내리 안 먹으면 왠지 몸이 좋지 않다니까. 여기 고기도 괜찮지만, 요코하마에서 요리사가 막 잡은 소에다 당근을 넣어 끓여주는 걸 먹어보니 세상에 이보다 맛있는 것은 없다는 생각이 절로 들더라고."

기염은 이렇게 이어진다. 원문은 쉼표나 마침표가 전혀 없는 일한문 혼용체로 독특한 묘미가 있는데, 책상다리(아구라)를 하고 앉아 싸고(安, 아) 어리석은(愚, 구) 즐거움(樂, 라)의 요리(鍋, 나베)를 둘러싸고 떠들어대는 개방적인 분위기는 서민들의 문명개화를 상징하고 있다고 하겠다. 당시의 세태를 그린 이와 같은 그림이 여기저기에 삽입되어 있는데, [그림 7]은 쇠고기전골을 즐기는 기생들을 그린 것이다. 메이지 유신 당시의 서민들의 모습, 다양한 풍속 묘사가 압권이다. 큰 테이블에 둘러앉아 먹는 서양식 식사예법과 달리 한 사람 한 사람에게 쇠고기전골이 나오는 데서 일본적인 예법과 서양적인 요리가 혼합된 일양절충식 식사법의 특징을 볼 수 있다.

육식은 문명개화를 재촉한다

가토 유이치加藤祐一의 『문명개화文明開化』(1873)는 대단히 설득력 있게 육

[그림 7] **쇠고기전골을 즐기는 기생들** (가나가키 로분의 『쇠고깃집 잡담 아구라나베』에서)

식을 장려하는 책이다. 그는 쇠고기는 불결한 것이 아니라고 역설하고 서민들에게 육식에 대한 편견을 없앨 것을 강조했다. "원래 수육, 어육 등 모든 육류를 꺼리는 것은 불법佛法에서 나온 것으로, 우리의 신토神道에는 그런 것이 없다. 그 증거는 신神의 시대에도 산의 진미와 바다의 진미라는 것이 있어 (중략) 껍질을 벗겨 옷으로도 만들고 고기를 썰어서 먹기도 했다. 그 밖에도 신에게 짐승의 머리나 물고기 살을 바치는 것은 항상 있는 일로, 수육을 먹어서 부정을 타는 일은 절대로 없다. 부정타는 일이란 분뇨나 부패물 등 냄새가 나고 손으로 만지는 것은 물론이고 보는 것조차 기분이 나빠서 누구나 싫어하는 것에 닿는 것을 뜻하며, 뭔가를 좋아서 즐겨 먹는 것을 부정탄다고 하는 것은 말이 안 된다"고 되어 있다.

"짧게 하이칼라로 자른 머리를 두드려보면 문명개화의 소리가 난다"고 하던 시대가 있었다. 가토의 '문명개화'에 대한 해석은 매우 흥미롭다. "요새는 문명개화라는 말을 세상 사람들 누구나 입버릇처럼 얘기하지만, 그 문명개화라는 것을 알고 말하는 사람은 적은 듯하다. 사람들은 곧잘, 돼지고기를 먹으니 문명인이다, 쇠고기를 먹었으니 문명인이다, 저 녀석은 요즘 양산을 쓰고 다니니 대단한 문명인 아닌가, 신발을 신은 채로 자리에 올라앉으니 이 또한 번거로운 문명인 아니겠는가, 게다가 데리고 온 개까지 방으로 올라온다, 소름끼치는 문명이 아닌가, 이런 식으로 서양인의 흉내를 내는 일, 귀에 생소한 일, 눈에 생소한 일, 남들 안 하는 특이한 짓만 하면 무엇이든 다 문명개화라고 해버린다. 하지만 그래도 될 것인가, 그렇지도 않다"고 되어 있다. 문장이 매우 활기에 차 있는데, 서민들이 잘못된 풍조에 휩쓸리는 것을 우려하고 있음을 알 수 있다.

1873년 『오사카 신문大阪新聞』에서는 문명개화에 관해 「보는 눈이 높은 문명인」이라는 제목으로 "시중에 사람들이 많이 다니는 곳에 이르러 군중이 모여 있기에 무슨 일인가 하고 멈춰서서 보니 쇠고기요릿집의 고기요리를 보고 있었다"고 되어 있다. 또한 오사카 시내에 '서양식 이발', '서양 쇠고기'라는 간판이 걸려 있는 것에도 매우 놀라고 있는데, 문명개화로 어수선했던 당시 서민들의 모습이 잘 나타나 있다.

핫토리 세이이치(부쇼撫松)의 『도쿄 신번창기』(1874)에 따르면, "쇠고기는 사람들에게 개화의 약국이며 문명의 양약良藥이다. 그 정신을 고양시키고 위장을 건강하게 하며 혈액순환을 돕고 피육을 살지게 한다. (중략) 그 약은 삶기도 하고 굽기도 하고 절이기도 하고 말리기도 해 만드는데, 약방(쇠고깃집)에는 붉은 고기가 빼곡하다. 살 많은 허벅지고기가 있으므로 눈속임으로 하면 안 된다"고 되어 있다. 문명개화를 촉진시키는 데 육식을 약제로 해 건전한 심신을 기르는 것을 선결과제로 하고 있다. 육식권장과 함께 서양예찬의 분위기도 감돈다.

이와 같은 정부와 지식인의 적극적인 육식장려책은 우여곡절을 겪으면서도 점차 효과를 보이기 시작했다. 메이지 시대도 반쯤 지난 1886~1887년 무렵에는 각지에서 육식모임이 개최되었다. 회원을 모집해 정육을 염가에 팔았으며, 배달서비스도 있었다고 한다. 목우회사가 가입자를 모집하는 장려회獎勵會가 생겨 회원에게는 로스는 8센, 상등육은 5~6센, 중등육은 3~4센이라는 염가로 판매하기도 했다. 가정요리책 출판도 활발해져 양식 보급에 박차를 가하게 되었다.

3. 증가하는 육류 수요

외국인에게 육류를 조달하다

늘어나는 고기 수요에 옛 막부나 신정부는 어떻게 대처했을까. 외국에서 건너온 사람이 늘어나도 초기에는 마땅한 식육처리장조차 없는 실정이었다. 당시 일본에서는 소는 가축으로만 사육되었을 뿐 쇠고기 먹는 습관이 없었기 때문이다. 그래서 외국인들은 쇠고기를 조달하는 데 골머리를 앓았고, 그런 모습은 외국인의 일기에도 많이 보인다.

흑선을 타고 온 페리 제독이 쓴 『일본원정기日本遠征記』에 따르면, 주민들이 먹는 음식은 생선과 채소가 대부분이고 고기라야 꿩, 거위, 오리 정도밖에 없었다. 농사짓고 짐 나르는 데 쓰는 소를 식용으로 입수한다는 것은 거의 불가능했다. 또 미국의 초대 총영사 해리스는 시모다의 교쿠센지를 영사관으로 썼는데, 막부에 우유를 제공해달라고 요구했지만 일본에는 그런 습관이 없다는 이유로 거절당했다. 대신 약간의 멧돼지고기와 사슴고기를 받았는데, 밀가루, 버터, 라드, 베이컨, 햄, 올리브유가 없어서 생활이 매우 고통스러웠다. 곤경에 처한 해리스는 위에서 살펴본 대로 촌민의 반대를 무릅쓰고 교쿠센지 경내에서 소를 사육해 식용으로 쓰기 시작했다. 세월이 흘러 1931년, 경내에는 일본 최초로 소를 잡아 식용으로 쓴 사실을 기록한 공양탑이 세워졌다.

한편 쇠고기 처리에 관한 최초의 기록은 이보다 오래된 것이다. 시바 고칸司馬江漢은 에도 시대 중기인 1785년에 나가사키에 놀러 가서 네덜란드인 거류지에서 소를 잡는 현장을 목격했다. 『고칸 서유일기江漢西遊日記』

[그림 8] 『난관화보蘭館繪卷』의 〈조리실 그림〉 (나가사키 시립박물관 소장)

에는 "숙소로 돌아와 소의 생고기를 먹었다. 거위 맛과 비슷하다. 네덜란드 사람들은 출항 전에 소를 여러 마리 잡아 소금에 절인다. 모두 붉은 소다. 그들은 쇠망치로 소의 앞머리를 내리치거나 네 다리를 묶어 땅에 누인 뒤 목을 따서 잡는다. 그러고 나서 소를 수레에 끌어올려 입에서부터 물을 뿌린다. 다리 쪽부터 껍질을 벗기고 소금에 절인다. 그 나라에서는 쇠고기가 최고급 음식이고, 중급 이하는 빵이라는 밀로 만든 음식이다. 추운 나라에서는 쌀이 생산되지 않기 때문이다"라고 되어 있다. 담담하게 써내려가고 있지만, 처음 보는 광경에 놀라움을 금치 못했을 것이다. [그림 8]

은 네덜란드인이 돼지를 잡아 부위별로 자르는 현장을 그린 것으로, 나가사키의 『난관화보蘭館繪卷』에 수록되어 있다.

　요코하마에 외국인거류지가 생기면서부터는 미국과 중국에서 들여온 육우를 요코하마나 요코스카에서 잡아 '미국 85번관館'에서 팔았다. 1862년에는 요코하마에 외국인전용 쇠고깃집이 두 채 있었다고 한다. 1865년에는 요코하마 중심부에, 1866년에는 도쿄의 긴리무라今里村에 외국인을 위한 식육처리장이 만들어졌다. 초기에는 '소 해체장解牛場'이라고 불렸던 듯하다. 그 후 거류 외국인이 늘어나 외국소 수입으로는 공급이 딸리자 고베에서 단파, 단고, 다지마 지방의 소를 30~40마리씩 운반해왔다. 육질이나 맛이 외국인의 취향에 맞아 앞에서 말한 것처럼 '고베 소'로 불리며 호평을 받았다. 고베 소가 호평을 받은 것은 간토 지방보다 소의 종류가 많고 소가 노역에 혹사당하지 않았기 때문인 것 같다. 쓰키치의 거류지에도 영국인이 쇠고깃집을 열었다.

날로 인기가 높아진 고베산 쇠고기
그렇다면 일본인이 먹는 쇠고기는 어떻게 조달한 것일까. 앞서 언급한 실업가 나카가와 요시헤에는 요코하마에서 외국인용 쇠고기를 실어와 다카나와高輪 도젠지東禪寺의 영국공사관에 납품하고 있었는데, 후쿠자와 유키치가 "세상이 열림에 따라 쇠고기는 누구든지 식용으로 할 수 있게 되었다"고 한 말을 듣고 에도 다카나와에 쇠고깃집을 열었다. 그는 1867년 도쿄 시바 시로가네무라에 있던 호리코시 도키치의 땅 일부를 쇠고기처리장으로 만들었는데, 이곳은 에도 쇠고기처리장의 원조가 된다. 그러나 마을 주민의 항의로 처리장은 오모리大森 해안으로 옮겨졌다.

1875년에 나온 『유명한 쇠고깃집과 닭고깃집牛肉しゃも流行見世』에 따르면, 도쿄의 쇠고깃집은 점포가 여덟 개나 되었고, 이 무렵 유행한 노래에는 "세상에 뒤떨어진 마음이여, 어제까지 소를 먹는다 생각이나 했던가", "세상 사람들 업으로 삼지만 소 파는 집을 근심스럽게 보도다"라는 노랫말도 등장한다. 또한 신문 제목에 「쇠고기 점점 늘어」, 「개화로 쇠고깃집 급증」 따위의 기사가 빈번하게 나오기 시작한다.

그 중에서도 고베산 쇠고기의 인기는 대단했다. 1875년 『유빈호치 신문郵便報知新聞』에는 고베의 육식은 전국 1위로 한 달에 800두, 다음으로 요코하마는 600두, 도쿄는 500두, 오사카와 나고야는 각각 300두, 그 밖의 현에서는 100~200두나 소비된다고 씌어 있다. 이듬해에는 고베 항에서 실어내는 고베산 쇠고기가 연간 6,000두에 달한다고 했다.

육식을 적극적으로 장려해온 신정부는 급증하는 쇠고기 수요에 대응하지 않으면 안 되었다. 1869년 내무부民部省는 쓰키치에 소 집하장과 쇠고기처리장을 설치하고, 이듬해에는 간다 고진가하라御陣ヶ原에 처리장을 개설했다. 이어서 아자부麻布 모토무라초本村町, 시바 고야마초小山町, 센주千住 고즈카초小塚町, 아사쿠사 센주니타니초千住新谷町, 아사쿠사 지타바무라千束村 등에도 쇠고기처리장을 개설하거나 이전하는 등 대단히 분주해진다. 『공문

통지公文通誌』(1883)에 따르면, 메이지 초기 도쿄에서 하루에 처리되는 소는 1~2두였는데, 1872년에는 20두에 이른다. 한 사람당 반근(300그램)이라고 치면 5,000인분에 해당하는 양이다. 처리되는 소는 해마다 증가해 1877년에는 2만 두, 1888년에 10만 두, 1902년에는 20만 두를 넘었다. 그러나 1886년의 『지지신포時事新報』처럼, 육식이 증가한 것은 도회지와 그 주변부이고, 지방에서는 눈곱만큼 늘었을 뿐이라는 지적도 있다.

말고기의 대두

쇠고기 말고 다른 고기는 어떠했을까. 말고기를 조리해서 파는 집은 에도 시대 후기에 이미 생겼지만 서민의 관심을 끌지는 못했다. 그러나 쇠고기 수요가 증가함에 따라 말고기도 점차 주목받기 시작했으며, 세이난 전쟁에서는 군량이 모자라자 군마를 잡아먹었다고 한다. 쇠고기의 유행에 따라 말고기가 식육으로 쓰이게 되자, 말고기를 쇠고기로 속여 파는 악덕업자가 횡행하고 징역형을 받는 자가 속출했다. 1872년에는 쇠고깃집 주인이 전염병으로 급사한 소를 팔았다가 발각되자 혀를 깨물어 자살을 기도한 사건이 일어나기도 했다. 1878년에는 지바千葉 현 시모카사이下葛飾의 아무개가 60일간의 징역형을 선고받기도 했다.

신슈信州의 명물로 몸을 덥혀준다고 정평이 나 있는 말고기회는 1882년 무렵 마쓰모토松本에서 처음으로 시식했다고 한다. 1886년 홋카이도 네무로根室 목장의 말고기 시식회에서는, "육질은 쇠고기와 큰 차이가 없으며, 굳이 말하자면 섬유질이 약간 성글고 지방이 적다. 말고기라고 말하지 않으면 식별하기가 어렵다"는 평이 나왔다. 오늘날에는 오히려 지방질이 적은 건강식품으로 높은 평가를 받는다.

1887년 무렵부터는 말고기가 판매되기 시작했는데, 간판에는 쇠고기의 붉은색에 대비해 까만색 글자를 썼다. 1887년『국민의 친구國民之友』는, 도쿄에서 쇠고기가 부족해 말고기를 먹는 자가 늘었다고 쓰면서, 소가 넘어져 있고 말이 앞다리를 들고 선 그림을 그려 "말이 이기고 소가 졌다"(일본어로는 'うまかった牛負けた'로, 동시에 '맛좋던 소가 졌다'는 뜻도 된다―옮긴이)는 문구를 넣었다. 다만, "소를 말로 바꿔 탔지만, 말고기는 익히면 노란 거품이 일고 냄새도 지독하다"고도 씌어 있다.

돼지고기에 대해서는 제5장 제3절에서 자세히 서술하기로 하겠다.

치료식으로 대접받은 쇠고기

서민들에게 육식이 보급된 데는 군대의 영향도 꽤 크다. 1868년의 보신 전쟁戊辰戰爭 때 병원에 실려온 부상병의 치료식으로 쇠고기가 사용되었다. 영양분이 많아서 원기회복에 좋다고 권장되었기 때문이다. 메이지 시대가 되면서 쇠고기는 육군이나 해군의 군량으로 취급되고, 세이난 전쟁西南戰爭 때도 군량으로 쓰였다. 1890년대 후반에는 쇠고기통조림이 만들어져서 중요한 군량이자 진수성찬 대접을 받았다.

1902년에는 메이지 천황이 구마모토熊本 대연습 시찰을 마치고 귀경하는 길에 히로시마 근처를 지나는 기차 안에서 쇠고기통조림을 맛보았다고 한다. 1905년에는 군사적인 이유에서 육포(말린 쇠고기)가 고안되었다. 러일전쟁 때는 전쟁터에서 쇠고기 수요가 급증함에 따라 쇠고깃값이 폭등하여 사회문제가 되기까지 했다. 또한 군대에서 쇠고기와 쇠고기통조림의 맛을 알게 된 병사들은 고향으로 돌아가 각 지역에서 쇠고기의 수요를 늘리는 원동력이 되었다. 육식은 이제 서민들의 입에서 입으로 전해지면서 확산되었다.

4. 모리 오가이 대 후쿠자와 유키치

돼지고기는 건강에 좋지 않다

육식이 적극적으로 추진되는 가운데, 당연히 반대파가 나왔다. 반대하는 이유는 여러 가지였다. 예를 들면 다음과 같은 것들이다. ① 농경용으로 사육하던 가축을 먹어서는 안 된다. ② 쌀을 주식으로 하는 사람일지라도 생선과 채소로 충분히 영양을 섭취할 수 있다. ③ 육식으로 혈액이 혼탁해지면 종기가 생기고 머리털이 벗겨지기 쉽다. ④ 심신이 부정타서 신불을 모실 수 없게 된다. ⑤ 육식을 한 뒤에는 다른 사람을 방문할 수 없다. ⑥ 육식은 이상한 것을 즐기는 악취미다. ⑦ 오기로 먹고 서양물 들기는 싫다. ⑧ 부처님의 벌을 받아 이 세상이 뒤집힌다 등등.

실제로 육식 반대를 주장하고 행동에 나선 사람도 있었다. 1869년 후고豊後 지방 오카岡 번의 기요하라 라이스케淸原來助는 집의원(集議院, 公議所)에 쇠고기 매매를 금지해달라는 청원을 냈다. 소는 농경에 도움이 되는 가축이므로, 그 고기가 맛있다고 하더라도 사고팔아서는 안 된다는 이유에서였다.

1873년 『도쿄니치니치 신문東京日日新聞』은 오사카 마쓰야초松屋町의 다니무라谷村라는 독자가 돼지고기는 건강에 좋지 않으므로 먹으면 안 된다고 투고한 글을 실었다. 양돈가가 늘어난 덕분에 가격이 떨어지고는 있지만, 돼지고기를 먹는 인체실험을 직접 해보았더니 지방덩어리의 비만이 된 데다 다른 병에도 걸리기 쉽다는 양의의 진단을 받았다는 것이었다. 또한 1880년의 『유빈호치 신문』에는, 식량생산이 몇 년 전보다 200만 인분이나 감소한 것은 육식 유행에 따라 농사일에 쓸 소가 줄어들었기 때문이라고 되어 있다.

모리 오가이의 병식론

하지만 아직까지는 어떤 비판도 육식의 흐름을 저지할 수 있을 만큼 강력하지는 못했는데, 이때 육식에 반대하는 유력한 지식인이 나타났다. 그 주인공은 『일본 병식론 대의日本兵食論大意』(1885)를 쓴 모리 린타로(森林太郎, 오가이鷗外)였다. 그는 수전도작水田稻作이 목축보다 뛰어나다면서 일본 전통음식을 재평가해야 한다고 강력히 주장했다. 모리는 의사로 육군 군의총감을 맡았고, 메이지 문학의 거장으로도 유명한 사람이다.

제2차 세계대전 당시 일본의 육군과 해군은 사이가 안 좋기로 유명했는데, 그것은 메이지 시대 때도 마찬가지였다. 메이지 유신 이후 해군은 군사식량으로 영국식을 채용했고, 육군은 프랑스식을 받아들였다가 1877년에 독일식으로 바꿨다.

육군 군의관 모리森는 1884년 독일로 유학을 떠났다. 일본 육군의 식량을 유럽 각국의 것과 비교해보라는 명령을 받았기 때문이다. 이 무렵 육군의 식량은 정백미가 기본이었는데, 군대 안에 각기병이 만연해 골치를 앓고 있었다. 각기병의 원인을 정확히 알지 못해 치료방법도 찾아낼 수가 없었다. 해군 군의총감 다카기 가네히로高木兼寬는 빵, 우유, 채소 등을 많이 먹고 밥을 줄이는 식이요법을 시도했다. 그러자 각기병 증세가 조금 완화되었다. 각기병은 서양의 군대에는 없는 병이었다. 다카기는 군사식량을 서양식으로 바꿀 것을 제안했다.

그런데 모리 린타로는 『일본 병식론 대의』를 써서 이 제안에 정면으로 반대했다. 이 책은 "동양 인민의 음식은 종류는 많을지언정 주식은 생선과 쌀이다. 서양 인민의 음식은 체레아리엔(보리의 일종)으로 만든 찐떡(빵)과 소, 양, 돼지 등이며 생선과 쌀은 아주 가끔 먹을 뿐이다"라는 문장으로 시작된다. 그리고 "우리나라의 토지는 벼를 심는 데 좋다. (중략) 쌀처럼 손쉽게 구할 수 있는 것은 찾기가 힘들다"고 한 데 이어, "혹자는 '쌀을 수출하고 다른 곡류 및 식육을 수입하면 어떨까' 라고 하는데, 물론 이치에 어긋나는 말은 아니다. 하지만 그렇게 되면 우리나라 인민의 생활은 오랫동안 외국인의 손에 놓이게 된다. 이런 상황은 피해야 한다"고 주장하고 있다.

모리는 『일본 병식론 대의』에서 일본인의 식사인 밥이 서양식보다 유리하다고 주장하면서, 그 이유로 ① 일본인은 체격은 작지만 근육의 발육이나 체력은 서양인에게 뒤떨어지지 않는다. ② 서양식을 조리하는 기계(빵 굽는 가마 등)는 해군 군함에는 설치하기 쉬워도 육군의 전쟁터에는 설치하기가 어렵다. ③ 육군 병사의 수(5만 명)는 해군의 수(5,000명)보다 열 배나 많다. 따라서 짧은 시간에 병사들에게 서양식을 공급하기 어렵다. ④ 육군 신병은 밥에 익숙해 있으므로 갑자기 서양식으로 바꾸면 여러 가지 문제가 발생한다. 서양식은 영양가도 다르고 소화의 메커니즘도 다르기 때문이다. ⑤ 밥, 생선, 두부, 된장의 조합으로 단백질과 지방을 충분히 섭취할 수 있다. 일본식이 영양학적으로 뒤질 이유는 전혀 없다 등을 들고 있다.

『일본 병식론 대의』가 일본의 군사식량에 끼친 영향은 매우 컸다. 모리의 주장 이후 육군은 서양식을 채택하는 대신 각기병을 예방하기 위해 보리 섞은 밥을 주식으로 채택하게 되었다. 반면 해군은 빵을 주식으로 하는 서양식을 채택해 청일전쟁과 러일전쟁을 치렀는데, 병사들 사이에 빵이 아니라 밥을 달라고 하는 불만이 크게 일었다고 한다. 만약 육군과 해군이 함께 서양식을 채용했더라면 제2차 세계대전의 전개 양상은 달라졌을지도 모른다.

그 이후의 각기병 대책은 어떻게 되었을까. 1910년(메이지 43

년), 스즈키 우메타로鈴木梅太郎가 겨에서 비타민 B_1을 추출해냈다. 이로써 그동안 불가사의했던 각기병의 원인은 정백미에 의한 비타민 B_1 결핍이라는 사실이 밝혀졌다.

도회파 대 농촌파

이토 마사테루伊東昌輝는 『남만신관식물지南蠻かんぬし植物誌』(1983)를 통해, 모리 린타로의 독일어 논문에는 일본어로 쓴 논문에서는 빠져 있는 중요한 지적이 들어 있다고 밝혔다. 인용해보면 다음과 같다.

> 일본인은 유럽문화를 섭취하려고 너무 서두른 나머지 그 장단점이나 일본에 적합한지 여부를 잘 검토하지 않고 실행해버린다. 낡은 것은 뭐든지 버리고 돌아보지 않으며, 새로운 것을 보면 앞뒤 가리지 않고 달려드는 것은 도대체 무엇 때문인가. 수백 년 동안 좋다고 여겨온 풍속습관에는 반드시 무언가 뛰어난 것이 있게 마련이다. 그러지 않고서는 오래가지 않았을 것이라는 점을 결코 잊어서는 안 된다.

오늘날의 우리에게도 일침을 가하는 말이다.

모리만이 아니었다. 메이지 시대 중반에 이르자 문명개화다, 서구화다 하며 어중이떠중이 모두 외쳐대던 풍조에 대해 반성하는 기색이 엿보이기 시작한다. 서양문화라고 해서 모두 일본보다 뛰어난 것은 아니고, 일본 것 가운데서도 좋은 전통은 버리지 말자는 기운이 일어났다. '온고지신

溫故知新'이 부활한 셈이다. 그 결과 '화혼양재'의 흐름이 대세로 떠오르기 시작했다.

이 대목에서, 밥을 먹어야 한다고 주장한 모리 린타로의 병식론과 육식을 장려하고 보급해야 한다고 주장한 후쿠자와 유키치의 육식론을 비교해보자. 후쿠자와의 육식론에는 일본의 농업정책과 쌀농사 폐지론이 들어 있다. 구체적인 내용은 ① 일본은 농경지가 적으므로 농업을 국가의 기반으로 해서는 안 된다. ② 쌀이 부족하면 외국에서 수입하면 된다. ③ 밥을 먹는 것보다 고기를 먹는 것이 더 낫다 등이다.

두 사상의 차이에는 서구화를 철저하게 추구하는 육식장려론과 전통적인 쌀밥에 집착하는 쌀밥 우위론이 포함되어 있는데, 그것은 곧 '도회파'와 '농촌파'의 차이였다. 도회파는 서양의 근대화를 뒤쫓아 따라잡기 위해서는 모든 점에서 서양을 따라 배워야 한다, 그러려면 논농사를 폐지해서라도 목축업을 일으켜야 한다고 주장했다. 농촌파는 논농사가 목축보다 훨씬 뛰어나다고 강조했다. 이것은 극단적인 서구화와 일본 전통에 대한 재평가 사이의 대립이었다.

이런 대립은 ① 서양인보다 빈약한 체격에 대한 열등감 ② 육식이 영양학적으로 더 뛰어나다는 판단 ③ 먹고 나면 오랫동안 속이 든든한 쌀밥의 우위성 ④ 탄수화물의 과도한 섭취 ⑤ 단백질 섭취의 필요성 등등의 생각들이 혼란상태에 빠진 결과라고 할 수 있다.

실제로는 이것들을 절충한 화혼양재 사상이 일본의 근대화를 추진하는 원동력이 되었다. 서민들은 본격적인 서양요리에 사로잡히지 않고 밥과 가장 잘 어울리는 일양절충의 '양식'을 만들어냈다. '돈가스'가 양식의 스타로 등장하고, 빵은 밥을 대체하는 대신 밥과 역할이 겹치지 않는 독특한 '단팥빵'의 형태로 등장하게 되었다. 이 두 가지 먹을거리의 탄생은 일본 음식문화의 특이성을 보여주는 사례로서, 생각할수록 흥미로운 부분이 아닐 수 없다.

5. 서양요리의 정통

서양요리와 양식

정부와 지식인의 적극적인 육식장려책 덕분에 서민들 사이에서는 쇠고기 전골이나 스키야키에 대한 관심이 높아졌다. 본격적인 서양요리가 도입되면서 로쿠메이칸 이후의 메이지 20년대가 되면 일본 특유의 일양절충형 '양식'이 퍼져나간다. 이 절에서는 문명개화와 본격적인 서양요리의 유행을 중심으로 살펴보자.

'서양요리'나 '양식'이라는 말은 요즘도 일상적으로 사용되고 있다. 그런데 이 두 말은 같은 의미일까. 다르다면 어떻게 다른 것일까. 조리나 요리에 관한 책을 찾아보면 대부분이 '양식이란 서양요리의 별칭'이라고 쓰여 있다. 완전히 같은 단어로 설명하고 있다. 그러나 개중에는 "서양요리에는 본격적인 서양요리와 일본식 서양요리가 있다"고 구별해 놓은 것도 있다. 이 책은 후자의 입장에서 정식 서양요리와 일양 절충형의 서양풍 요리, 곧 '양식'을 서로 다른 것으로 보고 있다.

막부 말기 다섯 차례에 걸쳐 서양에 파견된 사절들은 일기 곳곳에 '양식'이라는 글자를 남기고 있다. "염분이 적고 기름내가 나는 양식은 먹을 수 없다", "소금, 간장, 식초, 겨자, 후추가 식탁에 있어도 일본 것과는 전혀 달라 당혹스러울 뿐이다", "양식은 소금 맛이 강한 일본식에 비하면 매우 기묘한 맛이 난다." 여기서 양식이란 머리말에서도 언급한 바와 같이 '일본식과는 다른 서양의 기묘한 음식'이라는 의미로 쓰이고 있다. 일반적으로 일본에서 '서양요리'란 17~18세기에 궁정요리로 받아들여진 프랑스요리를 뜻하는 것이었는데, 여기서 '양식'은 미국, 영국, 이탈리아, 프랑스 등 서양 각국의 요리를 총칭하고 있다.

'서양요리'와 '양식'의 차이를 설명해주는 또 하나의 기준은 빵과 밥, 어디에 어울리는 음식이냐 하는 것이다. 빵과 어울리는 것이 서양요리고 밥과 어울리는 것이 양식이다. 결혼식 피로연에 호화로운 풀코스 프랑스요리가 나왔다고 하자. 가만히 있어도 롤빵이 날라져 온다. "빵은 싫으니 밥으로 주세요"라고 할 수는 없다.

그렇지만 레스토랑에서 햄버거, 비프스테이크, 새우튀김 등의 일품 양식을 주문하면 반드시 "빵으로 하시겠습니까, 밥으로 하시겠습니까?"라는 질문이 나온다. 세계 어느 레스토랑에서도 볼 수 없는, 일본에서만 통용되는 기묘한 질문이다. 이 질문의 의미가 무엇인지 나름대로 따져보면, "서양요리로 드시려면 빵을 선택하시면 되고, 양식으로 드시려면 밥을 선택하시면 됩니다"라는 뜻이다. 손님으로 하여금 서양요리와 양식 중 하나를 선택하게 하는 것이다. 그렇다면 가스라이스가 있고 가스샌드가 있는 것은 어떻게 설명하면 좋을까. 일본 음식문화의 재미있는 대목이다.

즉 일본식 냄비에 쇠고기를 넣어 된장, 간장, 설탕으로 조미한 쇠고기전골이나 스키야키는 밥과 잘 어울리는 일본식 요리다. 버터 냄새 때문에 입맛에 맞지 않던 서양요리가 서민들의 손에서 일양절충형 요리로 다시 태어난 것이다. 돈가스, 고로케, 카레라이스 등의 일품 양식은 이미 서양요리와는 별개의 것이다.

야나기타 구니오는 『메이지다이쇼사 세상편』에서 "양식은 쇠고기전골에 의해 가까스로 일본에 선을 보였다고 해도 과언이 아니다. 상에 칼(나이프)을 올려놓는 방식은 생소한 것이지만, 먹는 방법, 만드는 방법은 이쪽 식대로다. 이른바 일품요리는 유유자적 출현한 것이었다"고 쓰고 있다. 그는 양복과 마찬가지로 양식도 발단부터 충분히 일본화한 음식이라고 지적했다. 아까 말한 바와 같이 이 책에서는 정식 '서양요리'와 일본인이 만들어낸 '양식'을 별개의 요리로 치고 얘기하기로 한다. '단팥빵'도 '돈가스'도 선인들이 만들어낸 일양절충형의 일본 양식이다.

서양요리의 발상지 나가사키

그런데 본격적인 서양요리는 어떻게 일본에 들어왔을까. 일본 최초의 서양요리는 포르투갈 배가 나가사키와 히라도平戶에 들어왔을 때 전래된 남방요리다. 사람들은 쇠고기와 돼지고기, 햄과 소시지, 버터와 치즈, 빵, 튀김 등 다른 나라의 별난 재료나 음식, 조리법에 무척 놀랐다.

1548년에 나온 루이스 프로이스의 『프로이스 일본사フロイス日本史』에 따르면, 이 무렵 일본인들 사이에서 쇠고기나 계란 등 유럽음식이 받아들여지기 시작했다.

17세기경이 되면서 나가사키의 상류사회와 대상인들 사이에 서양음식이 널리 보급되기 시작했다. 구시이토(제2장 참조, 고기와 채소를 넣어 끓인 스페인의 고기스튜 코시도cocido에서 온 이름—옮긴이, 이하 같음), 히카도(잘게 썬 고기나 생선살로 만든 요리를 가리키는 포르투갈어 피카도picado에서 온 말로, 고기나 생선살과 채소를 끓이고 술, 간장, 소금으로 간을 한 뒤 고구마를 갈아 넣어 걸쭉하게 만든 음식), 히료즈(제2장 참조, 기름으로 튀긴 과자를 말하는 포르투갈어 필료스fillos에서 온 이름), 뎀뿌라(포르투갈어 템포라tempora에서 온 이름), 파스테이르 야키燒き(파이, 네덜란드어 파스테이pastei에서 온 이름), 고렝(생선튀김의 일종으로, '볶음, 튀김'을 뜻하는 인도네시아어 고렝goreng에서 온 이름), 보르(밀가루에 설탕과 소금을 넣어 반죽한 것을 얇게 펴서 구운 과자, 포르투갈어 볼로bolo에서 온 이름), 캐러멜, 카스텔라(밀가루에 달걀, 설탕을 넣어 오븐에 구운 양과자. 어원으로는 '쌓아 올려진 것' 혹은 '성城'을 뜻하는 포르투

[그림 9] 〈화월난인유찬도花月蘭人遊餐圖〉 (나가사키 시립박물관 소장)

갈어 카스텔로castelo, 혹은 스페인의 지역명 카스티야castilla를 포르투갈어로 읽은 카스텔라castella 등의 설이 있음), **카스도스**(단맛이 적었던 초기의 카스텔라에 꿀을 더해 단맛을 낸 것으로, 카스텔라에 '달다'는 뜻의 도스dose를 덧붙인 이름), **비스킷**, **빵**, **콘페이토**(별사탕, 포르투갈어 콘피테스conpites에서 온 이름) 등과 같은 음식들이 소개되었다. 빵에 대해 한 자료는 "빵은 밀가루로 굽는다. 주먹만한 감자 같은 것으로, 네덜란드어로는 브레드, 빵이라고 한다"고 설명하고 있다. 이 무렵에는 수박, 호박, 감자, 옥수수, 고추, 석류 등도 전해져서 일본인의 식탁을 더욱 풍성하게 했다.

『나가사키 명승도회長崎名勝圖繪』(분세이 연간[1818~1830] 초기)에 따르면, 네덜란드의 설날이 되면 나가사키 데지마出島에는 소갈비튀김, 야생거위통구이, 버터졸임, 샐러리 등 호화로운 음식이 차려졌다. 나가사키 관청奉行所의 관리들은 이 연회에 초대되어 유리잔에 이국의 술을 가득 채워 마시며 서양요리의 산해진미를 만끽했다. [그림 9]는 데지마에 있는 네덜란드 상관商館의 〈화월난인유찬도花月蘭人遊餐圖〉다.

데지마의 네덜란드 상관에는 콕Kok이라 불리는 일본인 요리사 두 명이 고용되어 있었다. 『히라도 네덜란드 상관 일기平戶オランダ商館の日記』에는 빵을 굽고 요리를 만드는 요리사 요스케Yoske라는 이름이 등장한다. 1855년에 간행된 이소노 신슌磯野信春의 『나가사키 산물長崎土産』에는 '요리사 콕'이라는 말이 등장하는데, 그 네덜란드어가 오늘날까지 그대로 쓰이고 있다.

막부 말기가 되자, 외국인의 왕래가 활발해졌다. 1857년에는 서양요리도 함께 파는 일본요릿집이 생겼다. 나가사키의 '센토쿠로先得樓', '게이요테이迎陽亭', '요시다야吉田屋' 등이 그런 집들이다. 1863년 구사노 조키치草野丈吉는 나가사키에 일본 최초의 서양요리 전문점을 열었다. 구사노는 네덜란드 총영사 밑에서 요리사 수업을 받은 사람으로, 자기 집의 다타미 6조帖짜리 방 한 칸을 개조해 술통을 두 개 놓고 상호를 '료린테이'(良林亭, 훗날의 지유테이自由亭)라 했다. 손님은 여섯 명으로 제한하고 "일인당 요리값 금 3슈朱. 용무가 있으신 분은 전날에 미리 분부 내려주시기 바랍니다"라고 간판에 써 붙였다. 요즈음의 가격으로는 일인당 거의 2만 엔에 가까운 아주 비싼 것으로 서민의 수준에는 전혀 맞지 않았지만, 당시 나가사키 관청의 고급 관리나 외국인 접대용으로 많이 쓰였던 듯하다.

메이지 시대가 되자 구사노는 고다이 도모아쓰五代友厚와 고토 쇼지로 등의 도움을 받아 오사카에 진출했다. 그는 1869년 본격적인 서양요릿집 '지유테이'를 열었는데, 이 지유테이는 지금은 나가사키 시내에 있는 글로버 저택의 정원으로 옮겨져 남아 있다. 이곳에서는 당시의 나이프, 포크, 서양접시 등을 볼 수 있다.

나가사키에서는 나카무라 도시치中村藤七가 '후쿠야福屋', '후지야藤屋' 같은 가게를 열었다. 이 후쿠야가 나가사키 최초의 서양요릿집이라는 설도 있다. 한편 나가사키에 일본 최초의 서양식 병원을 연 폼페는 서양요리를 환자식으로 채택했다. 마쓰모토 료준松本良順도 서양식을 건강식이라고 평가했다.

글로버 저택의 근처에는 '서양요리 발상 기념비'가 있는데, 여기에는 "우리나라에서 서양요리는 16세기 중엽 포르투갈 배가 내항하면서 시작되었다. 서양요리의 맛과 기술은 쇄국시대에 유일한 개항지였던 나가사키의 네덜란드 저택으로 들어왔다. 1800년대에 이르러 요코하마, 고베, 하코다테 등이 개항되면서 점차 보급되었고, 그 후 도쿄를 중심으로 국내에 널리 퍼지면서 일본인의 식생활에 융화되어 지금처럼 융성하게 되었다. 이에 우리나라 서양요리의 발상을 기념하여 이 비를 세운다"고 되어 있다.

이렇게 나가사키에 서양요리의 기반이 만들어진 후, 가나가와神奈川, 하코다테, 고베, 니가타新潟의 개항장에 있는 외국인거류지를 중심으로 서양요리가 빠르게 보급되기 시작했다. 하코다테의 오마치 주자부로大町重三郞가 1869년에 '가네주ヵﾈ十'를, 와카야마 소타로若山惣太郞가 1879년에 '이쓰시마켄五島軒'을 열었다. 가네주는 하코다테 서양요릿집의 원조로, 1859년 이전에 생겼다는 설도 있다. 1869년에는 고베에 '겟카테이'가, 니가타에 '이탈리아켄' 이, 센다이仙台에 '부라더켄' 이, 그리고 요네자와米澤에 '마쓰카와松川'가 각각 문을 열었다.

요코하마에서는 개항한 1859년 바로 그해에 최초의 서양풍 호텔 '요코하마 호텔' 이 문을 열었다. 이 호텔은 네덜란드인이 경영하는 외국인용 호텔로, 특히 제대로 된 서양요리를 제공하는 데에 역점을 두었다. 그리고 나가사키에서 요코하마로 온 오노 다니조大野谷藏가 1869년에 '가이요테이開陽亭' 를, 기요테이 리헤에崎陽亭利兵衛가 1872년에 '기요테이崎陽亭'를 각각 열었다. 이 두 사람은 똑같이 나가사키 출신이므로 동일인이 아닐까 하는 설도 있다.

일본 최초의 프랑스요리는 1876년 요코하마의 '그랜드 호텔' 에서 시작되었다고 한다. 그때까지 일본에서는 서양요리라고 하면 영국요리뿐이었다. 영국식은 수프로 시작해 꼭 비프스테이크를 넣었지만, 프랑스요리는 전채(오르되브르)를 먼저 먹고 수프로 넘어갔다.

1879년 6월에 열린 요코하마 대야회大夜會는 서양요리로 준비된 최초의 뷔페식 파티였다. 이 파티는 '많은 개미가 적은 음식에 떼 지어 몰려든 것처럼' 마치 전쟁터 같은 대혼란이 일어났다고 한다. 참석자에 비해 요리의 가짓수가 적고 양도 충분하지 않아서 신사숙녀들은 "비프스테이크가 나왔다! 감자가 나왔다!"라는 커다란 외침에 따라 나이프와 포크를 들고 이리저리 뛰어다녀야 했다. 어렵사리 고기를 획득하면 미처 씹을 틈도 없이 삼켜버렸기 때문에 "고기를 입에 넣어 혀로 받아 바로 목구멍으로 넘기는 모습이 마치 가마우지를 보는 듯했다"고 『도쿄니치니치 신문』은 전하고 있다.

문명개화의 발상지 쓰키치

도쿄에 있는 서양요릿집에 대해 알아보자. 1868년(메이지 원년), 미카와야 히사헤에三河屋久兵衛가 간다에 서양요릿집 '미카와야'를 열었다. 야나가와 슌산柳河春三이 초서草書로 쓴 개업광고지로 유명하다. 서양요릿집의 원조라는 설도 있는 미카와야에서 모리 아리노리森有禮와 후쿠자와 유키치 등이 결성한 메이로쿠샤明六社의 모임이 열리곤 했다. 이 가게는 간토 대지진이 발생할 때까지 계속 운영되었는데, 육고기를 취급하는 데 대한 인근 주민들의 반발 때문에 간다의 다초多町에서 미카와초三河町로 이전하기도 했다. 1877년 무렵의 광고를 보면 보통은 30센, 중등은 50센, 상등은 75센이라고 되어 있고, 메뉴에는 수프, 우육조류牛肉鳥類, 샐러드, 카레밥(라이스카레), 커피, 우유, 빵, 버터 등의 단어가 보인다.

1873년 무렵이 되면 쇠고기전골은 서민들의 음식으로, 정식 서양요리는 신정부의 요인이나 상류계층을 위한 음식으로 각광을 받기 시작한다. 쓰키치 우네메초采女町의 세이요켄, 쓰키치의 '닛신테이日新亭', 가야바초茅場町의 가이요테이, 고지마치의 '욘만켄四萬軒', 우에노의 세이요켄(우네메초 세이요켄의 별관), 구단九段의 '후지미켄富士見軒'이 차례차례 개점해 성황을 이루게 되었다.

특히 '세이요켄'은 여러 에피소드를 가지고 있는 집이다. 메이지 시대 초기에는, 궁내성에 대선부大膳部가 생기기 전이라 요코하마에서 외국인 접대를 위한 서양요리를 가져오고 있었다. 이를 보고 붓코지佛光寺 준몬세키準門跡의 행정관이던 기타무라 주이北村重威는 자신이 이와쿠라 도모미 밑에서 얻은 서양의 지식들을 가지고 서양요릿집을 열 계획을 세웠다. 그의 친인척들은 육고기를 취급해서는 안 된다며 거세게 반대했지만, 기타무라는 1872년 마루노우치丸ノ内 바바사키몬마에馬場先門前에 서양요릿집 '세이요켄'을 열었다. 그런데 하필이면 개점 당일 아이즈會津 번 저택에 불이 나, 다 꾸며놓은 가게를 잃고 말았다. 기타무라는 포기하지 않고 이듬해 우네메초에 세이요켄을 다시 열었다. 이어서 1876년에는 우에노 공원 메이쿄인明敎院의 종루에 별관을 열었는데, 이 가게는 지금까지도 성업 중이다.

이렇게 이와쿠라 도모미 등이 사절단으로서 서양 각국을 다니면서 얻은 견문은 호텔과 서양요릿집을 경영하는 데 많은 영향을 미쳤다.

서양요릿집과 관련된 에피소드 하나 더. 해군대장 사이고 쓰구미치西鄕從道는 종종 훈시하기를 "해군 사관은 억지로라도 세이요켄의 서양요리를 먹어야 한다"고 했다. 세계 각국과 원활하게 교제하려면 서양요리에도 익숙해져야 하기 때문이다. 월말에 계산해보아 세이요켄에 지불한 요리값이 적은 생도는 불려가서 주의를 들었다.

쓰키치에 외국인거류지가 생기자, 1868년 시미즈 요시스케淸水嘉助는 일본인으로서는 처음으로 외국인 전용 호텔 '쓰키치 호텔관'을 지었다. 2만3,000제곱미터의 부지에 목조목골로 지은 이 호텔을 두고 당시의 한 신문은 "눈이 휘둥그레질 뿐"이라고 했다. 그런데 5년 후 교바시京橋와 쓰키치 일대에서 일어난 큰불로 불타버리고 말았다. 쓰키치 호텔의 프랑스요리는 프랑스인 요리사가 직접 조리하는 것으로 정평이 나 있었다. 1871년 천황 탄생일을 축하하는 연회는 프랑스요리로 준비되었는데, 이때의 메뉴판이 프랑스요리에 관해 남아 있는 가장 오래된 문서다.

1877년이 되면서 긴자銀座에는 '니혼테이日本亭', '아이오이테이相生亭', '반코쿠켄萬國軒', '마쓰카제켄松風軒', '세이신켄淸新軒' 등의 서양요릿집이 연이어 생겨났다. 긴자가 외국인거류지에 가까웠기 때문이다. 긴자 말고도 쓰키치 곳곳에 미국, 영국, 독일, 프랑스 등의 상관商館과 양관洋館이 들어섰고, 쓰키치 병원(후의 성 누가聖路加 병원), 성 바오로 학교(후의 릿쿄立敎 대학), 쓰키치 호텔, 해군학교, 우마회사, 쓰키치 상사 등이 생겨났다. 덕분에 쓰키치는 '문명개화의 발상지'로 불리게 되었다.

도쿄 도청이 1902년에 발행한 『도쿄 안내東京案內』를 보면, 당시 도쿄에는 일본요릿집이 207곳, 서양요릿집이 42곳, 중국요릿집이 2곳이 있었다고 한다. 일본요릿집은 간다나 니혼바시 야시키초屋敷町와 아사쿠사 혼조本所 등의 저지대 번화가에 몰려 있고, 서양요릿집은 아자부麻布, 아카사카赤坂, 요쓰야四谷의 고지대에 들어서 있었다.

서양요리에 대한 지식의 보급

일본과 서양의 식사예법은 전혀 달랐다. 서양음식을 요리하고 먹는 일은 외국을 모르는 일본인들에게는 그야말로 미지의 세계였다.

그런 가운데 서양요리에 대한 지식을 일찌감치 전파한 것은 후쿠자와 유키치의 『서양의 의식주西洋衣食住』(1867)였다. 이것은 후쿠자와가 서양 시찰을 다녀온 후 가타야마 준노스케片山淳之助라는 필명으로 쓴 얇은 소책자다. 「식食」 부분을 보면 "서양인들은 젓가락을 쓰지 않는다. 대신에 육류나 다른 음식들을 정성스럽게 썰어서 넓적한 접시에 담고 각자의 앞에 늘어놓으면, 오른손으로 칼을 쥐고 잘게 썰어서 왼손에 집게를 들고 찍어 먹는다. 칼 위에 음식을 얹어서 바로 입에 넣는 것은 예의에 매우 벗어나는 짓이다. 국물은 넓적한 접시에 담아서 숟가락으로 떠먹는다. 국물류가 아닌 차를 마실 때도 입으로 소리를 내며 먹는 것은 예의에 맞는 행동이 아니다. 이 그림은 일인용 접시와 그릇을 늘어놓은 것이다. 사람이 많이 모여 회식을 할 때는 한 탁자에 20명이고 30명이고 자리를 늘어놓는다. 식사도구의 이름은 다음과 같다"고 썩

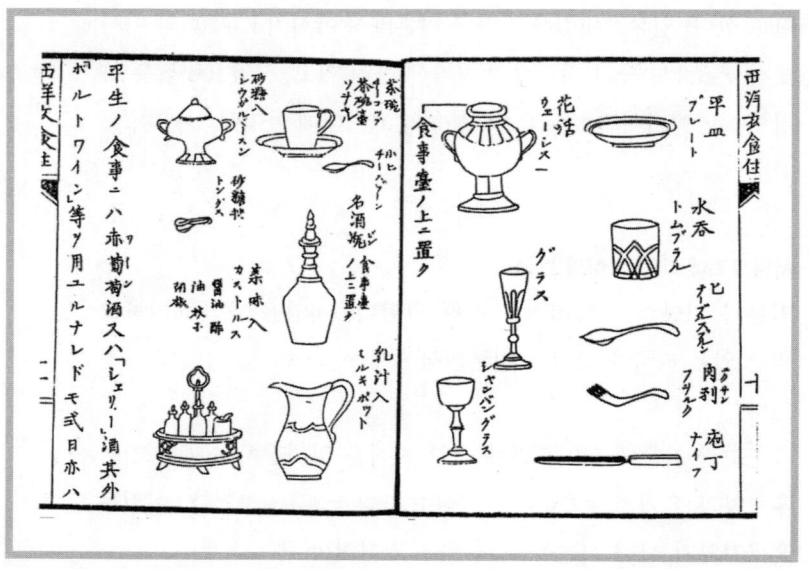

[그림 10] 서양요리의 지식을 그림으로 소개한 『서양의 의식주西洋衣食住』

어 있다.

[그림 10]은 『서양의 의식주』에 나오는 그림이다. 후쿠자와는 이 책에서 빵, 보르도 와인, 샴페인, 맥주, 위스키, 브랜디, 셰리 등에 대해서도 언급하고 있다. 100여 년이 지난 지금까지도 일본의 학생들은 학교를 졸업하기 전에 프랑스요리의 식사예법을 배우고 있다.

1872년에는 가나가키 로분의 『서양요리통西洋料理通』과 게이가쿠도敬學堂 주인의 『서양요리 지침西洋料理指南』이 각각 상하 두 권짜리로 간행되었다. 이 책들은 일본 최초로 서양요리법을 소개한 귀중한 문헌들로서, 다양한 영국요리가 소개되고 있다. 특히『서양요리통』의 서문에는 요코하마의 영국인 밑에서 일하는 일본인 요리사를 위해 조리지침서도 싣고 있다. 막부 말부터 메이지 시대에 걸쳐 활약한 가와나베 교사이河鍋曉齋의 삽화가 함께 실려 있는 이 책은 서양요리의 조리법이 알기 쉽게 설명되어 있어서 요리사들 사이에서 매우 인기가 있었던 듯하다.

한편 같은 해에 『고기요리 솜씨자랑肉料理大天狗』도 출판되었다. 1875~1876년 무렵의 신문이나 잡지를 보면 "건강을 유지하고 쇠약한 몸을 회복하기 위해서는 쇠고기가 최적" 이라는 기사가 빈번히 실려, 기존의 일본식을 비판하고 새로운 육식의 효능을 설명하고 있다.

로쿠메이칸 시대

1883년 히비야日比谷의 옛 사쓰마薩摩 번주 저택지에 순 서양풍의 목조건물이 들어섰다. 18만 엔이라는 큰돈을 들여 지은 이 건물은 로쿠메이칸이라는 이름의 국제사교장이었다. 로쿠메이칸 시대를 맞이하면서 정식 서양요리가 상류사회의 인기를 얻기 시작했다. 외무부장관 이노우에 가오루井上馨의 노력으로 로쿠메이칸에 이어 이듬해 도쿄 클럽東京俱樂部까지 문을 열면서 일본의 서구화는 최고조에 달하게 되었다. 불평등조약을 하루빨리 철폐하고 일본

사회를 서양의 문명국에 근접시켜야 한다는 주장도 함께 높아졌다. 이렇게 하나도 서양, 둘도 서양을 외치는 것이, 마치 제2차 세계대전 후에 일본 사회가 미국 일변도로 흘렀던 것과 비슷한 열기였다. 하지만 서민들 사이에서는 '무리를 해서 서양인 흉내내다 의자에 걸터앉아 각기병 앓는 사람', '사치스러운 서양식의 요리를 너무 먹어서 집안의 쌀뒤주가 텅 비어버린 사람'이라는 노래가 지나치게 서구화로 치닫는 난센스를 풍자하고 있었다.

　　로쿠메이칸에서는 연일 무도회와 연회가 벌어졌지만, 외국인에게는 '원숭이의 흉내 같은 삼류 취미', '촌스러운 서양흉내'라는 악평을 받다가 결국 3년 남짓 만에 막을 내리고 말았다. 그리고 메이지 20년대 후반이 되자, 본격적인 서양요릿집은 인기가 땅에 떨어져 문을 닫는 가게가 속출했다. 그 서양요리들이 외국인들에게는 호평을 얻지 못했고, 서민에게는 값비싼 그림의 떡이었던 데다가 식탁의 식사예법도 번거로웠기 때문이었다.

　　로쿠메이칸은 이후 귀족들을 위한 가조쿠카이칸華族會館으로 바뀌었다. 네덜란드 대사관의 요리사였던 와타나베 겐키치渡邊謙吉가 가조쿠카이칸의 요리장을 겸임했다. 1894년에서 1910년에 걸쳐 허허벌판인 마루노우치 일대에 미쓰비시三菱 재벌의 적벽돌 빌딩이 차례차례 들어서면서 주변이 서양화된 경관으로 완전히 바뀌었다. 와타나베는 그 한 귀퉁이에 마쓰카타 마사요시松方正義, 가쓰라 다로桂太郎, 이와사키 야타로岩崎彌太郎의 지원을 받아 '주오테이中央亭'의 문을 열었다. 이것은 정통 서양요리의 반격이었고, 이곳의 주방에서는 메이지 시대에서 쇼와 시대(1926~1989)에 걸쳐서 훌륭한 요리사가 많이 배출되었다. 와타나베 겐키치는 나중에 일본

여자대학의 가정과에서 서양요리를 가르치며 서민들에게 서양요리를 보급하는 데도 힘을 기울였다.

'로쿠메이칸' 자체는 실패로 끝났지만, 그곳에서 연일 벌어진 대연회는 문명개화의 상징으로 기억되었고 나아가 일반인들 사이에 연회와 외식 풍조를 퍼뜨리는 계기가 되었다. 이것은 또한 '양식'이 싹트는 기반이 되어, 정통 서양요리가 쇠퇴하는 메이지 시대 후반에는 서민들 사이에서 일품요릿집과 가벼운 서양요릿집이 등장하기 시작했다.

한편 중국요릿집으로는 1879년 쓰키치 이리후네초入船町에 '에이와사이永和齋'가 문을 열었고, 1883년에 '가이라쿠엔偕樂園'과 '도토테이陶陶亭'가 연이어 개점했다. 그러나 이 집들은 서민들 사이에서는 그다지 인기를 얻지 못했다. 왜냐하면 우선 딱 맞는 재료를 구하기가 힘들었고 서민들은 기름을 많이 쓰는 음식에 익숙하지 않은 데다, 중국음식에는 빼놓을 수 없는 돼지고기도 별로 좋아하지 않았기 때문이다. 하지만 청일전쟁과 러일전쟁이 끝나면서 중국요리도 요코하마나 나가사키 같은 항구도시를 중심으로 서서히 발전하기 시작했다. 다이쇼 시대 말기에 라디오 프로그램의 영향을 받은 서민들이 관심을 갖기 시작한 것이다. 하지만 중국요리가 본격적으로 보급된 것은 제2차 세계대전 때가 되어서다.

관공서의 양식회

관공서의 식당과 각지의 양식모임의 활동 또한 서양식이 보급되는 데에 빠뜨릴 수 없는 계기였다. 예를 들면 1874년 『지지신포』에 「게이오 생도, 서양요리에 입맛을 다시다」라는 기사가 실려 있다. 게이오 기주쿠의 창설자는 바로 후쿠자와 유키치였다. 후쿠자와는 서양인 요리사를 두고 학생들의 희망에 따라 서양풍의 고기요리를 내놓았다. 그것은 대호평을 받았고, 후쿠자와는 "꼭 밥을 먹어야 한다는 인습을 버려야 한다"고 기염을 토했다. 그리고 1885년에는 사법부司法省에 서양식 전용 식당이 설치되었다.

1886년경, 쓰키치의 세이요켄에서는 매월 세 번씩 부인 양식모임洋食會을 열었다. 해군 군의총감 다카기 가네히로 등의 제안으로 열린 이 양식모임은, 외국인과 교제할 일이 많지만 서양요리를 먹어본 적도 없고 식사 예법도 잘 모르는 상류계급의 부인과 딸들을 위한 것이었다. 이 밖에도 일반 서민들을 위한 육식모임肉食會과 서양식모임西洋食會이 와카야마와 오사카 등지에서 빈번하게 열렸다. 그 무렵의 고기값은 로스가 8센, 상등육이 5~6센, 중등육은 3~4센이었다.

한편 일본인의 체격 향상을 위한 육식모임도 있었다. 1886년의 『지지신포』에 따르면, 도쿄 간다에 생긴 고요샤洪養社에서는 일본인의 체격과 신체조직을 일변시키기 위해 정육을 염가로 팔고 회원을 모집했다. 이 무렵에는 서민적인 쇠고깃밥집도 나타났다. 그리고 1901년에는 도카이도센東海道線에 서양식 전문 식당차가 연결되어 관설官設 식당이 영업을 시작했다. [그림 11]은 1등 선실 식당의 만찬을 그린 것이다.

제1차 세계대전이 지나고 전쟁 경기와 세계대공황 등이 이어지는 가

[그림 11] **1등 선실의 식당** (도요도東陽堂 편 『풍속화보風俗畵報』 제239호에서)

쇠고기를 먹지 않는 자는 문명인이 아니다

운데 도시를 중심으로 식생활의 서양화가 더욱 진행되었다. 야나기타 구니오는『메이지다이쇼사 세상편』에서 "메이지다이쇼 시대의 새 요리가 수백 종에 이르는 별난 것을 더했다. 재료로 보나 조리법으로 보나, 일본처럼 음식의 종류가 다양한 나라는 전 세계에서 유례를 찾아보기 힘들 것이다"라고 쓰고 있다. 나중에 자세히 언급하겠지만, 메이지 시대의 서양요리는 ① 초기의 서양화 시기 ② 중기의 흡수·동화기 ③ 후기 일양절충형 '양식'의 시기를 거쳐 이윽고 다이쇼·쇼와 시대에 이르러 전성기를 맞게 된다.

영양분이 풍부한 서양요리
메이지 시대가 반쯤 지나면서 서양요리의 장점이 활발히 거론되기 시작했다. 서양요리를 예찬하는 사람들은 '영양가가 높고 영양분이 풍부하다'는 점을 강조한다. 가네코 슌무는『도쿄 신번창기』에서 서양요리가 보급된 이유를 이렇게 정리하고 있다. "① 손쉽다. ② 술을 좋아하지 않더라도 일본요리 연회에서처럼 할 일 없이 따분하게 앉아 있는 경우는 없다. ③ 먹고 싶은 것만 먹을 수 있다. ④ 급사, 술시중, 기녀 등의 번거로움이 없다." 그러나 일본요리 편을 드는 사람들은 "서양요리는 나무도시락에 싸서 가지고 다닐 수 없다"고 반발한다. 옛 영주들이 요리를 바구니에 담아 날라오도록 했던 관습의 흔적이다. 한편 서양요리 예찬론자는 서양요리는 부부가 함께 초대되기 때문에 더 뛰어나다고 반론을 펼친다.

　　『도쿄 신번창기』는 이어서 일반 가정에 정통 서양요리가 쉽게 침투하지 못하는 이유로 ① 값이 비싸고 ② 좌식 생활양식과 맞지 않으며 ③ 식기와 가구 등이 달라서 어떻게 다루는지 모르고 ④ 일본 음식에는 예로부터 내려온 뿌리 깊은 일본 민족의 습관이 배어 있다는 것을 들고 있다. 그런데 이 이유들의 이면에도, 쌀밥에 맞는 간편한 일양절충형의 '양식'이 환영받을 수 있는 소지가 숨어 있다. 메이지 시대 중반이 되면서 가정요리를 다루는 잡지의 간행이 활발해지고, 고기요리, 튀김, 기름요리 등을 가정에서도 쉽게 만들 수 있게 되었다. 메이지 후기에는 조미료에서 서양풍 소스가 보급되고, 후술하듯이 드디어 '양식'이 출현하는 것이다.

서양의 가정에선 식사를 어찌 하나

서양요리를 소개하는 흥미로운 기사가 하나 있다. 1886년의 『유빈호치 신문』에 실려 있는 이 글은 후쿠자와 유키치의 문하생 야노 류케이矢野龍溪가 서양의 가정에서 하는 식사를 보고 쓴 것이다.

> 대체로 아침에 일어나는 시간이 그다지 이르지 않다. 보통 아침을 오전 9시경에 먹고, 오후 1시와 2시 사이에 점심을, 저녁 7시와 8시 사이에 저녁식사를 하는 것이 통례다. 이 밖에 야식이라는 것을 밤 10시경에 먹는다. 요즘에는 프랑스에서 시작된 '다섯 시 차'라는 것이 중산층 가정에까지 크게 유행하고 있다. 다섯 시 차란 점심과 저녁 사이인 오후 5시에 마시는 차를 말한다. 이렇게 오후에 차를

마시면 저녁밥은 조금 뒤로 미루는데, 동네 부인들끼리 서로 만나 차를 마시며 함께 세상 얘기를 나누는 등 실로 묘미가 있다. 한편 식사 메뉴를 보면, 아침식사로는 소금에 절인 돼지고기를 볶은 것에 삶은 계란, 빵과 버터, 차나 커피 등을 먹는다. 간혹 돼지고기 대신 말린 생선을 쓰기도 한다. 속이 좋지 않을 때는 차와 토스트, 삶은 계란 정도만 먹고 간식은 먹지 않기도 한다. 점심은 대체로 전날 저녁에 먹고 남은 구운 쇠고기를 데우고 삶은 감자를 곁들이는 것이 보통이며, 아니면 생선튀김을 먹기도 한다.

당시 서양 가정의 식사를 정확하게 파악한 관찰력이 퍽 흥미롭다. 이 기사 다음으로 「이탈리아의 사랑」, 「프랑스의 애교」, 「영국의 입술」과 같은 기사가 이어진다.

그런데 당시의 일본인은 서양 콤플렉스에 빠져 있어서, 서양의 식사는 오랜 옛날부터 '근대화' 되어 있었던 것으로 착각하고 있었다. 하지만 실제로는 일본이 메이지 유신을 일으키기 불과 백수십 년 전까지만 해도, 서양인들은 나이프나 포크도 없이 음식을 손으로 집어서 먹었다. 서양의 서민들이 나이프와 포크, 스푼을 쓰기 시작한 것은 고작 17세기 말에서 18세기 사이에 일어난 일이다.

03

진기한 음식, 기묘한 매너

1. 고기 알레르기
2. 쉽지 않은 식사예법
3. 해괴한 양식

서양요리를 먹으러 온 손님들은 나이프와 포크로 입 안을 찔러 피투성이가 되는 안전고투를 벌이곤 했다. 고기조각을 나이프로 찍어서 함께 입 안에 넣고 씹다가 빼는 바람에 입술을 베어 피를 보는 일도 있었다. 또 수프 마시는 법을 몰라서 접시를 손에 들고 된장국 마시듯 들이켰다가 수프를 뒤집어쓰기도 했다.

03 | 진기한 음식, 기묘한 매너

1. 고기 알레르기

고기접시는 그때그때 버린다
서양요리가 일본인의 생활 속으로 깊이 침투할수록, 메이지 시대 사람들의 당혹감은 커져만 갔다. 그도 그럴 것이, 일본인에게 있어 육식이란 지난 1,200년 동안 전혀 모르고 살던 생소한 문화였던 것이다. 당황한 사람들의 모습은 우스꽝스럽기도 하고 한편으로는 비장해 보이기도 했다. 육식이 어느 정도 궤도에 오르기까지는 전국 각지에서 재미있는 일들이 수도 없이 벌어졌다. 진기한 음식, 기묘한 매너, 그리고 별 해괴한 요리들이 줄을 이었다. 하지만 어지럼증을 겪으면서 문명개화의 길로 나선 사람들의 자세는 한결같이 진지하기 짝이 없었다.

앞에서 언급한 바 있는 나카가와 요시헤에의 얘기를 좀 더 자세히 해보자. 나카가와는 다카나와 도젠지에 있는 영국공사관에 쇠고기를 납품하기 위해, 요코하마에 있는 미국 85번관 쇠고깃집에서 고기를 사들이고 있었다. 당시는 운반차나 화물열차를 이용할 수도 없고 냉장·냉동기술도 개발되지 않은 시대였다. 그저 생고기를 어깨에 메고 걷는 방법밖에는 없었는데, 요코하마와 다카나와는 가까운 거리가 아니었다. 결국 나카가와는 1867년 무사시 지방의 에바라군 시로가네무라에 오랫동안 염원해오던 식육처리장을 세웠다. 이 식육처리장을 만들 때 땅을 빌려주는 사람이 한 명도 없어서, 할아버지뻘 되는 촌장 호리코시 도키치에게 부탁해서야 겨우 저택 안에 있는 밭을 조금 빌릴 수 있었다.

식육처리장을 만들기는 했지만, 육식을 하면 심신이 모두 부정탄다고 믿는 시대였기 때문에 소를 잡아 부위별로 자르는 작업은 보통 일이 아니었다. 우선 처리장 주위에 푸른 대나무를 네 개 세워서 천을 두르고 새끼줄을 친 다음 그 안에 소를 묶어놓고 나무망치로 내리쳐 죽였다. 하지만 그 다음이 더 큰일이었다. 살코기만 살짝 베어내고 나머지는 구멍을 깊게 파서 묻은 뒤에 경을 읽어 부정을 타지 않도록 했다. 그렇게 했는데도, 그리고 촌장의 땅인데도, 소 서너 마리를 잡는 사이에 보다 못한 마을사람들이 항의를 하기 시작했다.

호리코시는 새로운 땅을 찾아 동분서주한 끝에 갈대가 우거지고 인적이 뜸한 오모리 해안으로 처리장을 옮겼다. 그리고 가축을 도살하는 데 쓰인 도구와 고기를 끓인 냄비, 고기를 담았던 접시 등은 모두 그때그때 처분했다.

이렇게 해서 겨우 처리장을 확보해놓고 나서 나카가와는 에도 다카나와에 쇠고깃집을 열었다. 그런데 일본인 손님은 전혀 찾아오지 않았다. 혼자 고심하던 나카가와는 게이오 기주쿠의 학생들에게 고기를 직접 팔러 나갔다. 생고기는 쉬이 썩기 때문에 가늘게 썰어 간장에 조린 다음 대나무 껍질에 싸서 들고 다녔다. 게이오 기주쿠의 문을 지날 때는 수위가 부싯돌을 맞부딪쳐서 몸이 부정타지 않도록 정화했다. 그나마 부엌에 들어가는 것은 허락되지 않아서, 창문 너머로 손을 내밀어 돈 500센과 쇠고기조림을 주고받는 식으로 장사를 해야 했다. 어떤 장사치들은 이것을 두고 "우리는 항상 월말에 계산하는데 저 사람은 바로바로 돈을 받는다"며 오히려 선망의 눈으로 바라보기도 했다. 이 무렵의 쇠고기는 도살 후에 피를 빼지 않았기 때문에 삶아도 누린내가 심했다.

나중에는 호리코시 도키치가 나카가와 요시헤에의 뒤를 이어 시바쓰유쓰키초에 쇠고깃집 '나카가와야'를 개점했다. 이 가게도 처음에는 손님이 전혀 오지 않았는데, 그 경위는 위에서 서술한 바와 같다.(『메이지 시대 사물의 기원』)

먹는 사람도 고생

고생은 고기를 공급하는 사람만 겪은 것이 아니었다. 먹는 사람도 마찬가지였던 것이다. 후쿠하라 야스오福原康雄의 『일본식육사日本食肉史』 (1956)에 따르면, 『무사의 딸武士の娘』을 쓴 스기모토 에쓰코(杉本鉞子, 나가오카長岡 번 가문인 이나가키 헤이스케稲垣平助의 딸)의 집에서는 고기를 끓일 때마다 엄청난 소란이 벌어졌다고 한다. 집 안에서는 조리를 할 수가 없어서 옥외에 따로 솥을 걸어 다른 곳까지 부정타지 않도록 조심했다. 그 정경을 야나가와 레이코柳川麗子라는 기자는 이렇게 그리고 있다.

> 스기모토가 여덟 살 때였다. 어느 날 학교에서 돌아와보니 뭔가 평소와는 다른 광경이 벌어져 있었다. 하녀가 황금빛으로 빛나는 불단佛壇 문에 한지를 둘러 가리고 있었던 것이다. 사정을 물어본즉, 할머니가 "아버지가 집 안에서 쇠고기를 먹자고 하시는구나. 서양식 공부를 한 의사 양반이 그러는데, 고기를 먹으면 아버지 몸이 건강해질 뿐 아니라 너도 외국사람들처럼 튼튼하고 똑똑한 어린이가 될 수 있다는 거야. 곧 쇠고기가 배달되어 오니까 이렇게 종이로 눈가리개를 하고 있는 참이야"라며 "세상이 바뀌면 이런 이상한 일까지 생기지 뭐니" 하고 크게 탄식하셨고, 급기야 그날 저녁식사 때는 모습조차 보이지 않으셨다.

스기모토는 이때의 일을 두고 "언니와 나는 둘이서 고기가 맛있다고 하면서도, 다른 누구한테도 그런 말은 하지 못했다"고 말했다.

쇠고기를 마당 끝에서 끓이는 것은 드문 일이 아니었다. 『일본식육사』를 보면, 육식을 아주 좋아하던 마키노 도미타로牧野富太郎가 모두 육식을 꺼리던 유년시절을 회상하며 다음과 같이 얘기하는 장면이 있다.

쇠고깃집 같은 것은 없었다. 멧돼지나 토끼는 먹었던 것 같다. 아홉 살인가 열 살인가, 서당에 다닐 무렵이니 대략 메이지 3~4년경의 일이다. 시코쿠四國 도사土佐의 시골에서 쇠고기를 팔러 온 남자가 있었다. 아마도 병들어 죽은 소의 고기였던 것 같은데 "보약 드시지 않겠습니까?"라고 조그만 소리로 하인에게 말을 걸곤 했다. 하인은 고기를 몰래 사 마당 끝에 돗자리를 깔고 풍로와 냄비와 불을 모두 따로따로 해서 끓였다. 하인이 약이 된다고 해서 항아리 안의 고기를 한두 조각 먹은 기억이 있는데, 그때 먹은 쇠고기가 얼마나 맛있었던지 지금까지 잊혀지지 않는다. 시중에 쇠고깃집이 생긴 것은 그보다 훨씬 훗날의 일이다.

다키카와 마사지로瀧川政次郞는 『일본 사회경제사 논고日本社會經濟史論考』(1938)에서 초등학생 시절의 육식에 대한 추억을 다음과 같이 말하고 있다.

살생계를 범하면서까지 쇠고기를 먹으면 무척 죄책감이 들었다. 초등학교 3학년 여름방학 때 어머니의 고향인 야마토고리 산에 놀러 갔는데, 어른들은 안방의 부엌이 아니라 별채에 딸린 창고에 풍로를 가져다놓고 고기를 먹곤 했다. 불단에 스키야키 냄새가 스며들지 않게 하려는 것이었다. 불교가 전래된 이래 천수백 년 동안 지켜 온 관습을 쉽게 바꿀 수는 없었다.

2. 쉽지 않은 식사예법

나이프, 포크로 입 안은 피투성이

서양요리를 먹기 위해 나이프와 포크를 사용하려면 그야말로 결사적인 용기가 필요했다. 요코하마에 있는 '가이요테이'의 주인 오노 다니조大野谷藏는 개점 당시를 회상하며 이렇게 말했다.

> 서양요리를 먹으러 온 손님들은 나이프와 포크로 입 안을 찔러 피투성이가 되는 악전고투를 벌이곤 했다. 고기조각을 나이프로 찍어서 함께 입 안에 넣고 씹다가 빼는 바람에 입술을 베어 피를 보는 일도 있었다. 또 수프를 마시는 법도 몰라서 접시를 손에 들고 된장국 마시듯 들이켰다가 가슴에서 무릎까지 온통 뜨거운 수프를 뒤집어쓰기도 했다.

핫토리 세이이치가 쓴 『도쿄 신번창기』에도 이와 비슷한 일이 적혀 있다. "고기를 먹을 때는 왼손에 젓가락, 오른손에 나이프를 각각 쥐고 나이프로 고기를 잘라 젓가락으로 찍어서 먹는 진풍경도 있었다."

메이지 시대 사람들에게 있어서 서양식 식사예법을 바르게 익히는 것은 매우 힘든 일이었다. 『신찬 일양요리 정통新撰和洋料理精通』(1901)은 '양식 매너 19가지'를 소개하고 있는데, 지금 보면 고개를 갸우뚱거릴 만한 항목도 있지만 대부분은 오늘날에도 충분히 통용될 수 있는 식사예법이다. 서양의 35가지 금칙 가운데 다음의 19가지 항목이 소개되어 있다.

1. 여럿이 먹을 때 입을 크게 벌리고 입 안에 음식물을 가득 넣지 말 것.
2. 큰 소리를 내거나 전후좌우를 둘러보지 말 것.
3. 음식을 씹을 때 입을 벌리거나 말이 여물을 씹는 듯한 소리를 내지 말 것.
4. 음식을 입에 넣고 씹으면서 얘기하지 말 것.
5. 서둘러서 먹지 말 것.
6. 음식을 가득 집어서 무리하게 입 안에 넣지 말 것.
7. 이 사이에 고기가 끼었다고 해서 손가락을 입 안에 넣어 쑤시지 말 것.
8. 먹다 남은 고기를 흘렸을 때 주워서 접시에 올려놓지 말 것.
9. 칼이나 포크 등을 혀로 핥는 것은 보기 흉한 짓이므로 절대로 하지 말 것.
10. 버터는 몇 번씩 덜지 말고 먹을 만큼의 양을 한 번에 덜어서 자기 접시 옆에 둘 것.
11. 수프는 왼손으로 접시 가장자리를 잡고 오른손으로 스푼을 들고 떠먹을 것. 그리고 스푼의 옆쪽으로 떠서 마시고 스푼의 끝을 입 안으로 향하게 해서 마시지 말 것.
12. 음식의 국물을 먹을 때는 접시에 입을 대거나 스푼을 사용하지 말고 반드시 빵에 적셔서 먹을 것.
13. 무분별할 만큼 음식을 칭찬하지 말 것.
14. 버터를 덜 때 자신의 나이프를 사용하지 말 것. 버터를 더는 나이프가 따로 있으니 그것을 사용할 것.

15. 음식을 이것저것 고르지 말 것. 자신이 좋아하지 않는다고 해도 입 밖으로 말하지 말 것.
16. 몸은 바르게 하며 나쁜 행실을 보이지 말 것.
17. 절제하지 못하고 앉았다 일어섰다 하지 말 것.
18. 하품 같은 행동을 하지 말 것.
19. 테이블 밑으로 다리를 뻗어서 맞은편 사람의 다리에 닿는 일이 없도록 할 것.

말고기와 쇠고기를 가려내는 법

쇠고기 수요가 늘어나면서 엉뚱한 사건이 일어나기 시작했다. 1890년에는 말고기를 쇠고기와 섞어서 파는 업자가 적발되어 경시청警視廳이 시중의 고기를 검사하러 나서기도 했다. 하지만 악덕업자가 끊이질 않아서 싼 쇠고기전골에는 말고기가 섞이는 경우가 많았다. 나중에는 말고기와 쇠고기를 쉽게 가려낼 수 있는 방법이 생겼는데, 접시에 있는 고기를 벽에 붙여보아서 잘 붙으면 말고기라고 했다. 이 소문을 듣고 쇠고깃집에서 그대로 해보는 사람들이 많았다.

나쓰메 소세키夏目漱石도 어디선가 이 얘기를 듣고 꽤 흥미를 가진 듯하다. 그의 소설 『산시로三四郞』(1908)에도 이 이야기가 나오는데, 산시로가 동창회에 나갔을 때의 광경이다.

산시로는 구마모토에서 붉은 술만 마시고 있었다. (중략) 때때로 음식점에 갔는데, 으레 쇠고깃집이었다. 그 집의 쇠고기가 말고기일지도 모르겠다 싶어서, 학생은 접시에 담긴 고기를 손으로 집어 방의 벽에 냅다 던져보았다. 떨어지면 쇠고기고 붙어 있으면 말고기라고 했다. 마치 주술을 부리는 것 같았다. 산시로에게 이런 신사적인 학생친목회는 드문 일이었다. 기쁜 마음으로 나이프와 포크를 움직이면서 사이사이 맥주를 마셨다.

신문이 보도한 진풍경

이 무렵에는 거의 날마다 서양요리를 둘러싼 재미있는 일들이 신문에 실렸다. 메뉴판을 보아도 잘 알 수가 없다. 고로케, 스테이크가 무슨 음식인지도 모른다. 대충 어림짐작으로 주문했다가 나온 음식을 보곤 눈이 휘둥그레진다. 필자도 미국에서 비슷한 경험을 한 적이 있는데, 처음 보는 메뉴를 알아볼 수가 없어서 그냥 옆 사람과 똑같은 것을 주문했다가 하필 그것이 풀코스여서 큰 낭패를 보았다.

당시의 신문잡지에 실린 서양요리 기사에는 비슷한 사례가 적지 않다. 예를 들면 1876년 『도쿄아케보노 신문東京曙新聞』에는 「우에노 세이요켄에 찾아온 게이샤」라는 제목의 기사가 실려 있는데, "오후 세 시경부터 야나기바시柳橋의 게이샤 네 명이 샤미센三味線 연주자를 데리고 우에노 세이요켄에 찾아왔다. 그 서양요리를 먹는 모습이 얼마나 시끄러웠던지, 급기야는 게이샤도 창기도 어중이떠중이 모두가 큰 소란을 피우게 되었다"고 한다.

1885년 『도쿄니치니치 신문』에는 도쿄 신바시에 있는 일양요릿집 오타로太田樓가 새로운 서비스를 시작했다는 광고가 실렸다. 작은 화로가 놓인 다타미방에서 서양식 요리를 먹을 수 있고, 어린아이를 데리고 온 부인들에게 특히 편리하고 서비스가 좋다는 점을 강조하고 있다.

	1887년 『지지신포』는 "요즘 양식이 크게 유행해 서양요릿집이 늘고 있다. 요리사가 부족하다 보니 여기저기서 서로 데려가겠다고 임금을 올려서, 갑이 15엔을 내면 을은 20엔을 내겠다고 경쟁한다"고 쓰고 있다. 같은 해, 문예잡지 『메사마시구사めさまし草』에는 이런 광고도 실렸다. "양복을 입고 일본 연회요리를 먹는 사람이 있는가 하면 기모노에 석 자짜리 오비(기모노가 흘러내리지 않도록 매는 허리장식띠―옮긴이)를 매고 서양요리를 먹는 사람도 있습니다. 각양각색의 사람들이 있는데 일본요리만 내놓아서는 손님도 불편하고 저희도 이익이 없어서, 이번에 니혼바시 욘초메四丁目 하야屋에 새롭게 서양요릿집을 열었습니다."

	육식이 서민들 사이에서 어느 정도 보급된 1915년의 『요미우리 신문讀賣新聞』에는 「양식과 일본식」이라는 제목의 기사가 실렸다. "결혼피로연에서는 서양요리의 인기가 높아서 신랑과 신부는 나이프와 포크를 사용해 먹고 있는데, 시아버지와 시어머니는 입에도 맞지 않고 매너도 잘 몰라서 일본요리를 갖고 오게 해 젓가락으로 먹고 있다." 이 무렵의 피로연에서 곧잘 볼 수 있는 풍경이었다.

3. 해괴한 양식

가짜 요리

육식이 보급되면서 괴상한 음식이 등장한 것은 문명개화의 어두운 단면이었다. 혼란을 틈타 갖가지 가짜 요리가 횡행했다. 달걀 노른자를 훈제해 만든 가라스미(가라스미는 원래 소금에 절인 숭어의 난소를 소금기를 빼고 압착해 말린 것—옮긴이), 두꺼비 꼬챙이구이, 토끼고기덮밥, 말고기스테이크, 개고기소시지, 콩가루에 와사비 섞은 것 등등이었다.

1871~1872년 무렵에 도쿄 아사쿠사 가와라마치瓦町에 있는 가이엔테이會圓亭의 주인 교지로恭次郎는 팻말에 '서양 자즈케'(자즈케茶漬け는 밥에 뜨거운 차를 부어 먹는 것으로, 간단한 식사를 가리키기도 한다—옮긴이)라고 써서 내걸어 눈길을 끌었다. '일인분 한 상에 6몬文5푼分, 오믈렛은 계란말이, 비프 팬은 일본 쇠고기전골' 이라고 되어 있다. 그게 무엇인지는 명확하지 않은데, 『메이지 사물의 기원』은 '일본식과 서양식이 절충된 도시락 같은 혼합 자즈케가 아닐까' 라고 짐작하고 있다. 아마도 달걀과 우유를 이용한 일식 종류였을 것이다. 메이지 시대 초기인데도 일찌감치 서양풍의 조리법을 일식에 도입한 것이다.

그리고 이런 진기한 과자도 나타났다. 1877년의 『요미우리 신문』에는 도쿄 우에노에 있는 히로코지廣小路의 주인 오카노 긴페이岡野金平가 쇠고기를 섞은 개화 과자를 만들어 권업박람회勸

業博覽會에 출품했다는 기사가 실렸다. 규라쿠토牛酪糖, 규니쿠토牛肉糖 등으로 불린 이 과자 덕분에 개화 선생은 아주 유명해졌다. 같은 해에는 야나기바시柳橋에 '야마토다네 서양요리'('야마토'는 일본, '다네種'는 씨앗 또는 요리의 재료를 가리킨다—옮긴이)도 출현했다. 이것은 생선, 닭고기, 육고기, 채소 등의 재료를 서양풍 조미료로 조린 것으로, 상등품은 50센, 중등품은 25센이라고 되어 있다. 어떤 맛이었는지 지금으로는 도저히 상상이 가지 않지만, 어쨌든 일양절충요리의 시작으로 보인다.

1878년 도쿄 아사쿠사의 단보田甫에 있는 히라노테이平野亭에서는 '쇠고기수프 배달'이라는 것을 새로 시작했다. 이 쇠고기수프는 부스러기 고기에 뼈를 섞어서 만든 것으로, 독특한 비법으로 수육의 냄새를 없애서 여성들에게도 맞는 영양식품이라고 했다. 주문을 받으면 매일 아침 배달했는데, 사업을 시작하자마자 바로 중단되었다가 3년 후에 재개되었다. 배달을 주로 하는 양주점洋酒店이 우유와 함께 배달을 시작한다. 이것은 병자의 영양식으로 병원에서도 인기가 있었던 듯하다.

젓가락 대 나이프·포크

메이지 30년대가 되자 가정요리 잡지에 일양절충형 요리가 빈번하게 소개되기 시작했다. 여기에는 극단적인 혼합요리도 있었다. 1903년 잡지 『가정의 벗家庭之友』은 돼지고기 요리로 밀가루를 묻힌 돼지, 간장에 절인 돼지, 돼지고기소보로, 돼지고기묵 등을 소개하고 있다. 여기서 '밀가루를 묻힌 돼지'란 돼지고기를 간장, 맛술로 양념해서 밀가루를 묻혀 기름에 부쳐낸 다음 깨를 뿌린 것을 말한다. 이것은 돼지고기 생강구이도 아니고 돈가스도 아닌 일종의 소테sauté 종류였다.

한편 잡지 『조칸女鑑』(1904~1905)에는 카레된장국, 우유단팥죽, 햄쌀겨절임, 사시미 마요네즈소스, 머스터드를 바른 소스구이, 우유를 넣은 다랑어회 등이 소개되어 있다. 그리고 『기이마이니치 신문紀伊每日新聞』(1910)에는 와카야마和歌山의 연회요릿집에서 햄 써는 방법을 몰라 참치회처럼 두툼하게 썰어놓았다는 기사가 실려 있다. 비슷한 무렵 『부인의 벗婦人之友』에는 쇠고깃국, 쇠고기초된장무침, 쇠고깃밥, 돼지고기된장국, 돼지고기채소초무침, 돼지고기사시미, 돼지고기경단, 돼지고기밥, 돼지고기샐러드 등의 음식이 소개되어 있다. 이 음식들의 공통점은 쇠고기나 돼지고기를 다양한 일본요리의 재료로 사용하고 있다는 점이다. 많은 요리사들이 지혜를 짜내며 암중모색을 거듭하는 모습에서 메이지시대 사람들의 활기가 느껴진다.

한편으로는 이런 요리의 혼란스러움을 탄식하는 목소리도 있었다. 기묘한 서양요리가 범람하면서 일본요리까지 맛이 없어졌다는 것이다. 서양사람과 일본사람이 부부가 된 것처럼 어딘지 모르게 어색하다거나 맛보다 영양만 강조한다, 요리의 개념이 바뀌었다는 목소리가 높아졌다. 요리책에는 미꾸라지 토마토스튜, 밀크라이스, 쇠고기 자완무시(자완무시는 원래 공기에 닭고기, 새우, 어묵, 버섯 등을 넣고 달걀을 다시 물에 풀어 찐 일본요리—옮긴이), 샐러드를 넣은 주먹밥, 우동과 순무의 토마토소스구이 등등 생각할 수 있는 모든 것이 일양절충요리로서 그럴싸하게 소개되어 있다. 일양절충 과자도 많아서 단팥 대신 잼을 넣은 모나카, 레몬모나카, 초콜릿오코시(오코시는 일본식 강정 과자―옮긴이), 암모니아찐빵 등 기상천외한 것들이 출현했다.

이런 혼란은 일본식 재료를 서양식으로 조리하거나 서양식 재료를 일본식으로 양념하는 것처럼 재료와 조리, 양념을 다양하게 조합하는 과정에서 생긴 것이다. 그런데 사실 이런 혼란의 결정적인 원인은, 오븐도 프라이팬도 없는 부엌에서는 이런 조리법밖에 이용할 수 없었고 그런 가운데 일본요리와 서양요리가 주역 자리를 놓고 다투는 과정에서 여러 기기묘묘한 혼합요리가 시도되었다는 데에 있었다.

혼란이 계속되던 1909년, 잡지 『가정』에는 젓가락과 나이프·포크 사이의 논쟁을 다룬 콩트 「젓가락들의 회의」가 실렸다. 일본인의 식사법이 혼란에 빠진 상황을 나쓰메 소세키의 『나는 고양이로소이다』를 흉내내어 꼬집은 것이었다. 어느 날, 하나花짱이라는 고양이가 한밤중에 부엌에 들어가보니, 젓가락들이 시끌벅적 논쟁을 벌이고 있었다. 신령 삼나무젓가락을 의장으로 해서, 일회용 젓가락, 대젓가락, 칠젓가락, 각진 젓가락, 유리젓가락, 알루미늄젓가락, 은젓가락, 과자용 젓가락, 채소용 젓가락들이 다 같이 나이프와 포크라면 사족을 못 쓰고 덤벼드는 서양 병에 걸린 서민들을 비웃는다. 젓가락들은 젓가락의 장점을 이렇게 주장한다.

① 젓가락은 두 개만 있으면 되는데, 나이프나 포크는 몇 개나 있어야 한다.(낭비)
② 나이프와 포크는 사용법이 어렵고 복잡하다.(불편)
③ 젓가락은 녹슬 염려가 없다.(경제성)

④ 젓가락은 안심하고 쓸 수 있다.(친숙함)
⑤ 젓가락은 가격이 싸다.(경제성)
⑥ 젓가락은 씻기만 하면 청결하다.(위생적)
⑦ 젓가락은 편리하다.(편리성)

젓가락들은 동틀 무렵 "대일본 젓가락 만세!"를 삼창하고 폐회한다. 고양이 하나짱은 "인간이 아니라도 한번쯤은 젓가락으로 밥을 먹어보고 싶군" 하며, 젓가락의 의견에 찬성한다. 당시 일본인의 마음이 이리저리 흔들리는 것을 잘 풍자하고 있다 하겠다.

어쩌면 메이지 시대 사람들은 이런 걱정을 달고 살았을 것이다. '도대체 문명개화는 어디까지 가는 걸까? 서양에서 온 것만 좋아하다가 일본이 잘못되는 것은 아닐까. 음식이 서양식으로 되면 일본요리가 타락하는 건 아닐까.'

하지만 이런 걱정은 그야말로 기우였다. 일양절충형의 음식이 홍수처럼 쏟아져나오더니, 다이쇼 시대에 이르면서 일본식 서양요리인 '양식'이 전성기를 맞았기 때문이다. 그리고 양식이 서민들과 친숙해진 쇼와 시대 초기에는 드디어 '돈가스'가 등장해 오늘날까지 변함없는 인기를 누리고 있다.

입에 맞지 않는 서양요리

서양요리다, 일양절충이다, 하는 소란 속에서도 굳건히 일식만을 고집한 서양음식 비판파도 있었다. 1891년경, 신파극의 선구자 가와카미 오토지로川上音二郞는 갑옷 차림에 하치마키(鉢卷: 머리에 두르는 수건이나 띠—옮긴이)를 두른 괴상한 모습으로 극장에 올라서 만담을 풀어놓았다. 특유의 '옷페케페 가락'을 부르며, 서구 숭배 일변도로 흐르는 세태를 "아무것도 모르는 주제에 아는 체하고, 무조건 서양을 코에 걸고 일본술은 이제 못 마신다면서 맥주에 브랜디, 베르무트, 뱃속에서 받지도 않는 양식을 마구 먹으며 기고만장해한다. 그러고는 복도에서 몰래 토하고 아무렇지도 않은 얼굴로 돌아와서 커피를 마신다. 이상하다, 옷페케펫포, 펫포포"라고 풍자해서 박수갈채를 받았다. 사실 이것은 껍데기만 서양식으로 바뀔 것이 아니라 더욱 확고한 자유민권의 이념을 가지고 변화해야 한다고 경계하는 내용인데, 어쨌든 이 무렵부터 일본풍으로 바뀐 서양요리를 양식이라고 부르기 시작했다는 것을 알 수 있다.

오카다 아키오岡田章雄는 저서 『근대 일본 풍속사近代日本風俗史』의 「문명개화와 음식」 부분에서 '하이칼라와 양식'이라는 제목으로, 서양요리를 못 먹고 고생하는 사람들에 대해 쓰고 있다. 그것을 요약해보면 이렇다. ① 로쿠메이칸 시대에 양장이다, 댄스다 하며 떠들던 해군의 마나님들도 실은 양식을 별로 좋아하지 않는다. ② 오쿠마 시게노부大隈重信는 이상적이고 근대적인 부엌을 만들어 세상에 선전했지만 평소에는 일식만 먹었다. ③ 사이온지 긴모치西園寺公望와 파리에서 유학한 고묘지 사부로光妙寺三郞는 도쿄에는 입에 맞는 프랑스요리가 없다면서 식사는 매일매일 야오젠八百善에서 일본요리를 배달시켜 먹었다.

이런 에피소드를 통해 기묘한 서양요리를 입에 맞아하지 않는, 일본인의 일식에 대한 강한 집념과 애착을 볼 수 있다.

04

단팥빵이 태어나던 날

1. 빵의 장대한 역사
2. 신기한 음식, 빵
3. 군사식량으로 빵을 만들고
4. 단팥빵의 탄생

1874년, 기무라 야스헤에는 마침내 단팥빵을 만들어냈다. 그런데 단팥빵의 단팥소는 그야말로 중국적인 것이다. 중국의 빵과 바오쯔를 서양의 빵에 넣어 만든 것이 바로 단팥빵이다. 따라서 단팥빵은 중국문화와 서구문화의 결합물이라고 할 수 있는데, 정작 그것이 생겨난 곳은 중국도 서양도 아닌 일본이라는 점이 재미있다.

04 │ 단팥빵이 태어나던 날

1. 빵의 장대한 역사

빵이란 무엇인가

본격적인 서양요리 보급에 따른 서민들의 다양한 식생활을 살펴보았다. 지금까지는 그 변화를 육식을 중심으로 짚어보았는데, 이번 장에서는 밥에 비견되는 빵에 관해 알아보자.

　　일본은 사방이 바다로 둘러싸인 섬나라다. 온난한 기후를 가지고 있어서 조몬 시대 말기부터 벼농사가 발달했고, 어패류와 채소가 풍부한 축복받은 나라다. 에도 시대에 이르러 일식문화는 기름을 쓰지 않는 짠맛조미료(된장, 간장)를 중심으로 독특한 체계를 완성했다. 이것은 서양의 육식문화와는 전혀 다른 것이다.

서양 문화에서 빵은 필수적인 요소다. 고기를 맛있게 먹기 위해서라도 빵은 반드시 필요하다. 하지만 일본에서는 빵은 기묘한 형상과 풍미로 감탄을 자아냈지만 밥에 집착하는 일본인의 마음을 움직이지는 못했다. 주식인 밥의 자리를 빵이 차지하기는 불가능에 가까웠다. 서양요리의 재료인 육류도 일양절충의 요리 안으로 끌어들여 밥과 어울리도록 바꾼 일본인이 아닌가.

아니나다를까, 메이지 유신이 일어나고 문명개화가 시작되면서 사람들은 빵을 이상한 형태로 재창조해냈다. 바로 간식으로 먹는 일양절충형 '과자빵'이다. 일본의 독창적인 '단팥빵'이 탄생한 것이다. 단팥빵은 '돈가스'와 마찬가지로 일본에서 태어난 '양식'이다.

단팥빵은 좀처럼 익숙해지지 않던 육식과는 달리 인기가 대단해서 짧은 시간에 전국을 제패했다. 인기의 비밀은 무엇이었을까. 약간 돌아가는 듯하지만, '빵이란 무엇인가'부터 살펴보자.

빵에 대한 호칭은 나라마다 다르다. 빵의 어원은 라틴어의 파니스panis다. 그리스어로 아르토스artos, 포르투갈어로 팡pão, 스페인어로 판pan이라고 한다. 일본에서 빵이라고 불리게 된 것은 처음 전해진 포르투갈 말이 그대로 정착되었기 때문이다. 영어로는 브레드bread, 독일어로는 브로트Brot, 네덜란드어로는 브로트brood, 이탈리아어로는 파네pane, 프랑스어로는 팽pain, 중국어로는 멘파오麵麭다.

빵이 전해지면서 메이지 시대 이전 사람들은 빵을 한자로 어떻게 써야 할지 고민에 빠졌다. 麵麭, 麵包, 麭麴, 麭包, 波牟, 麥餠, 蒸餠, 麥蒸餠, 麥

麵, 麵頭, 飽麩 등 다양한 표현들이 생겼다. 당시 사람들이 들어본 적도 없는 이 새로운 음식 때문에 얼마나 당황했는지 알 수 있다. 메이지 시대가 되면서 이 중 '麵麩' 라는 표현이 일반화되었다. 대문호 나쓰메 소세키는 위장이 약한데도 빵에 설탕이나 잼을 발라 먹는 것을 좋아해서, 소설 속에도 때때로 '麵麩' 가 등장한다.

빵이 발생한 것은 6,000년 전

빵의 기원에 대한 얘기를 계속해보자. 빵이 만들어진 것은 6,000년 전의 일로, 인류가 이루어낸 식문화의 원점 가운데 하나가 되는 아주 중요한 발명이었다. 곡류를 이용하는 형태는 미음→죽→민자빵→무발효빵→발효빵과 같이 수분이 많은 것에서 적은 것으로, 원료를 알갱이 상태로 이용하는 것(粒食)에서 점차 가루 상태를 이용하는 것(粉食)으로 바뀌었다.

보리나 밀을 빻아 만든 가루는 그 자체로는 음식으로서의 가치가 없다. 그런데 그 가루에 물을 더해 반죽한 다음 뜨겁게 달군 돌에 얇게 펴서 구우면 빵(민자빵)이 된다. 기원전 1만 년부터 밀을 재배하기 시작했던 메소포타미아 유역에서는 기원전 4000년에 이와 같은 '무발효빵' 이 만들어졌다.

밀가루반죽을 바로 굽지 않고 자연발효시키면 더 부드러운 빵을 얻을 수 있다. 고대 이집트에서는 보릿가루를 발효시키지 않고 그냥 구워서 딱딱한 빵을 만들어 먹었는데, 나중에 이 빵의 당질을 이용해 맥주를 만들고 거기서 얻은 맥주효모로 다시 빵 반죽을 발효시켜서 이른바 '발효빵'(맥주빵)을 만들어냈다. 당시 이집트 노동자들의 임금은 빵과 맥주로 계산되었는데, 이것만 봐도 빵 만드는 일이 얼마나 중요한 것이었는지 짐작할 수 있다.

기원전 1400년경에 그려진 고대 이집트 벽화에는 밀을 돌절구로 빻아서 구운, 발효시키지 않은 전병 같은 딱딱한 빵이 그려져 있다. 카이로의 박물관에는 돌 위에 곡물을 놓고 문지르듯이 갈고 있는 여인상이 있다. 또한 제20왕조 람세스 3세(재위 기원전 1187~1156)의 분묘에서는 200만 개 이상의 빵이 무더기로 출토되기도 했다. 이집트 사람들은 저승세계를 믿었기 때문에, 왕이 내세에서 식량을 확보하려면 빵을 꼭 가져가야 한다고 생각했던 것이다.

대륙식과 앵글로-아메리카식

발효빵 기술은 고대 이집트에서 그리스와 로마로 전해졌다. 로마 제국이 멸망한 뒤, 유럽에서 빵, 과자, 와인 등의 제조기술을 중세에 전한 것은 로마교회였다. 그 결과 빵과 과자는 전통을 유지하면서도 점차 종교색이 짙어져갔다. 그러다가 14세기에 이르러 이탈리아를 중심으로 르네상스문화가 피어나면서 유럽 제국은 다시 활기를 되찾고 빵도 유럽 각지로 퍼져나갔다.

우선 밀, 호밀과 같은 곡류의 수확 상황에 따라 각 나라마다 독특한 빵 문화가 형성되었다. 발효식 빵은 크게 두 가지로 나뉜다. 프랑스계 빵은 밀가루 자체를 중시해 배합을 단순하게(lean) 한 것으로 대륙식이라 한다. 영국에서 미국으로 전해진 빵은 버터나 밀크 같은 부재료를 듬뿍 넣어 맛이 풍부한데(rich) 이것을 앵글로-아메리카식 빵이라 한다. 인도, 파키스탄, 아프가니스탄, 이란 등지에는 무발효식 빵인 '차파티chapati'가, 이라크, 이집트, 터키에서는 발효식 빵인 '난nan'이 각각 보급되어 정착되었다.

중국에서는 기원전 1세기경에 수차로 돌절구를 움직이는 수마水磨가 출현하고, 이어서 헝겊 체가 고안된 덕분에 흰 밀가루를 만들 수 있게 되었다. 그 무렵 북쪽 지방에서는 호식(胡食, 서역에서 전해진 음식)이 유행하기 시작해 자오쯔餃子, 바오쯔包子, 만터우饅頭(자오쯔는 밀가루를 반죽해 얇게 민 다음 다진 고기나 채소 등을 넣고 찐, 한국에서 일반적으로 만두라고 일컫는 음식이고, 바오쯔는 단팥소가 들어 있는 찐빵, 만터우는 밀가루에 효모를 넣어 반죽해 찐, 소가 없는 찐빵이다—옮긴이)가 퍼져나갔다.

중국에는 송나라 때 서역에서 빵이 전해졌는데, 찐빵이나 만두와 같은 독자적인 형태로 바뀌어 받아들여졌다. 굽기보다 찌는 방식이 발달한 것이다. 그런 중국 제조법의 영향을 받아 일본에서도 굽기가 아니라 찌는 방식(찐빵)이 발달했다.

빵효모와 빵의 대량생산

빵 문화가 6,000년의 긴 시간에 걸쳐 세계를 지배하는 동안, 한 가지 놀라운 사실은 빵을 만드는 방식이 순전히 사람의 손에 의지하고 있다는 점이다. 빵 반죽을 발효시키는 데 필요한 빵효모가 생산된 것은 지금으로부터 불과 100여 년 전인 1900년(메이지 33년)의 일이다.

1680년, 일본에서는 에도 시대 전기인 엔포延寶 8년이던 때에 네덜란드인 의사 후크가 손으로 만든 조잡한 현미경으로 이스트(yeast: 빵효모)의 존재를 확인했다. 누구나 경험을 통해 빵 반죽을 내버려두면 부풀어오른다는 사실을 알고는 있었지만, 그 원인이 되는 빵효모를 육안으로 본 사람은 아무도 없는 때였다. 후크의 발견은 빵효모에 관한 연구 개발에 가속도를 더하는 계기가 되어, 에도 시대 중기인 1825년, 드디어 독일에서 압착효모(compressed yeast)가 만들어졌다. 1880년대에 들어서자 유럽 각국은 경쟁적으로 이스트를 생산하기 시작했다.

제1차 세계대전이 일어나던 무렵, 독일, 오스트리아, 스위스에서 효모에 관한 연구가 진행되었다. 그리고 제2차 세계대전이 일어날 무렵에는 미국에서 군용 드라이이스트가 생산되기 시작했다. 전쟁터의 병사들에게 갓 구운 빵을 공급할 수 있게 되면서 신선한 베이컨과 따끈한 커피, 갓 구워낸 빵은 미군 병사들에게 없어서는 안 될 식량이 되었다. 일본식으로 말하자면 주먹밥, 매실장아찌, 단무지 등인 셈이다.

질 좋은 효모가 대량으로 확보되자, 유럽에서는 아직도 일일이 손으로 만들고 있는 빵을 미국에서는 대량으로 생산할 수 있게 되었다. 일본에서 '단팥빵'이 탄생한 것은 빵효모를 얻기가 쉽지 않던 1875년의 일이다.

2. 신기한 음식, 빵

난생처음 빵을 본 일본인

일본인이 처음 빵을 본 것은 16세기에 들어선 후의 일이다. 1543년에 포르투갈 배 트럼엘타 호가 폭풍우 때문에 다네가시마種子島에 표착했다. 성주인 다네가시마 도키타카種子島時堯는 포르투갈인 세 명과 중국인 백여 명을 후하게 대접하고 그 사례로 철포 두 개와 화약을 받았다. 이때 포르투갈인이 호밀을 넣은 딱딱한 빵을 먹는다는 사실이 알려졌다.

1549년에는 프란시스코 사비에르가 가고시마鹿兒島에 상륙해 시마즈 다카히사島津貴久를 알현하고 기독교 포교를 허락받았다. 그는 포교에 필요하다며 빵과 와인을 가지고 들어왔다. 그 후 서양인의 왕래가 빈번해지면서 서양문화와 함께 남만과자도 들어왔다. 남만과자는 포르투갈인과 스페인인이 전해준 서양과자를 총칭하는 말이었다.

에도 시대 중기에 쓰인 『나가사키 야화長崎夜話艸』(1720)에 따르면, 하르테(설탕과 아몬드로 만든 과자, 포르투갈어 파르테farte에서 온 이름), 게자드(치즈케이크, 포르투갈어 게이자다gueijada에서 온 이름), 카스테라보르(카스텔라), 하나花보르(꽃 모양 과자), 콘페이토(별사탕), 아르헤르(엿의 일종으로, '사탕'을 뜻하는 포르투갈어 알펠로아alfeloa에서 온 이름), 카르메르(캐러멜), 오베리야스, 바스리, 히료즈, 오브도우스, 다마고소멘, 비스킷, 빵 등 남만과자가 나가사키 지방의 토산물로 열거되어 있다. 400년 전에 이미 빵이 남만과자의 하나로 일본에 전해졌음을 알 수 있다.

빵에 관한 세 가지 문답

16세기 무로마치 시대 후기에 빵이 전래되자, 서민들은 세상에 이런 이상한 음식이 다 있었나 하고 큰 관심을 가졌다. 외국에서 들어온 이 기묘한 음식에 대해 알고 싶어 하는 사람들을 위해 에도 시대의 매체들은 가끔씩 빵을 소개하고 있다.

예를 들면 에도 시대 중기의 백과사전인 『와칸산사이즈에和漢三才圖會』(1712)에는 "생각하건대, 빵이라는 것은 찐빵에서 단팥이 없는 것을 말한다. 네덜란드 사람은 이것을 평소에 한 사람당 한 개씩 밥 대신에 먹으며, 빵이라고 부른다. 빵과 더불어 라칸羅加牟(라칸은 '방어 살에 돼지기름을 발라 말린 고기'라고 설명되어 있다고 하는데, 육고기를 소금에 절여 말려서 만드는 중국의 휘투이火腿나 햄과 비슷한 것으로 보는 설도 있다—옮긴이)을 같이 먹는다"고 되어 있다. 네덜란드 사람이 빵이라고 부르는 것은 단팥이 들어 있지 않은 찐빵과 비슷한 것이었고, 그들이 끼니마다 한 개씩 버터를 발라 먹는 것을 보고 일본인들이 신기해했던 것이다.

찐빵은 13~14세기경 중국에서 전래되었다. 일본의 끈기 있는 밀가루(中力粉: 글루텐 함량을 기준으로 나누는 밀가루 분류에서 중간의 것—옮긴이)로 만들기도 쉬워서, 에도 시대에는 서민들에게 꽤 보급되어 있었다. 사람들은 빵을 그 찐빵과 비교해 이해했던 것이다.

또한 『남만요리서』에는 "빵. 밀가루와 단술을 반죽해 둥글게 뭉쳐 이불로 싼 후 부풀려서 굽는다"고 되어 있다.

1799년에 나온 『란세쓰벤와쿠蘭說弁惑』에는 유명한 '빵 문답'이 실려 있다. 이것을 현대식으로 바꾸면 다음과 같다.

1. 네덜란드인이 먹는 빵은 어떤 원료로 만들어진 것인가?
답: 밀가루에 감주 만들 때 쓰는 것을 넣어 반죽해 찜식으로 구운 것을 아침저녁으로 먹는다.
2. 네덜란드인은 쌀밥은 전혀 먹지 않는가?
답: 인도 쌀로 밥을 해서 조금 먹는 것 같다.
3. 빵은 어느 나라 말인가?
답: 잘 모르겠다. 네덜란드 사람은 브로트, 프랑스 사람은 팽이라고 부른다.

이 일련의 문답을 통해 다음과 같은 사실을 알 수 있다. 우선 야생 빵효모에 대한 지식이 전혀 없이 단술 만드는 원료를 가지고 발효시키는 찐빵과 혼동하고 있다. 또 오븐에 굽는 것을 몰라 찜식으로 굽는다고 표현하고 있다(오븐의 기능이 원래 찜식으로 굽는 것이긴 하지만). 그리고 "쌀밥은 전혀 먹지 않는가?"라는 두 번째 물음에서는 밥을 최상으로 생각하던 일본인의 우월감과 당혹스러움이 엿보인다. 밥을 주식으로 하지 않는 사람들을 만난 것이 그저 놀라울 따름이었던 것이다.

같은 해에 나온 『나라바야시 잡화楢林雜話』를 보면, 빵을 파는 곳은 나가사키의 데지마였는데, 네덜란드 사람은 여기서 빵을 사서 버터를 발라 먹었다. 데지마의 빵집은 장사가 잘 되어 당시 연간 200냥의 수익을 올리고 있었다고 한다. 그리고 꿀을 바르고 계란을 얹어서 쪄낸 것을 '빵 도우스'라고 했다고 씌어 있다. 『나가사키 명승도회長崎名勝圖繪』에는 "네덜란드 본국에는 쌀이 없다. 그래서 밀을 주식으로 한다"고 쓰고 있다. 네덜란드에 쌀이 없어서 밀가루로 만든 빵을 먹는다는 이야기다. 또 소젖을 진하게 끓여 크림 상태로 만든 버터와 나무열매 모양에 약 냄새가 나는 커피에 대해서도 언급하고 있다.

빵 만들기에 대한 도전

그런데 빵에 대해 기록한 문헌은 많이 보여도 막상 먹고 싶다는 마음까지는 전혀 생기지 않았던 모양이다. 우선 알 수 없는 게 너무 많았다. 빵을 처음 봤을 때의 놀라움, 밥을 먹지 않는 사람들이 있다는 사실, 밥과 전혀 다른 식사법, 발효 냄새가 참을 수 없을 만큼 심하게 나는 빵과 버터, 그리고 약처럼 쓴 커피, 모두가 당시 일본인들에게는 생소한 것뿐이었다.

그런 한편, 에도 시대 중기부터 막부 말에 걸쳐서 빵을 직접 만들어보려는 사람들이 나타났다. 그때만 해도 빵을 만들기 위한 밀가루를 구하기가 어렵던 시대였다. 빵효모도 없는 데다가 발효 공정에 대한 지식도, 빵을 굽기 위한 오븐도 없었다. 하지만 시행착오를 거듭하면서 이런 어려움들을 하나씩 극복해나갔다. 보릿가루와 밀가루를 섞어서 반죽해보기도 하고, 발효제로 야생효모와 술 종류(단술), 맥주효모 등을 써보았으며, 오븐 대신 기와나 가마솥을 달구어서 반죽한 것을 구워보고, 솥 주변을 물에 적신 돗자리로 둘러싸놓기도 했다.

3. 군사식량으로 빵을 만들고

빵의 이점

서양 사람들이 식탁에 올리는 빵은 고기나 유제품을 맛나게 먹도록 해주는 탄수화물 식품이다. 그러니 일본인이 밥 대신에 빵을 주식으로 하기란 퍽 어려운 일이었다. 게다가 일식의 독특한 조리분야 가운데 에도 시대에 가장 번성한 것은, '회' 처럼 날것을 그대로 쓰거나 혹은 끓이거나 데치거나 삶거나 굽는 갓포割烹였다. 갓割은 칼로 자르는 것, 포烹는 삶거나 굽는 기술이다.

일본요리는 원래 칼 쓰는 기술을 중시한다. 당시의 일본인에게 오븐에 의한 건식가열은 전혀 경험해보지 못한 조리방법이었다. 따라서 빵 굽는 데 쓰는 오븐 따위가 있을 리 없고, 빵은 만들기도 어렵고 먹기도 어려운 음식이었다.

그런데 아편전쟁(1840~1842)을 계기로 세계정세가 크게 변했다. 일본인들은 대국인 청나라가 비틀거리는 모습을 보면서 연안경비의 필요성을 깨닫고 엄청난 불안감과 위기의식에 사로잡히게 되었다. 이것은 동시에 쇄국정책으로 잊혀졌던 빵을 휴대하기 편리한 군사식량으로 새롭게 인식하는 계기가 되었다.

빵의 장점은 이러했다.
① 가벼워서 휴대하기에 편리하다.
② 주먹밥처럼 상할 염려가 없으며 보존이 잘 된다.
③ 소화가 잘 된다.
④ 전쟁터에서 밥처럼 끓이지 않아도 되니 연기가 피어오를 염려가 없다.
⑤ 매일 굽지 않아도 된다.
⑥ 언제 어디서나, 심지어 걸으면서도 먹을 수 있다.
⑦ 옛날부터 있었던 비슷한 보존식품인 말린 밥보다 모든 면에서 빵이 뛰어나다.

이런 상황 속에서, 막부 말인 1853년 미국의 페리 제독이 흑선 네 척을 이끌고 우라가浦賀 앞바다에 나타났다. 그 후 일본 근해에 외국배가 내항하는 일이 잦아졌고, 일본은 개국을 하지 않을 수 없는 상황이 되었다. 내우외환이 거듭되면서 존왕양이의 외침이 높아졌다. 막부의 요인들은 국토방위 준비에 여념이 없었고 조슈長州, 사쓰마薩摩, 미토水戶 등의 번들은 앞을 다투어 군사식량으로 쓸 빵의 개발과 연구에 착수했다.

일본 빵의 아버지 에가와 다로자에몬

막부는 이즈伊豆 반도 니라야마韮山의 대관代官 에가와 다로자에몬(江川太

郎左衛門, 단안坦庵, [그림 12])에게 에도 만 주변의 해안경비를 요청했다. 이에 에가와는 다카시마 슈한高島秋帆에게 서양 포술을 배워 막부의 서양식 대포부대 책임자가 되었고, 니라야마에 대포를 주조하기 위한 반사로를 만들었다. 그는 국방에 힘을 기울이는 한편으로, 군사식량을 위한 빵의 개발과 연구에도 나섰다.

[그림 12] 일본 빵의 아버지 에가와 다로자에몬

에가와는 1842년 다카시마 슈한의 문하생 사쿠타로作太郎를 니라야마에 초대해 제빵기술을 전수받았다. 사쿠타로는 나가사키의 데지마에 있는 네덜란드인 저택에서 요리사로 일했던 사람으로, 네덜란드식 제빵기술을 알고 있었다. 그는 1842년 4월 12일에 이즈에 있는 에가와의 저택에 빵 굽는 가마를 설치하고 군사식량으로 쓸 빵을 만들기 시작했다. 에가와가 빵 만들기에 정열을 쏟은 이유 중 하나는, 그 자신이 사슴 사냥을 하면서 휴대용 식량으로는 빵이 제일 좋다는 사실을 알게 되었기 때문이다.

시바타 베이사쿠柴田米作가 쓴 『일본 빵 400년사日本のパン四

百年史』(1956)에는, 니라야마 대관소代官所 서기 가시와기 소조柏木總藏가 에도에서 사쿠타로에게 듣고 와 에가와에게 전수한 빵 제조법이 기록되어 있다.

① 빵은 우동용 가루에 만두 만들 때 쓰는 원료(술의 일종)를 섞어서 만든다.
② 나가사키에서는 맛을 더 좋게 하려고 계란이나 설탕을 첨가한다.
③ 서양에서는 거칠게 간 밀가루에 소금을 넣어 간을 한 다음에 굽는다.
④ 굽는 법이 어렵다. 장작 스무 다발을 한나절쯤 땐 다음 불을 줄이고 남은 열로 굽는다.
⑤ 공기가 들어가지 않게 하면 탈 염려가 없다. 한가운데까지 잘 익는다.
⑥ 구운 빵은 1년 정도는 보존할 수 있다.
⑦ 재해가 발생했을 때에는 비상식량으로도 좋다.
⑧ 빵은 두께 9밀리미터, 길이 9센티미터의 마른 음식이다.
⑨ 건조해서 수분이 적기 때문에 차나 물을 마시면서 먹는다.
⑩ 보통 사람은 한 개로도 충분하지만 많이 먹는 사람은 두 개도 먹는다.
⑪ 갖고 다니기 편해 휴대용으로 좋다.

이렇게 빵을 만드는 데 필요한 정보가 많이 나돌고 있었다. 그 무렵 나가사키 외곽에는 빵 굽는 가마가 두 개 있어서 빵을 계속 구워내어 비상용으로 비축하고 있었다. 빵을 군사식량으로 탄생시킨 니라야마 대관소 자리(이즈의 에가와 저택)에는 도쿠토미 소호德富蘇峰가 쓴 '빵의 아버지 에가와 단안 선생의 저택'이라는 기념비가 세워져 있다. 일본인이 빵을 일상적인 음식으로 먹을 수 있도록 해준 데 대한 관계자들의 감사의 마음이 담긴 기념비다. 그리고 단안이 빵을 처음 만든 날을 기려 매월 12일을 '빵의 날'로 지정했다.

빵을 군사식량으로 개발하라

『일본 빵 400년사』는 각 번에서 다투어 빵을 개발하던 상황을 다음과 같이 이야기하고 있다. 우선 빵을 굽는 데 가장 어려운 것은 불을 조절하는 기술이었다. 1866년 조슈 번은 도자기 가마에서 빵을 구우려고 시도했다. 도공 다이가 이쿠스케大賀幾助가 당시 나가사키에 머물렀던 나카지마 지헤이中島治平의 지식에 근거하여 도자기 가마에서 '비큐모치備急餠'를 구워낸 것이다. 윗불과 아랫불을 조절할 수 있는 오븐 같은 것은 없었지만, 이 가마는 당시 일본에 있던 가마 중에서 비교적 온도를 조절하기가 쉬운 것으로 빵 굽는 데 알맞았다. 다이가 이쿠스케는 이 일을 위해 번에 보조금을 신청해 은 네 관을 받았다. 당시 기록에는 이렇게 씌어 있다. "① 비큐모치를 만들려면 밀가루 열 포대에 계란 열다섯 근을 배합한다. ② 장작 열 다발이 필요하고, 직공 두 사람이 굽는다. ③ 밀가루는 야마구치山口 현 하기萩 산이 좋다. ④ 여름에도 40일 동안 보존할 수 있고, 휴대하기에 편리하다. ⑤ 조슈 번에서 채용한다."

　　미토 번은 일찍부터 군용 빵에 주목했고, 또 군용 빵을 개발하려는 의욕이 넘쳤다. 에가와가 죽은 1855년, 나가사키에서 네덜란드 의학을 공부하던 시바타 호안柴田方庵은 미토 번으로부터 네덜란드인 콘프라(데지마에 일용품을 팔던 사람)에게 빵과 비스킷 제조법을 배우라는 명을 받았다. 난학蘭學을 배우려는 지망생들이 전국에서 나가사키로 몰려들던 때였다.

『호안 일기方庵日記』 2월 23일자를 보면, "콘프라에게 빵과 '비스코이트'를 배우러 가다. 미토 번에서 군용 빵을 개발하는 데 필요하니 그 제조방법을 적어서 보내라고 하므로 배우는 것이다"라고 되어 있다. 다음 날인 24일자에는, "빵 만드는 법을 배우기 위해 료안良庵의 아들을 콘프라에게 보냈다"고 쓰여 있다. 이어서 같은 달 28일자에는 "오기 신노스케荻信之助에게 보내는 편지에 빵과 비스코이트의 제조법을 기록한 글을 동봉했다"고 되어 있다. 시바타 호안의 빈틈없는 성격이 일기 여기저기에 나타나 있다.

미토 번은 이 정보를 토대로 한가운데에 네모난 구멍이 뚫린 지름 4~5센티미터의 둥근 '효로센兵粮錢'을 만들었다. 끈을 끼우면 여러 개를 허리에 찰 수도 있어 긴급할 때 휴대하기 쉽고 보존도 잘 되는 건빵이었다.

한편 사쓰마 번에서는 영국의 기술로 '무시모치蒸餅'라는 군용 빵을 만들었다. 1868년 보신 전쟁 때는 도호쿠 지방 원정의 휴대식량으로 에도 후게쓰도風月堂에 5,000명분의 '마른 무시모치(乾蒸餅)'를 주문하기도 했다. 이것은 검은깨를 넣은 딱딱한 빵이었다.

『나리아키라 공 언행록齋彬公言行錄』에 따르면, "① 무시모치 수천 개를 제조하도록 명령받았다. ② 군용이므로 1~2년을 비축해도 벌레가 생기지 않도록 했다. ③ 다양한 조건에서 만들면서 저장실험을 하고 있다"고

했다. 사쓰마 번의 번주 시마즈 나리아키라島津齋彬는 나아가, "① 무시모치는 격렬한 전투에서만 사용할 것 ② 비용을 아끼지 말고 정성스럽게 만들 것 ③ 서양의 빵처럼 쇠고기나 닭고기 삶은 물을 섞어서 만들어볼 것"을 지시하고 있다.

사쓰마 번의 군용 빵을 만든 에도의 후게쓰도는 1868년 요네쓰 마쓰조米津松造에 의해 세워졌다. 사쓰마 번으로부터 받은 주문에 관해 기록해놓은 「후게쓰도 '마른 무시모치' 제조의 요취要趣」에는 검은깨를 넣은 빵 5,000인분을 주문받은 일과 함께 이 빵 덕분에 밥을 짓지 못해도 불편하지 않았다는 기록이 있다. 또한 이 빵은 보신 전쟁에서 실험적으로 쓰였고, 앞으로 쳐들어올지도 모를 외적에 대비한 것이라고 되어 있다.

1869년 에노모토 다케아키榎本武揚가 이끄는 반정부군이 고료카쿠五稜郭에 주둔하고 있을 때, 하코다테에서 제과점을 하던 오노 도조大野藤造는 마쓰젠松前 번의 명령에 따라 군용 빵을 납품했다. 개항장으로 개방되어 있던 하코다테에는 밀가루로 만든 빵이 이미 알려져 있었던 것이다.

빵은 각기병에 듣는다
막부의 군량정책을 그대로 이어받은 해군은 1872년 '빵麵糧'을 원양항해용 식량으로 채용하고 비축에 들어갔다. 세이난 전쟁에서 빵의 장점을 확인한 육군도 1877년 '두 번 구운 빵(重燒麵麭)'을 군사식량으로 병용하기로 결정했다. 이것은 오늘날의 빵보다 수분이 적은 비스킷(건빵) 상태의 빵이었다.

역사가 이렇게 흘러가는 가운데, 도쿄 다케바시竹橋 니시노마루西の丸 일대를 경호하던 천황수비대 내부에 각기병 소동이 일어났다. 천황수비대는 조슈 번 출신의 하급 무사士族와 평민들을 모아 만든 부대였다. 고향에서 잡곡밥과 죽을 주식으로 하던 이들이 도쿄에서 사치스런 흰 쌀밥을 먹게 되면서 각기병에 걸리는 자가 속출했던 것이다. 당시 각기병은 적당한 치료법이 없어 사망자가 많이 발생하는 무서운 병이었다. 에도 시대 무렵부터 흰 쌀밥을 먹는 부자들 가운데서 환자가 많이 발생해 '에도 병'이라 불리기도 했다.

각기병 환자들은 쓰키치의 외국인거류지에 있는 독일인이 경영하는 병원으로 실려가 빵과 우유를 먹으면 대체로 회복되었다. 각기병은 빵을 주식으로 하는 서양 사람들에게는 나타나지 않는 병이었다.

1878년, 도쿄 간다의 히토쓰바시一ツ橋에 국립 각기병병원이 세워졌다. 각기병과 관련해 이런 에피소드도 있었다. 각기병에 걸린 환자를 양의와 한의 중 어느 쪽 의사에게 진료받게 할 것인지를 두고 논쟁이 붙었다. 결국 양쪽 의사 모두에게 진료를 시켜보고 환자의 증상을 관찰하기로 했다. '한의와 양의의 각기병 씨름'이라는, 당시에는 유명한 사건이었다. 그 원인은 밝혀지지 않았지만, 씨름은 결국 양의의 승리로 끝났다. 양의는 환자에게 빵을 먹도록 했던 것이다. 이때 빵 요법으로 각기병이 낫는다는 사실을 알게 되었다.

하지만 한편으로는 '다케바시의 군인 아저씨 뭘 드시나 식빵을 먹지 어떻게 드시나 드시나'라는 속요가 은밀하게 유행했다. '군인들이 밥을 못 먹어 참 안됐다, 꾹꾹 참으며 빵만 억지로 먹는다'는 뜻이었다.

 1910년 스즈키 우메타로는 쌀겨에서 비타민 B_1을 추출해 오리자닌이라고 명명했다. 각기병은 비타민 B_1이 모자라서 생기는 병이다. 군용 빵을 통해 쌀밥에는 없는 영양소가 빵에 들어 있다는 사실이 알려지고 각기병에 잘 듣는 빵이 군사식량으로 인정을 받게 됨으로써, 일본은 다른 나라와는 다른 이색적인 빵 문화를 갖게 되었다.

 이후에 군사식량이 어떻게 발전했는지를 잠깐 살펴보자. 1898년 육군은 영국, 프랑스, 독일 등지에 조사단을 파견해 현지의 군용 빵을 조사하고, 그 결과를 종합해 오스트리아의 빵을 채용하기로 했다. 1905년에는 밀가루, 쌀가루, 계란을 배합하고 여기에 맥주효모를 이용해 '고甲 빵'을 만들었는데, 이 빵은 러일전쟁 때 대단한 활약상을 보여주었다. 또 볶은 콩가루를 넣어 베이킹파우더로 부풀린 '오쓰乙 빵'도 만들어졌다. 이 빵들은 밥에 강한 애착을 느끼는 일본인의 입맛을 고려해 빵에 쌀가루, 볶은 콩가루, 검은깨 등을 첨가한 것이었다. 그 밖에 비상식량으로 비축할 수 있는 '건빵'도 탄생했다.

 로쿠메이칸 시대 이후, 빵의 원료가 되는 밀가루 수입량이 급상승했지만, 지방 출신자들이 많은 육군에서는 이윽고 금방 소화되어버리는 빵에 대한 불만이 터져나오기 시작했다. 결국 육군은 쌀과 보리를 섞어서 지은 보리밥과 빵을 병용하기로 했다. 군사식량 연구가 일본의 영양학 및 식품학의 발전에 이바지하는 결과가 되었다.

프랑스빵에서 영국빵으로

일반인에게 빵이 보급된 것은 1859년에 개항장이 된 요코하마의 외국인 거류지에서부터였다. 거류 외국인과 접촉할 기회가 많은 일본인들 사이에서부터 빵은 조금씩 익숙한 음식으로 자리잡아 갔다. 1860년, 우치미 헤이키치內海兵吉가 요코하마에서는 처음으로 일본인이 경영하는 빵집을 열었다. 이듬해에는 프랭크와 굿맨, 두 명의 외국인이 함께 빵집을 열었다. 이어서 1865년에는 영국인 클라크가 '요코하마 베이커리'를 열었는데, 특히 프랑스빵이 호평을 받았다. 이 프랑스빵은 홉종種(종이란 빵을 만들 때 발효의 바탕이 되는 최초의 효모배양체를 가리키는데, 효모의 종류와 배양법에 따라 홉종, 주종酒種, 액종液種, 중종中種 등으로 나뉜다. 홉종은 맥주의 재료인 홉 삶은 물을 이용해 만드는 효모다—옮긴이)을 써서 감자로 발효시킨 빵 반죽을 돌가마에다 바로 구워낸 것이었다.

그런데 메이지 유신이 일어나면서 길쭉한 말린 고기 모양의 프랑스빵(대표적인 것이 '바게트' 빵이다—옮긴이)은 큼직한 영국빵으로 바뀌게 된다. 막부 시절에는 프랑스 기술자를 초빙해서 요코스카橫須賀에 제철소를, 요코하마에 프랑스어 교습소를 세웠고, 그 영향을 받아 프랑스빵이 유행했던 것이다. 그런데 막부가 무너진 뒤에는, 막부에 맞서서 영국과 긴밀한 관계를 맺어왔던 사쓰마와 조슈 번 세력이 등장해 영국인을 채용하기 시작했다. 이렇게 영국 쪽으로 기운 판세는 제2차 세계대전 무렵까지 일본의 제빵업계에 결정적인 영향을 미쳤다.

일반적으로 프랑스 밀은 일본 밀과 비슷한 중력계로, 끈기가 없어서 큰 빵을 굽기에는 적합하지 않다. 따라서 프랑스빵은 겉껍질이 딱딱해진다. 영국의 밀도 역시 잘 부풀어오르지 않아 '번스buns'라고 하는 소형 빵밖에 만들 수 없다. 그러나 세계를 제패한 영국은 캐나다로부터 질 좋은 강력계 밀가루를 대량으로 수입해 '산 모양(山形) 빵'(오픈톱opentop 빵. 뚜껑 없는 네모 빵틀에서 구운 빵. 뚜껑이 없이 구우므로 빵 윗부분이 산봉우리처럼 부풀어올라 붙은 이름이다—옮긴이)을 만들어냈다.

막 빵을 먹기 시작했을 때 일본인이 먹은 것은 겉껍질이 딱딱한 프랑스빵이 아니라 밥처럼 크라움(안쪽)이 부드러운 영국빵이었다. 그러다 제2차 세계대전이 지나면서는 일일이 손으로 만드는 영국빵이 아니라 대량생산으로 찍어내는 미국빵의 영향을 받게 되었다. 샌드위치를 좋아하는 미국 사람들이 만든 빵은 뚜껑 있는 빵틀로 구운 사각형 빵(사각 빵. 19세기 후반에 기차를 고안해낸 미국의 발명가 이름을 따 풀먼Pullman 빵이라고도 하는데, 식빵의 네모난 모양이 풀먼이 발명한 기차의 모습과 비슷해서 붙은 이름이다—옮긴이)이었다. 영국이나 미국의 흰 빵의 연상으로 일본에밖에 없는 '식빵'이라는 말이 만들어졌다.

다카나와 도젠지의 영국 공사관에 쇠고기를 공급한 것으로 이미 여러 차례 언급한 바 있는 나카가와 요시혜에가 이번에는 빵 제조와 판매에 적극적으로 나섰다. 요코하마의 모토마치本町에 빵집을 열고, 1867년 10월에 『만국신문지』에 일본 최초로 빵과 비스킷 광고를 실었다. 광고 문구는 "빵, 비스킷, 봇토르(버터), 이 물건들이 우리 가게에 있소이다"였다.

『메이지 시대 사물의 기원』의 여기저기에서 메이지 시대 초반 빵 시장의 동향을 살펴볼 수 있다. 1873년에 발행된 『신분잣시』는 평판이 좋은 가게로 1870년에 문을 연 '뎃포즈 쓰카모토鐵砲洲つか本'를 꼽고 있는데, 그 무렵의 『부코 연표武江年表』 속편에는 '빵 종류 많음'이라고 적혀 있다.

한편 『진기 겨루기珍奇競』에는 "일본에서 만들어진 단빵이 메이지 3년(1870년)에 유행하다"라고 씌어 있다. 「개화 수수께끼 모음」에는 이런 구절도 있다. "빵 도시락은 양복점의 기모노다. 마음은 언제나 허전하다." 양복점의 기모노는 언뜻 보기에는 모양이 좋지만 금방 망가지고 만다. 빵도 금방 배가 꺼져서 성에 안 찬다. 쌀밥과는 비교가 안 된다. 그래서 빵은 세 끼의 주식이 되지 못하고 그저 오후 세 시의 간식 정도에 불과하다는 말이다.

빵에 대한 비판

1882년 무렵이 되자 도쿄의 빵집은 116곳으로 늘어났다. 그러나 당시의 세상을 풍자한 「이 시대의 바보 순위표」는 동쪽의 1등 바보로 '쌀을 먹지 않고 빵을 좋아하는 일본인'을 꼽고 있다. 일본인이 빵을 주식으로 받아들이려고 하는 등 지나치게 서양 쪽으로 기우는 세태에 대한 통렬한 비판이었다. 바보 순위표는 어중이떠중이 다 외래사조에 휩쓸리는 풍조에 정면으로 반발한 것이었다. "세상에 바보의 종류가 많다고는 해도, 자기 나라 생산품을 쓰지 않고, 앞다투어 외제를 찾아 외화 낭비를 나날이 증가시키고 나라의 곤란함을 돌아보지 않으니, 세상에 이처럼 바보 같은 일은 없을 것이다. 지금 여기에 누가 더 바보인지 순위를 매기니, 다음과 같다." 순위표에는 "나라의 생명을 갉아먹는 외제 상인'이라는 말도 나온다.

외제 예찬은 그 후로도 오랫동안 일본의 외국 브랜드 선호 풍조로 이어졌다. 필자가 젊었을 때 경험을 생각해보아도 시계와 라이터, 만년필은 외제가 좋다는 말이 있었다. 빵 또한 외국에서 들어온 틀림없는 외제였다. 그렇지만 빵이 서민들 사이에 보급되는 길은 가시밭길처럼 멀고도 험난했다.

4. 단팥빵의 탄생

단팥빵과 돈가스

길고 긴 얘기가 이제 '돈가스'에 가까워지고 있다. 지금까지 이야기한 빵이 일본인에게 깊숙이 파고들면서 탄생한 것이 바로 '단팥빵'이고, 앞 장에서 살펴본 육식이 일본문화의 하나로 정착하면서 나온 것이 바로 '돈가스'다. 이 일양절충형 '양식'인 단팥빵과 돈가스는 일본 음식문화의 한 단면을 보여준다. 이미 이야기한 것처럼, 메이지 유신 이후 신정부와 지식인은 육식을 장려하고 서양요리를 적극적으로 들여오기 시작했다. 육식은 위(정부, 지식인)로부터 아래(서민)로 퍼져간 것이다.

그러나 서민들이 실제로 고기를 먹기 시작한 것은 일본식으로 변형시킨 쇠고기전골과 스키야키부터였다. 따라서 서양음식을 완전히 받아들인 것이 아니라 서양식 재료인 쇠고기에 친숙해진 정도에 불과했다. 그 후 다양한 형태로 서양식 조리법을 습득하고 나서, 서민들은 밥에 어울리는 양식을 만들어내기 시작했다. 양식의 개발은 그야말로 아래서부터 위로 진행된 것이다. 이렇게 해서 육식이 해금되고 60년의 긴 시간이 지난 후에야 겨우 서민들의 손에 의해 '돈가스'가 탄생하게 되었다.

한편 빵은 16세기에 일본에 전해졌지만, 오랜 쇄국정책으로 빛을 보지 못했다. 그러다 막부 말이 되면서 각 지방의 번은 앞을 다투어 군용 빵을 개발하기 시작했다. 코앞에 닥친 국방상의 필요 때문에 빵을 긴급식량으로 채택했던 것이다. 그리고 육해군이 정백미 과잉섭취로 생긴 각기병에 대한 대책으로 빵을 군사식량으로 채택하기에 이르렀다. 이 또한 상층부의 움직임이었다.

그러나 빵은 서민들이 좀처럼 익숙해지기 어려운 외국음식이었다. 서민들은 오랫동안 밥을 주식으로 해왔기 때문에 음식문화가 너무 다른 빵은 받아들이기 쉽지 않았다. 그렇지만 1874년 '단팥빵'이라는 전혀 새로운 음식이 만들어지자 그것은 눈 깜짝할 사이에 전국을 제패하고 천황의 식탁에까지 오르게 되었다. 아래에서 위로 진행된 커다란 변화였다.

덧붙여 말하자면, 빵이 본격적으로 보급된 것은 훨씬 나중인 제2차 세계대전 후의 일이다. 패전 후의 혹독한 식량난 속에서 1954년 학교급식법이 제정되고, 코페 빵(북 곧 방추 모양으로 생긴 빵으로 2차 대전 후 일본에서 미국의 원조 밀가루로 만들어 학교에서 급식했다―옮긴이)이 아이들의 건강을 지키는 버팀목 역할을 하게 되었다. 미국에서 밀가루가 대량으로 들어왔고, 미국식 빵의 대량생산 설비가 도입되었다. 이것은 다시 위에서 아래로 진행된 빵문화의 새 흐름이었다. 이 미국문화 일변도의 사회 분위기 속에서 빵을 주식으로 하는 새로운 식습관도 생겨났다. 빵은 전후의 식량난을 구할 구세주로서 급속도로 보급되었다.

놀라운 것은, 다른 민족들은 보통 자기네들이 만들어낸 빵만 먹는 데 비해 '단빵', '조리빵' 등을 만들어낸 일본에서는 오늘날 전 세계의 빵이 흘러넘치는 제과점에서 자기가 좋아하는 빵을 자유롭게 선택할 수 있다는 점이다. 일본은 세계에 유례가 없는 빵 왕국을 건설한 것이다.

기무라 야스헤에의 도전

여기서 다시 '단팥빵' 에 얘기의 초점을 맞춰보자. 서양음식인 빵을 일본인 취향에 맞게 개발해서 전국을 휩쓴 사람이 나타났으니, 그가 바로 이바라키茨城 현 우시쿠牛久 출신의 기무라 야스헤에木村安兵衛다. 원래 도도藤堂 번 에도 선창에서 일하던 야스헤에는 메이지 원년에 도쿄 직업훈련소에서 사무직으로 근무하게 되었다. 이 직업훈련소는 천황군이 에도에 무혈입성한 1868년에 신정부가 설치해 실업자에게 직업훈련을 시키던 곳이다.

야스헤에는 이 직업훈련소에서 나가사키의 네덜란드 저택에서 빵을 굽던 우메키치梅吉를 만났다. 우메키치에게 빵 만드는 얘기를 듣고 흥미를 느낀 야스헤에는 이미 쉰이 넘은 나이였음에도 불구하고 훈련소를 그만두고 빵을 만들기로 결심한다. 나이만으로도 대단한 모험이었던 데다가, 빵에 관한 지식이라고는 남만과자로서 나가사키에 전해졌으며 '밀가루를 반죽해 구운 것'이라는 게 전부인 시대였다.

야스헤에는 1869년 도쿄의 시바(지금의 미나토港 구) 히카게초(日蔭町, 지금의 신바시新橋 역 앞)에 분에이도文英堂라는 작은 서양식 잡화점 겸 빵집을 열었다. 도쿄 빵집의 원조다. '분에이도'라는 이름은 '문명개화'의 문文이자 야스헤에의 아내 이름에서 따온 분文 자에 장남 에이자부로英三郎의 이름자인 에이英를 붙여 만든 것이었다. 상호 하나만 봐도 야스헤에가 빵 만드는 데 얼마나 의욕이 넘쳤는지를 알 수 있다.

분에이도가 얼마 안 되어 불에 타 사라지자, 야스헤에는 이듬해 교바시京橋 구 오와리초(尾張町, 지금의 긴자 5초메)로 가게를 옮기고 자신의 성을 따 기무라야木村屋라는 이름을 붙였다. 그런데 이 기무라야도 1872년 긴자와 쓰키치 일대를 휩쓴 대형 화재로 불타고 말았다. 곤궁에 처한 야스헤에는 10년 할부로 돈을 빌려 지금의 긴자 미쓰코시三越의 목 좋은 자리에 가게를 다시 열었다. 당시 긴자는 영국인 건축기사 월터스의 설계에 따라 불에 강한 붉은 벽돌로 새롭게 단장되어 사람들이 한가롭게 거니는

[그림 13] 메이지 시대 초기의 빵공장 (기무라야 총본점의 『기무라야 총본점 120년사』에서)

거리가 되어 있었다. [그림 13]은 메이지 초기의 기무라야 빵공장 모습이다.

한편 이 무렵에는 빵을 만들 때 발효에 맥주효모를 이용한 홉종을 쓰는 것이 세계적인 대세였다. 그런데 일본에서는 발효종을 얻기가 어려워, 찐빵을 만들 때 넣는 주종(酒種, 甘酒, 술누룩)에 의존할 수밖에 없었다. 그리고 반죽의 발효 상태를 판정할 방법이 없었기 때문에, 오로지 경험과 느낌으로 빵을 만들 수밖에 없었다. 당연히 시행착오와 실패가 거듭되었다.

　야생효모의 발효력이 약하면 빵은 충분히 부풀어오르지 않는다. 그러면 갓 구워낸 빵도 딱딱해서 맛이 없다. 그러나 야스헤에의 목표는 우메키치가 쓰는 방법을 본떠 나가사키의 빵을 재현해내는 것이 아니었다. 열여덟 살이 된 아들 에이자부로와 함께 궁리에 궁리를 거듭해 완전히 새로운 빵을 만들어내는 것이 그의 목표였다. 빵을 부풀리는 홉종을 구하기가 어려운 일이긴 했지만, 우메키치의 구식 빵으로는 도저히 만족할 수 없었던 것이다. 아들 에이자부로도 요코하마 외국인거류지에서 맛있는 빵을 조사하며 나날이 감식력을 키워가고 있었다.

발상의 전환

이미 여러 차례 말했지만, 일본인의 입맛에 맞는 빵을 개발하기는 어려운 일이었다. 야스헤에는 주식이 아닌 '간식용'으로 단빵을 개발하기 위해 집념을 불태웠다. 그러던 중 그는 매우 흥미로운 사실을 깨닫게 되었다. 일본인은 쌀밥을 먹는 뿌리 깊은 습관을 가지고 있으면서도, 중국에서 전래된 면류의 제조기술을 흡수·동화해냈다. 밀가루로 만든 면에 식염조미료(된장, 간장)로 간을 해서 일본식 면류요리, 즉 소면, 냉국수冷麥, 우동, 소바(일본식 메밀국수. 메밀국수라고 표기해야 옳지만, 여기서는 일본음식의 고유한 명칭을 고려해 소바로 표기한다—옮긴이)를 탄생시킨 것이다.

　가마쿠라鎌倉 시대에 일본에 전래된 찐빵은 밀가루 반죽을 발효시켜서 만드는 것인데, 에도 시대에서 메이지 시대로 넘어간 후에도 그 인기가 여전했다. 그것은 외국음식을 일본식으로 다시 만들어내기 위한 땀과 노력의 결정체였다. 그렇다면 빵도 일양절충식으로 다시 태어날 수는 없는 것일까.

　야스헤에의 단팥빵 만들기는 이렇게 시작되었다. 빵은 이스트 냄새가 나서 아무래도 입에 맞질 않는다. 하지만 같은 밀가루 음식이라도 술찐빵은 독특한 맛이 있어 서민들에게 인기가 높다. 그러면 빵 반죽에 설탕이나 계란을 듬뿍 넣으면 전통적인 일본과자和菓子 같은 맛이 나지 않을까. 단팥소를 안에 넣으면 어떻게 될까. 이것을 찐빵처럼 찌는 게 아니라 빵처럼 구워낼 수는 없을까. 일본인의 입에 맞는 맛은 찐빵 같은 일본술의 맛이 아닐까. 야스헤에의 머릿속에는 새로운 발상이 끊임없이 떠올랐다.

　하지만 새로운 빵 만들기는 실패의 연속이었다. 질 좋은 술누룩은 구하기가 힘들었다. 게다가 술누룩은 발효력이 약해 발효 관리가 어려웠다. 또 설탕을 너무 많이 넣으면 발효가 잘 되지 않는다. 빵 반죽은 쉬이 풀리고, 잘 구워지지 않거나 너무 딱딱하거나 맛이 시큼한 빵들이 수북이 나타났다 사라졌다. 하지만 6년의 세월 동안 야스헤에는 흔들림 없이 새로운 빵 만들기에 몰두했다. 그의 지칠 줄 모르는 집념에 주위 사람들은 그저 마음만 졸여야 했다.

　마침내 1874년, 야스헤에와 에이자부로는 단팥빵을 만들어내는 데에 성공한다. 쌀누룩종을 쓰는 새로운 발효법을 완성시킨 것이다. 그 부자가 어떻게 술누룩을 만들어내기에 이르렀는지에 대해서는 『기무라야 총본점 120년사』도 수수께끼 같다고 쓰고 있다. 그 책을 보면 술누룩을 채취하는 일이 얼마나 어려웠는지 알 수 있다. 술누룩에는 경도가 낮은 단물이 좋으므로 쓰쿠바 산筑波山 근처의 우물물을 길어다 썼고, 술누룩은 쓰쿠바 산 중턱의 맑은 공기 속에서 오랜 시간을 들여 채취해 2, 3일 동안 섭씨 30도를 유지하면서 야생효모를 증식시켰다고 기록되어 있다. 술누룩은 발효를 관리하기가 아주 까다로워서 추운 밤에는 사람이 품에 안고 자야 했을 정도였다.

야스헤에의 노력은 드디어 결실을 맺게 되었다. 일본술의 효모가 증식하여 유산이 생성되면 잡균의 번식이 억제되어 빵 반죽이 잘 된다는 사실을 알아낸 것이다. 하지만 술누룩으로는 빵효모(이스트)와 같이 빵 반죽이 크게 부풀지 않았다. 그래서 발효시간을 늘리고 설탕도 35퍼센트 이상으로 늘렸다. 90분간 2차발효를 시켜 숙성이 된 후에 10분간 구워냈다.

빵효모로 만들면 빵 만드는 데 네다섯 시간이 걸리는데, 누룩으로 하면 하루가 걸렸다. 대신 그 빵의 맛이 전혀 달랐다. 쌀누룩으로 만들면 빵에서 일본인이 좋아하는 일본술의 맛이 났다. 또 찐빵은 식으면 딱딱해지는데, 누룩으로 만든 단팥빵은 여전히 부드러웠다. 더구나 당분이 많은 상태에서도 발효가 되었다. 술누룩빵은 크게 부풀지는 않았지만, 씹는 맛, 풍미, 감미가 모두 독특하고 일본인 취향에 맞았다.

『기무라야 총본점 120년사』는 당시 에이자부로가 실험을 거듭했던 빵 반죽 공정에 대해 이렇게 소개하고 있다. "우선 홉을 삶은 물이 필요하다. 4리터의 물에 40그램의 비율로 홉의 꽃을 넣고 조린다. 이 물을 체온 정도의 온도로 식혀 강력분이나 감자를 삶아서 으깬 것을 섞어 끈기를 낸다. 이것이 효모의 먹이가 된다. 여기에 사과를 껍질째 간 것이나 양파 간 것을 넣는다. 이것이 모두 빵을 부풀리는 효모를 기르는 과정인데, 적정한 온도를 유지하기 위해서 추운 날씨에는 숯불을 사용하기도 했다."

일본의 빵 역사가 바뀌다

이렇게 해서 탄생한 '단팥빵'은 기존의 술찐빵이나 중국의 찐빵과는 전혀 달랐다. 물론 포르투갈에서 전해진 빵과도 달랐다. 만약 야스헤에와 에이자부로가 단팥빵을 만들지 않았다면 이후 일본의 빵 문화가 어떻게 전개되었을지 의심스러울 만큼 획기적인 발명이었다.

빵 문화에 정통한 시바타 요네사쿠柴田米作는 『일본 빵 400년사』에서 쌀누룩빵의 특징으로 "일본술의 향기가 날 것, 식어도 오랫동안 부드러움을 유지할 것, 당분을 많이 사용해도 왕성한 발효력을 지닐 것" 등의 항목을 들고 있다. 또한 "종래의 단빵은 단순히 단맛만 들인 것이지만, 야스헤에가 창안한 빵은 단팥소를 안에 넣은 것으로서 그전에는 전혀 없던 것이다"라고 말하고 있다.

농업학자 나카오 사스케中尾佐助는 『요리의 기원料理の起源』에서 "일본의 단팥빵은 참 재미있는 음식이다. 단팥빵을 한번 이렇게 보자. 중국의 빙餠류에는 속에 여러 가지 재료를 채워 넣은 것이 많다. 고기를 넣어 구운 것은 러우빙肉餠이라 한다. 그것을 굽지 않고 만터우처럼 찐 것은 보통 바오쯔라고 한다. 일본 단팥빵의 단팥소는 그야말로 중국적인 것이다(중국의 화베이華北 지방에는 팥 대신에 건대추의 과육으로 만든 소도 있다). 이 빙과 바오쯔를 서구식 빵 안에 넣어 만든 것이 바로 단팥빵이다. 따라서 단팥빵은 중국문화와 서구문화의 결합물이라고 할 수 있는데, 정작 그것이 생겨난 곳은 중국도 서양도 아닌 일본이라는 점이 재미있다"고 했다.

서양 빵에 위화감을 느껴온 서민들은 일본식 빵(단빵)의 출현과 함께 빵에 대해 친근감을 갖게 되었다. 메이지 시대에 단팥빵이 출현한 것을 두고 '일혼양재의 결정체'라고 일컫는 것은 일본의 전통적인 단팥소를 써서 서양의 빵을 먹을 수 있도록 궁리해냈기 때문이다. 그래서 군용 빵을 개발한 에가와 단안이 빵의 아버지로서 칭송받는다면, 기무라 야스헤에는 '단빵의 시조'로 불리게 되었다. 아사쿠사에 있는 도젠지東禪寺 경내에는 누룩빵을 만든 기무라 야스헤에와 그 아내 분文의 위업을 기리는 좌상이 있다.

메이지 천황, 단팥빵을 먹다

1874년 섣달, 야스헤에는 긴자銀座 4초메四丁目에 나가 6년에 걸쳐 완성한 단팥빵을 팔기 시작했다. 단팥빵의 인기는 점점 높아져 손님이 쇄도하기 시작했다. 눈 깜짝할 사이에 긴자의 명물이 된 단팥빵은 하루 판매량이 1만 5,000개에 달했다.

이듬해 4월 4일, 도쿄 무코지마向島의 옛 미토水戶 번 무사의 저택에서 벚꽃놀이가 벌어졌다. 야스헤에는 나라 요시노 산吉野山에서 따다가 소금에 절인 벚꽃 꽃잎을 금방 구워낸 단팥빵에 박아 메이지 천황의 시종 야마오카 뎃슈山岡鐵舟에게 보냈다. 뎃슈가 이 단팥빵을 천황의 식탁에 올리자 천황이 이를 먹고 매우 기뻐했다고 한다.

막부 말의 검호劍豪 뎃슈는 메이지 유신 전부터 야스헤에와 검도 친구로 지내고 있었고, 야스헤에의 처남인 기무라 사다스케木村定助와는 아사리淺利 도장의 동문이었다. 뎃슈는 요리사에게 선禪의 맛을 내도록 가르쳤다는 사이타마埼玉 현 오가와초小川町의 '다다시치忠七밥(요리인 야기 다다시치八木忠七가 뎃슈의 요청을 받들어 검[劍, 와사비]·선[禪, 김]·서[書, 유자]의 도道를 살려 만들어낸 음식으로, 밥 위에 다진 파, 와사비, 채썬 유자를 얹고 뜨거운 국물을 부어 먹는 오차즈케お茶漬け의 일종—옮긴이)' 이야기가 전해 내려올 정도로 대단한 식도락가였는데, 곧잘 긴자의 가게에 와서 단팥빵을 먹었다고 한다. 또 뎃슈는 서예에 능해 가쓰 가이슈勝海舟, 다카하시 데이슈高橋泥舟와 함께 막부 말의 '삼주三舟'로 일컬어지며 호쾌한 글씨를 많이 남겼다. 기무라야의 간판도 뎃슈가 죽기 전 해인 1888년에 써준 것이다.

단팥빵은 궁내청에도 납품되었다. 1884년 무렵, 납품용 빵에는 시판용 제품과 구별하기 위해 빵 한가운데가 푹 들어가게 하고 일본의 국화인 벚꽃을 소금에 절여 얹기 시작했다. 벚꽃 꽃잎은 공기가 맑은 후지 산富士山과 사이코西湖 호수 주변에서 채취한 것으로 일 년은 맛이 변하지 않게끔 매실 초에 담가 사용했다. 1897년경부터는 시판되는 빵도 가운데를 푹 들어가게 하고 벚꽃 꽃잎을 썼는데, '기무라야의 배꼽빵'으로 불리며 인기를 끌었다. 그리고 빵 표면에는 양귀비의 씨를 뿌려 향기로운 맛을 더했다.

『기무라야 총본점 120년사』에 따르면, 단팥소는 제조 후 세 시간 정도가 지나면 신선도가 떨어진다. 그래서 냉장설비가 미비했던 시절에는 이른 새벽에 단팥소를 완성하기 위해 밤새 팥소를 개는 작업을 해야 했다. 질 좋은 팥소는 떼어서 공중에 걸어두면 투명한 보라색이 되었다. 빵이 구워질 시간에 맞춰서 소가 가장 맛있는 상태에 이르도록 쒔으므로 빵과 단팥소가 어우러진 맛은 그야말로 최고였다. 서민들이 단팥빵의 매력에 이끌렸던 것도 다 이런 창업자의 정열 덕분이었을 것이다. 여하튼 '육식'과 '단팥빵'의 역사가 모두 메이지 천황과 관련이 있으니, 이 음식들이야말로 근대화를 서두른 문명개화의 시대를 상징한다고 할 만하다.

매출액의 급상승

1874년에 한 개 5리厘 하던 기무라야의 단팥빵은 1882년이 되자 한 개에 1센으로 값이 올랐다. 서구화의 바람이 최고조에 다다른 로쿠메이칸 시대에 단팥빵은 문명개화의 상징으로 받아들여졌다.

1877년에 나온 『야마다 이치로 언행록山田一郞言行錄』은 도쿄 간다 히토쓰바시 거리에 있는 한 단팥빵집의 풍경을 소개하고 있다. 이 빵집에는 주로 가이세이開成 학교 학생들이 찾아와 빵을 5센(작은 접시), 10센(큰 접시)어치씩 사먹으며 담소를 나누었다고 한다. 물리학자 다나카다테 아이키쓰田中館愛橘도 이 빵집을 들락거리던 단골이었다.

『도쿄 유행 세견기東京流行細見記』(1885)에 따르면 당시 도쿄에는 기무라야를 비롯해 열아홉 개의 빵집이 있었고, 빵의 종류에는 '식빵, 보통 빵, 단팥빵, 딱딱한 빵' 등이 있었다.

그해 봄에 히로메야廣目屋라는 악대가 긴자 거리를 누비고 다녔다. 그 이름은 가나가키 로분假名垣魯文이 지어준 것인데, 기무라야가 문을 열었다는 것을 널리 알리고 상품을 광고하기 위한 악대였다. 빨간 윗도리에 검은색 바지로 화려한 의상을 한 이 악대는 조용한 긴자 거리에서 큰 북을 두드리며 소란스럽게 돌아다녔다. 요즘과 달리 대중매체가 없는 시대였으니만큼, 히로메야는 금방 거리의 명물이 되었다. "빵, 빵, 빵, 기무라야의 빵!" 신나는 장단에 맞추어 "기무라야의 빵을 보시라, 서양에서 들여온 본고장의 맛, 갓 구워서 따끈따끈한 기무라야의 빵을 드셔보시라, 문명개화의 맛이 나고 먹으면 오래 사는 참으로 신기한 것이라오!" 하고 노래를 불렀다. 1887년에는 초대 이치카와 사루노스케市川猿之助 극단이 도쿄 니혼바시日本橋 가키가라초蠣殼町의 나카지마좌中島座에서 설날맞이 기념공연을 하면서 이 히로메야의 풍경을 가부키로 재연했다. 또한 그 모습을 마쓰도 구니마사松堂國政가 니시키에錦繪로 그려 호평을 받으면서 기무라야의 선전은 문명개화의 무드를 타고 전국으로 퍼져나갔다고 한다.

청일전쟁이 끝나면서 대만에서 설탕이 대량으로 들어오기 시작했다. 덕분에 단빵 만들기가 훨씬 쉬워졌는데, 1905년경부터는 단팥빵이 역에서도 판매되면서 전국적으로 보급되었다. 단팥빵의 인기가 높아지자 식빵의 판매량도 덩달아 상승하기 시작했다. 메이지 시대 말에서 다이쇼 시대에 걸쳐서는 기무라야 한 군데에서만도 매일 10만 개의 단팥빵이 팔려나갔다. 빵을 사려면 길게 줄을 서서 30분 이상을 기다려야 했다는 기록이 남아 있을 정도다. 추석이나 제삿날에는 인사의 의미로 단팥빵을 선물했다. 단팥빵은 제2차 세계대전 후에 잠시 판매가 중단된 적도 있었다. 하지만 1951년에 판매가 재개된 이후, 긴자에 있는 기무라야는 지금까지 옛날 그대로의 성황을 누리고 있다.

대용식으로 사용된 빵
메이지 20년대로 돌아가보자. 위에서 언급한 것과는 또 다른 이유로 빵의 수요가 늘어난다. 1889년(메이지 22년)에 일본에 큰 흉작이 들면서 쌀파동이 벌어졌다. 쌀값이 폭등하자 서민들의 식생활이 아주 곤궁해졌다. 1889년의 『마루마루친분團團珍聞』에는 당시 빵집에서 빵을 파는 광경이 그려져 있는데, 실크 모자에 조리(일본신의 한 종류—옮긴이)를 신고 앞에 큰 북을 매단 점원이 "자, 여러분이 잘 아는 저렴한 빵, 미국 빵에 독일 빵, 어서 와 드시고 평가해보세요!"라고 외치고 있다.

　　1890년, 『도쿄아사히 신문』에 따르면 포장마차에서는 한 개 5리 하는 '간장빵付け燒きパン'이 유행했다. 당밀糖蜜을 덧바른 이 빵은 백반보다 간편하고 경제적이어서 특히 인력거꾼 사이에서 인기가 있었다. 쌀값이 폭등하면서 간장빵의 인기는 더욱 높아졌다. 직업의 귀천을 따지지 않고 모든 것을 실력으로 승부하는 미국 기업문화의 영향을 받아서 '오늘은 간장

빵을 팔지만 내일은 철도회사 사장'이라는 말도 생겼다. 당시 신문은 "간장빵을 파는 노점상이 늘고 있다. 이것은 하등품 밀가루로 만든 식빵에 간장, 된장, 콩가루, 꿀 등을 발라서 구운 것인데, 한 조각에 5리라는 싼 값으로 불티나게 팔리고 있다. 덕분에 도쿄에서는 하등품 밀가루의 수요가 늘어 값이 급등하고 있다"고 쓰고 있다.

그해 『도쿄니치니치 신문』에 따르면, 2등품 쌀을 먹던 일반 시민은 5등품 쌀로 바꾸고, 하층 사회에서는 쌀 대신에 빵과 구운 감자, 죽, 보릿가루, 비지 등을 먹었다. 심지어는 군대에서 먹고 남은 잔반도 날개 돋친 듯이 팔려나갔다. 고다 로한幸田露伴이 1891년에 발표한 단편에는 도쿄의 시모다니下谷 아사쿠사에 사는 서민들의 직업으로 생선행상, 인력거꾼, 냄비우동과 오뎅 장수, 삶은 팥과 간장빵 장수, 막과자(駄菓子, 다가시) 장수, 일용직 노동자 등이 등장하고 있다.

계속된 흉작으로 1897년 또다시 쌀파동이 벌어졌다. 쌀파동은 다이쇼 시대에 빈번하게 일어났는데, 간토 대지진 후에는 현미가루를 섞은 '현미빵'이 등장해서 포장마차에서 "현미빵, 갓 구워낸 빵, 호호" 하며 팔고 다녔다. 이렇게 되자 빵이 주식이냐 간식이냐를 따지는 질문도 사라지고 그냥 쌀 대신 먹는 대용식으로 부르게 되었다.

메이지 시대가 끝날 무렵이 되자 이번에는 '러시아빵'이 유행했다. 러시아빵 장수는 에비스惠比壽나 대흑천大黑天 같은 초복

신招福神의 차림새에 "빵, 빵, 러시아빵"을 외치며 상자차를 끌고 다녔다. 요사노 뎃칸與謝野鐵幹이 쓴 〈러시아빵 장수〉에 보면 "빵, 빵 하고 외치는 러시아빵의 슬픔이여, 처자 있는 몸의 슬픔이여, 더운 거리 골목을 빵, 빵 하고 외치며 간다"고 쒸어 있다. 확실히 길거리에서 빵을 파는 빵 장수에게는 어딘지 쓸쓸함이 감돌고 있었다.

단빵 왕국으로

일본 특유의 '단팥빵'이 탄생한 후, 단빵들이 속속 등장했다. 1900년(메이지 33년)에는 기무라야에서 영국의 샌드위치 비스킷용 살구잼을 넣어 만든 '잼빵'을 선보였고 이어 1904년에는 도쿄 신주쿠의 나카무라야中村屋에서 프랑스의 커스터드 크림을 속에 넣은 '크림빵'을 만들어냈는데, 둘 다 히트상품이 되었다. 크림빵은 슈크림에서 아이디어를 얻은 것이고, 단팥빵을 응용해서 '단팥 도넛'도 만들어졌다.

　　이와 같은 단빵의 등장을 계기로, 이번에는 샌드위치처럼 뭐든지 빵 사이에 끼워버리는 '조리빵'들이 줄을 이어 만들어졌다. 그 중에서도 특기할 만한 것은 1927년(쇼와 2년)에 도쿄 료코쿠바시兩國橋 근처에 있는 메이카도(名花堂, 지금의 카트레아 양과자점)에서 선보인 '카레빵'이었다. 양식 빵이라고도 불리는 이 카레빵은 단팥빵에 대항하여 서양풍의 카레를 빵 속에 넣어 기름에 튀긴 획기적인 빵이었다. 카레빵은 오늘날까지도 인기가 높다.

서민들의 식탁에 넘치는 전 세계의 빵

발효식 빵이 일본에 전해진 지 400년이 흘렀다. 막부 말에서 메이지 시대에 걸쳐 군사식량으로 쓸 빵이 개발되었고, 단팥빵과 같은 획기적인 제품도 태어났다. 계속해서 단빵과 조리빵도 등장했다. 한편으로는 포르투갈의 남만과자 빵, 나가사키에 있던 네덜란드 저택의 빵, 중국인 저택의 찐빵, 그리고 프랑스빵, 영국빵, 독일빵, 러시아빵, 오스트리아빵, 미국빵과 같은 외국 빵들이 속속 들어왔다.

덕분에 오늘날에는 일본의 어느 빵집에서나 틀로 구운 영국식의 큰 빵, 틀 없이 구운 프랑스식의 작은 빵, 맛이 풍부한 미국식의 고배합빵과 일본식 단빵과 조리빵 모두를 살 수 있게 되었고, 서민들의 식탁에도 매일같이 국적 없는 빵이 오르고 있다. 제2차 세계대전 후 일본은 말 그대로 빵왕국이 된 것이다.

05

양식의 왕자 돈가스

1. 돈가스의 수수께끼
2. 튀김방법의 비밀
3. 돼지고기와 일본인
4. 돈가스의 탄생
5. 돈가스를 탄생시킨 지혜

그런데 이제 돈가스 시대가 되자, 어중이떠중이 할 것 없이 다 돈가스, 돈가스 한다. 돈가스가 아니면 죽고 못 살 정도다. 정말 대단하다고밖에 할 수 없다. 마을을 어디를 다녀도 돈가스 간판이 안 보이는 곳이 없다. 이렇게 돈가스집만 생기다 보면 도쿄는 기름 냄새 때문에 걸어다니지도 못하게 될 것이다.

05 | 양식의 왕자 돈가스

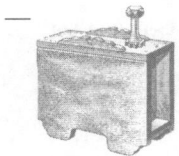

1. 돈가스의 수수께끼

60년간의 노력

서양요리에서 빵은 필수품목이다. 앞 장에서는 일본에서 빵이 발달한 경위를 훑어보았다. 일양절충형 '단팥빵'의 탄생은 일본에서 빵을 본격적으로 먹게 되는 실마리가 되었고, 이후 식생활에도 큰 영향을 미쳤다. 메이지 시대에 일어난 음식문화상의 또 하나의 커다란 변화는 본격적인 서양요리를 흡수·동화해가면서 독특한 일양절충요리=양식을 만들어낸 것이었다.

특히 '돈가스'가 만들어지는 과정은 하나의 드라마였다. 메이지 천황이 육식을 해금한 1872년(메이지 5년) 이후 돈가스가 출현한 것은 60년 가까운 세월이 흐른 후인 1929년(쇼와 4년)이었다. 쇠고기전골이 스키야키로 바뀌던 무렵부터 육식에 대해 서민들이 느끼던 저항감이 차차 옅어졌다. 그리고 그로부터 60년에 걸친 노력 끝에 일본인의 취향에 맞는 돈가스가 탄생한다. 지금부터 그 경위를 살펴보자.

결론부터 얘기하자면, 거기에는 다음과 같은 '드라마'가 있었다.

① 쇠고기에서 닭고기로, 그리고 돼지고기로 ② 얇은 고기에서 두꺼운 고기로 ③ 유럽식의 고운 빵가루에서 일본식의 알갱이가 큰 빵가루로 ④ 기름을 두르고 부치는 것에서 기름 속에 넣고 튀기는 딥프라이로 ⑤ 접시에 돈가스만 담던 데서 돈가스에 서양채소인 양배추채를 곁들이는 형태로 ⑥ 튀긴 고기를 미리 썰어서 접시에 담아 손님에게 내는 것으로 ⑦ 일본식 우스터소스를 듬뿍 끼얹는 것으로 ⑧ 나이프나 포크가 아니라 젓가락을 써서 먹는 것으로 ⑨ 밥과 같이 먹을 수 있는 일식으로. 이렇게 바뀌는 데 60년이 흐른 것이다. 외국음식을 흡수하고 동화하기 위해 이런 집념을 보인 나라는 세계에서 유례가 없을 만큼 특이한 음식문화다.

에도 시대에 완성된 일본요리에서는, 밀가루는 어디까지나 보조적인 재료에 지나지 않았다. 그런데 '단팥빵'과 '돈가스'의 탄생과 함께 밀가루는 요리의 주역으로 화려하게 거듭났다. '고로케'도, '카레라이스'도 밀가루 없이는 만들 수 없다. 일양절충요리, 즉 '양식'은 한마디로 일본음식에 밀가루를 들여와 만든 요리인 셈이다. 그러면 '돈가스'는 과연 어떻게 탄생한 것일까. 그 신비로운 역사를 하나씩 벗겨가면서 일본 음식문화의 핵심으로 파고들어가 보자.

돈가스의 어원

우선 '돈가스'라는 말부터 살펴보자. 돈가스라는 말은 프랑스어의 '코틀레트côtelette'에서 유래되었다. 코트côte는 송아지나 양, 돼지의 뼈에 붙은 등심과 등심의 형태로 자른 고기를 말한다. 영어로는 커틀릿cutlet인데, 이 요리는 송아지나 양고기의 뼈에 붙은 고기에 소금과 후추를 뿌린 후 밀가루, 계란노른자, 빵가루를 입혀서 프라이팬에서 버터로 양면을 갈색이 되게끔 구운 것이다.

이 커틀릿을 일본에서는 가쓰레쓰라고 불렀다. 1860년(만엔 원년) 후쿠자와 유키치가 쓴 『화영통어華英通語』에는 'cutlet-가쓰레쓰吉列'라고 쓰고 있다. 이 가쓰레쓰를 표기하는 데는 좋은 뜻의 한자들을 많이 사용했는데, 예를 들면 勝烈, 勝列, 勝禮津, 佳津烈, 活烈 등이 그런 글자들이다. 가쓰레쓰 가게들은 좋은 한자 이름을 짓기 위해 궁리에 궁리를 거듭했다.

메이지 시대 초기에는 눈동냥으로 배운 가쓰레쓰들이 등장했다. 쇠고기와 닭고기를 재료로 하는 비프가쓰레쓰와 치킨가쓰레쓰가 그것들이다. 비프가쓰레쓰는 스키야키처럼 널리 보급되지는 않았지만, 그 후에 등장한 '포크가쓰레쓰'는 '돈가스'의 전신이 되었다. 이 '포크가쓰레쓰'는 쇠고기나 닭고기가 아니라 돼지고기를 쓴 돼지고기가쓰레쓰인데, 1895년 긴자에 있는 양식집 '렌가테이煉瓦亭'에서 첫선을 보였다. 천황이 육고기를 해금한 1872년에서 23년이 지난 후의 일이다.

포크가쓰레쓰는 1907년경부터 유행하기 시작해 다이쇼 시대에는 이미 3대 양식의 하나로 자리잡았다. 이 음식이 서민들 사이에서 인기가 높아지면서 쇼와 시대 초기에 우에노에서 두툼한 고기로 만든 '돈가스'가 판매되기 시작했다. '돈가스'는 일본어로 돼지를 뜻하는 돈豚과 영어의 커틀릿이 합쳐진 이름으로, 차차 일본의 대표적인 양식이 되었다.

홀커틀릿과 돈가스

돈가스가 발전해온 루트는 어디였을까. 정확히 어디라고 딱 짚어서 얘기하기는 어렵지만, 서양요리 중에 루트라고 할 만한 것이 몇 가지 있다. 그 대표적인 것이 '홀커틀릿', 즉 포크커틀릿이다.

    1787년 모리시마 주료森島中良가 쓴 『홍모잡화紅毛雜話』는 '네덜란드인의 요리 메뉴'로 닭고기를 종이에 싸서 구운 커틀릿을 소개하고 있다. 홀커틀릿 만드는 방법이 널리 알려진 것은 1872년 가나가키 로분이 쓴 『서양요리통』덕분이었다. 그 내용은 다음과 같다.

> 필요한 재료: 돼지 갈빗살 남은 것, 버터 한 근 반, 다진 파 두 뿌리, 밀가루 한 술, 38등의 국물 1리터(5홉5작), 소금·후추·식초 각 한 술, 겨자와 식초를 섞은 것 약간.
>
> 만드는 법: 돼지 갈빗살을 반으로 잘라 기름을 떼어내고 파를 다져놓는다. 버터를 냄비 속에 넣고 녹여서 돼지고기와 다진 파를 넣고 연한 다갈색이 나도록 튀겨낸다. 다른 재료들을 넣고 10분 정도 살짝 졸인다.

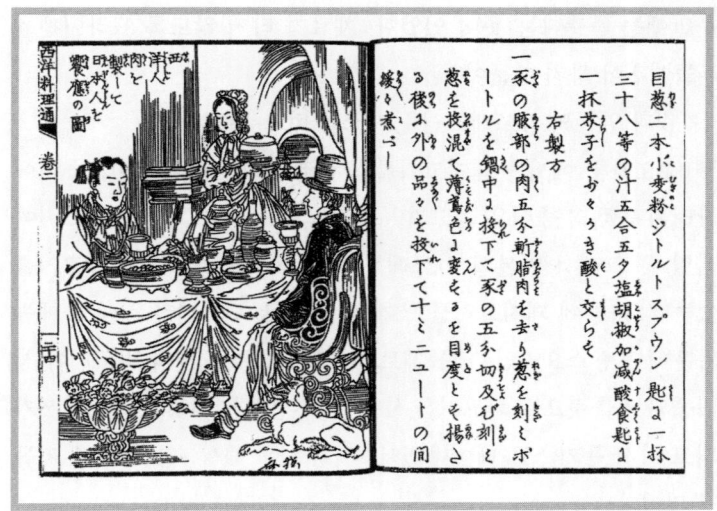

[그림 14] 『서양요리통西洋料理通』 안의 '홀커틀릿' 항목.

[그림 14]는 『서양요리통』의 홀커틀릿 항목인데, 가와나베 교사이河鍋曉齋의 삽화가 재미있다.

홀은 돼지고기를 뜻하고, 커틀릿은 뼈에 붙은 등고기(등심)나 로스고기 썬 것을 뜻한다. 이 홀커틀릿은 돼지의 로스고기로 만든 소테로, 오늘날의 돈가스와는 조리 및 가열 방법이 완전히 다른 것이다. 소테는 서양요리에서 육고기나 새고기, 생선, 채소 등을 소량의 기름을 두르고 센불로 볶아낸 것이다. 버터구이나 버터볶음, 기름구이인 셈인데 오늘날에도 자주 쓰는 조리법이다. 원래 소테라는 말에는 춤춘다는 뜻이 있었다. 재료가 타지 않도록 프라이팬을 춤추듯 흔들어줘야 하기 때문이다.

 홀커틀릿과 일본의 가쓰레쓰인 돈가스를 비교해보자.

 ① 『서양요리통』에서는 돼지고기를 재료로 썼다. 메이지 시대 초기에 장려된 육식의 중심은 쇠고기였고, 요리로는 쇠고기전골과 스키야키였다. 그래서 일본의 가쓰레쓰는 처음에는 쇠고기나 닭고기를 썼는데, 나중에 돼지고기를 쓰게 되었다. 로쿠메이칸 시대의 메뉴 가운데 프랑스요리인 '코틀레트 라 빅토리아'는 영국 빅토리아 시대풍의 커틀릿으로 쇠고기를 사용한 것이었다. 이것이 가쓰레쓰가 되고 다시 돈가스로 태어나면서 '서양음식'에서 '양식'으로 거듭난 것이다.

 ② 홀커틀릿에서 사용한 고기는 뼈에 붙어 있는 고기였는데, 가쓰레쓰에서는 젓가락으로도 먹을 수 있는 뼈 없는 고기로 바뀌었다. 야마모토 나오부미山本直文가 1956년에 쓴 『프랑스요리 요람佛蘭西料理要覽』에는 코틀레트에 대해 "이것은 진짜 고기가 아니고 고로케의 재료를 뼈대가 붙은 코틀레트 모양으로 만들어서 버터로 부쳐낸 것이다. 뼈대는 마카로니나 튀긴 빵을 사용한다"고 씌어 있다. 고로케를 본요리에 곁들이는 가르니튀르garniture로 먹는 프랑스에서는 그런 방법을 사용했던 것이다.

 ③ 홀커틀릿은 겉에 밀가루만 묻히고 빵가루는 사용하지 않는다. 『서양요리통』이 나온 1872년에 간행된 『서양요리지침西洋料理指南』에는 영국풍의 송아지고기 커틀릿이 소개되어 있는데, 여기서는 빵

가루를 썼다.

이 외에도 돈가스의 루트가 되었을 법한 것을 열거해보자.

*코틀레트 드 포르크 파네côtelette de porc paner: 『서양요리통』에 소개된 홀커틀릿은 밀가루를 겉에 묻히기만 하고 빵가루는 사용하지 않는다. 반면 빵가루를 입힌 것은 파네라고 한다. 돼지 갈빗살에 영국풍으로 빵가루를 입히면 코틀레트 드 포르크 파네가 된다. 버터와 라드를 넣고 겉이 약간 갈색이 되도록 볶은(소테) 다음에, 오븐에 넣어서 속까지 익히고 데미글라스소스를 끼얹는다. 이것이 돈가스의 루트에 가깝다.

*파네 앙글레이즈paner anglaise: 송아지나 양고기를 썰어 소금과 후추로 간을 한 후 영국풍으로 밀가루, 계란 푼 것, 빵가루의 순서로 영국풍 옷을 입힌 것이다. 파네 앙글레이즈라는 말 자체가 영국풍으로 빵가루를 입혔다는 의미로, 서양요리에서 곧잘 쓰이는 말이다.

*에스칼로프escalope: 프랑스요리에서는 뼈에 붙어 있지 않은 고기는 코틀레트가 아니라 에스칼로프라고 해서, 고기나 생선을 1센티미터 정도로 얇게 썰어 요리한다. 예를 들어 '에스칼로프 드 보 아 라 비에누아즈escalope de veau à la viennoise'라는 것은 송아지고기를 비엔나풍으로 요리한 것으로, 밀가루, 계란 푼 것, 빵가루의 순서로 옷을 입혀서 버터로 구워낸다. 뼈가 붙어 있지 않은 것이 돈가스와 비슷하다.

*비엔나 슈니첼Wiener schnitzel: 슈니첼은 갈빗살을 뜻하는 것으로, 비엔나풍 커틀릿이라고도 한다. 독일이나 오스트리아에서 송아지를 요리하는 방식 중 하나다. 우선 송아지고기를 썰어 두들겨서 얇게 편다. 소금과 후추로 간을 하고 밀가루, 계란 푼 것, 빵가루를 입혀서 소량의 버터로 지져낸다. 이 요리는 레몬과 잘 어울린다. 빵가루로는 입자가 고운, 작은 좁쌀 모양의 유럽풍 빵가루를 쓴다(이에 대해서는 뒤에서 좀 더 살펴볼 것이다). 일본에서 만들어진 초기의 비프가쓰레쓰는 얇은 쇠고기를 기름에 지진 것으로 비엔나 슈니첼과 비슷하다.

*코톨레타 알라 밀라네제cotoletta alla Milanese: 이탈리아 밀라노풍의 송아지고기 커틀릿. 그냥 밀라노풍 커틀릿이라고 부른다. 올리브유와 파르메산 치즈Parmesan Cheese를 사용하는 것이 비엔나 슈니첼과 다른데, 어느 쪽이 먼저 생긴 요리법인지는 확실하지 않다. 에스칼로프도 있다.

*미트 퐁뒤meat fondue: 프랑스어로 퐁뒤 부르기뇽fondue Bourguignonne이라고 하는데, 부르고뉴풍의 미트 퐁뒤를 말한다. 소의 안심고기를 퐁뒤용 포크로 찔러 알맞게 익힌다. 기름을 많이 넣고

튀기기 때문에, 돈가스를 튀기는 조리법과 가깝다. 하지만 튀긴다기보다는 기름 속에서 가열한다고 하는 편이 맞다.

돈가스에 영향을 미친 요리들의 공통점
이상에서 서술한 유럽의 다양한 요리의 공통점은 다음과 같다.
① 뼈에 붙은 고기가 기본이지만, 에스칼로프나 비엔나 슈니첼같이 뼈를 발라낸 것도 있다.
② 고기를 두들겨서 얇게 펴 요리하므로, 섬유질이 끊어져서 육질이 연해진다. 두꺼운 상태로는 잘 익지 않는다.
③ 빵가루는 유럽식의 입자가 고운 것을 사용한다. 밀가루를 겉에 묻히기만 하는 소테도 있다.
④ 사용하는 기름은 버터나 쇠기름Fett인데, 가끔 올리브유도 쓴다. 서양에서 기름요리를 할 때는 요리의 재료와 동질의 기름을 사용한다. 그리스, 터키, 이탈리아, 스페인에서는 주로 올리브유를 사용한다.
⑤ 뒤에서 서술하겠지만, 튀긴다기보다는 볶듯이 지져내는 섈로우 팻 프라잉shallow fat frying이 대부분이다.

돈가스는 ①~⑤까지의 조리법이 일본풍으로 바뀐 것이다. 돈가스의 루트를 되짚어보면, 유럽요리의 영향을 받으면서 완전히 일본식으로 바뀐 것을 알 수 있다.

2. 튀김방법의 비밀

튀김요리와 일본인

원래 일본요리는 고기를 재료로 쓰지 않고 기름을 거의 사용하지 않는 것을 특징으로 한다. 그러니만큼 고기와 기름을 많이 쓰는 서양의 요리를 보고 문화충격이 컸을 것이다. 이후 등장하는 다양한 '양식'에서는 기름에 튀긴 요리의 맛 속에서 근대 사람들이 추구한 간편함과 신선함을 느낄 수 있다. 돈가스, 꼬치튀김, 생선튀김, 굴튀김 등의 음식은 오랜 세월에 걸쳐 '튀김'이라는 공통된 조리법을 사용해 만들어졌다. 이제 튀김이라는 측면에서 돈가스의 특징을 살펴보자.

먼저 일본인과 튀김요리의 관계를 알아보자. 중국 송나라 때 기름을 사용하는 선림禪林요리가 전해졌고, 가마쿠라 시대에서 무로마치 시대에 걸쳐 절을 중심으로 독특한 '정진精進(채소)튀김'이 만들어졌다. 게다가 남만요리가 들어오면서 기름을 사용한 요리와 과자가 소개되었다. 하지만 당시에는 서민들에게까지 보급된 것이 아니었다.

오랜 쇄국정책으로 완성된 일본요리는 담백한 맛이 특징이다. 기름을 사용하는 요리는 거의 찾아볼 수가 없었다. 이 기간에 탄생한 '뎀뿌라'는 남만요리, 싯포쿠卓袱요리(큰 그릇에 요리를 담아 식탁 한가운데에 놓는, 일식·중식·양식을 혼합한 나가사키長崎 향토요리—옮긴이), 후차普茶요리(중국의 선불교에서 전해진 채소 중심의 정진精進요리—옮긴이)의 영향을 받아, 양풍과 중국풍의 조리법이 혼합된 일식요리로 완성되었다. 에도 시대 후기에는 뎀뿌라 포장마차가 에도 토박이들에게 인기를 끌며 널리 퍼져나갔다. 이

욱고 돈가스가 탄생하는 과정에서도 뎀뿌라 기술은 긴요하게 쓰이게 된다.

세계의 튀김요리

튀기는 가열조리법은 고대 그리스와 로마 시대에도 있었다. 이것은 물을 사용하지 않고 고온에서 단시간에 익히는 건식가열법으로 기름의 대류에 의해서 열을 전달한다. 섭씨 100도에서 끓는 물로 삶거나 데치는 조리법에서는 요리재료가 천천히 가열되는 데 비해, 튀김 조리법은 섭씨 160~190도의 고온가열이 가능해서 재료 고유의 색깔과 모양, 맛, 영양을 손실하지 않고 단시간에 요리를 할 수 있다.

일찍부터 세계 각지에서 발달한 다양한 튀김요리의 특징을 정리해보면 다음과 같다.

① 사용하는 기름의 종류는 천차만별이다. 이탈리아와 그리스는 올리브유, 프랑스와 북유럽 쪽은 버터, 독일은 라드, 동남아시아는 코코야자, 한반도는 깨, 중국은 동물유(라드)와 식물유(땅콩, 깨)를 사용한다. 각각의 지역에서 재배하기 쉽고 구하기 쉬운 재료를 이용한 것으로, 일본에서는 깨, 동백, 비자, 땅콩을 비롯해서 콩과 같은 식물성 기름이 주류를 이루었다.

② 튀기는 재료가 식물성인지 동물성인지, 혹은 조류인지 어

[그림 15] **튀김방법의 종류와 특징** (오카다 데쓰岡田 哲의 『밀가루의 식食문화사』에서)

일본요리	스아게素揚げ 가라아게空揚げ 쇼진아게精進揚げ 다쓰다아게龍田揚げ 뎀뿌라天ぷら	그대로 튀긴다. 밀가루를 묻혀서 튀긴다. 채소류에 튀김옷을 입혀서 튀긴다. 간장에 적셔 전분을 묻혀서 튀긴다. 어패류에 튀김옷을 입혀서 튀긴다.
서양요리	그대로 가라아게 뫼니에르meuniere 프리터fritter 영국식으로 옷 입힘	그대로 튀긴다. 빵튀김crouton, 감자튀김. 밀가루를 묻혀서 튀긴다. 밀가루를 묻혀서 버터로 부친다. 튀김옷에 설탕과 계란을 넣어서 튀기는 서양풍 뎀뿌라. 빵가루를 묻혀서 버터로 부치거나 튀긴다. 비엔나 슈니첼 등 (일본에서는 프라이라고 부른다).
중국요리	칭자清炸 간자乾炸 롼자軟炸 쑤자酥炸	간만 한 채로 그대로 튀긴다. 전분, 밀가루, 빵가루를 묻혀서 튀긴다. 튀김옷을 입혀서 튀긴다. 튀김옷에 기름, 팽창제, 나무열매 등을 섞어서 튀긴다.

패류인지에 따라 튀김요리의 내용이 달라진다.

③ 튀김옷을 입히는 방법도 여러 가지다. 밀가루를 묻히거나, 전분을 섞거나, 물을 넣거나, 계란·설탕·우유 등을 넣거나, 위에 빵가루를 입히거나 하는 등 실로 다양하다.

④ 빵가루의 종류는 유럽, 미국, 일본에서 서로 다르다.

⑤ [그림 15]에서도 나타나듯이 튀기는 법이나 요리에 여러 가지 특징이 있다.

⑥ 먹는 법도 제각기 다르다. 예를 들어 고로케(크로켓)는 영국에서는 주요리지만, 프랑스에서는 곁들여 먹는 보조요리다.

일본과 서양의 튀김방법

서양의 커틀릿으로부터 일본의 돈가스가 태어나는 과정에서 튀기는 법이 크게 바뀌었다. 본래 튀기는 방법에는 다음과 같은 세 계통이 있다.

① 일본의 뎀뿌라는 기름을 넉넉히 넣고 튀김재료가 기름에 잠기도록 해서 튀기는 딥 팻 프라잉deep fat frying이다.

② 서양에서는 커틀릿이나 비엔나 슈니첼처럼 적은 양의 기름으로 지져내는 섈로우 팻 프라잉shallow fat frying이 일반적이다.

③ 프라이팬에 얇게 기름을 깔고 고기를 굽거나 계란프라이를 하는 것은 팬 프라잉pan frying이라고 한다. 일본에서는 '튀기다' 라는 표현 대신 '굽다', '볶다' 라는 표현을 사용했다.

④ 중국요리에서는 내용이 완전히 달라진다. 중국요리는 그야말로 기름요리라고 부를 만큼 기름의 사용법이 교묘하고 다채롭다. 중국냄비 하나와 기름만 있으면 어떤 재료도 요리할 수 있다.

이와 같은 튀김방법의 측면에서 보면, 일본의 돈가스는 고기를 얇게 썰어서 기름에 지지는 방식에서 많은 양의 기름으로 튀기는 방식으로 바꾸었다고 할 수 있다.

절묘한 조리기법 뎀뿌라

서양요리와 일본요리가 가진 가열조리법의 차이를 조금 더 살펴보자. 서양요리에서는 가열조리를 '쿠킹cooking' 이라고 한다. 쿠킹에서는 오븐으로 고기를 굽는 '베이킹baking' 이 중심이다. 기본적으로 채소를 볶거나 찜통으로 찌는 방식이 없고, 재료를 고르는 법과 조리법도 지극히 단순하다. 이를 보충하기 위해 프랑스요리에서는 다채로운 소스가 일찍부터 발달했다.

일본요리는 '갓포' 라고 불린다. 갓은 칼을 사용해 재료를 적당한 크기로 써는 것을 말하고 포는 데치거나 삶거나 찌거나 굽는 것을 말한다. 서양에서는 '갓' 의 단계는 요리라고 하지 않지만, 일본에서는 썰기만 하는 회(사시미)나 계란찜도 모두 요리로 본다. 다행히 일본에서는 1년 내내 신선한 재료를 구할 수 있고 조리법도 다양하게 발전했다. 보고 즐기는 요리, 재료 자체가 지니고 있는 맛을 그대로 살리는 담백한 요리가 바로 일본요리다.

일본요리의 가열조리법은 조몬 시대부터 야요이 시대에 걸쳐 형성된 토기문화를 바탕으로 발전한 것이다. 흙으로 만든 토기에 물을 넣어서 끓이면 재료는 천천히 가열된다. 물을 매개로 삶고 끓이고 찌는 이 가열조리는 채소나 어패류 조리에 알맞다. 일본에는 끓이는 방법에까지 정통해야 장인으로 인정받고, 굽는 것 이하만 가지고는 어엿한 요리인으로 인정받지 못하던 시대도 있었다. 일본요리의 체계가 국, 조림, 구이, 찜처럼 수분의 양과 그 이용법에 의해서 구분되는 것도 그런 역사와 무관하지 않다.

반면 서양요리는 재료를 익히는 방법에 요리의 중점을 둔다. 예를 들면 프랑스요리는 기름을 이용하는 조리방법으로 소테(sauter, 볶기), 그리에(griller, 석쇠에 굽기), 로티르(rotir, 불에 직접 굽기, 로스트), 프리르(frire, 튀기기) 등을 사용한다. 요리는 재료를 중심으로 풀코스로 구성된다.

중국은 청동기문화의 영향을 받아 일찍부터 중국냄비를 만들어냈다. 중국냄비는 강한 화력을 사용해 요리하는 것을 가능하게 했고, 거기에 조미를 해 여러 가지 맛을 내는 중국요리가 탄생했다. 중국요리에서는 오미(단맛, 신맛, 짠맛, 쓴맛, 매운맛)의 조화를 강조한다.

그에 비해 일본요리는 데치고 끓이고 삶는 것이 요리의 골자다. 예를 들면 아주 가는 소면에서부터 굵은 우동, 수제비, 경단에 이르기까지 경험과 감으로 가장 적합한 가열 조건을 판단해서 조리해야만 한다. 이 조리법은 기름으로 튀기는 뎀뿌라에도 그대로 적용되었다. 모양이나 단단한 정도가 제각기 다른 재료들을 가지고 얇거나 두꺼운 튀김옷을 입히고 기름의 온도와 시간을 조절해 빠르고 능숙하게 튀겨낸다. 뎀뿌라는 한마디로 각각의 재료에 튀김옷과 기름의 가장 적당한 조건을 찾아서 조화시켜가는 조리기술인 셈이다.

경험과 감에 의한 이런 식의 가열조리는 서양인들이 가장 어려워하는 조리법이다. 서양에서는 기름 속에 가라앉혀 튀기는 감자튀김이나 닭튀김은 있어도, 뎀뿌라처럼 절묘한 튀김요리는 생겨나지 않았다. 돈가스에는 이와 같은, 그야말로 일본의 전통적인 음식문화를 바탕으로 한 독특한 창의력과 발상이 결집되어 있는 것이다.

메이지 시대 후기와 현대의 튀김방법

1904년(메이지 37년)에 나온 『서양요리 200종西洋料理二百種』에는 제5회 양식연구회의 조사보고서가 실려 있다. 「기름에 볶는 요리(프라이)에 대해서」라는 제목을 단 이 보고서는 당시 튀김요리의 조리법을 알 수 있는 귀중한 자료다. 보고서에 따르면, 프라이는 두 가지 방법으로 만들 수 있었다. 하나는 닭, 생선이나 채소에 튀김옷을 입혀서 소기름이나 라드로 튀기는 뎀뿌라와 비슷한 방법이다. 다른 하나는 버터나 기름으로 볶는 방법이다. 이 프라이요리의 특징은 다음과 같다.

① 요리법이 간단하고 경제적이다.
② 프라이냄비는 철로 된 것이 좋다. 삶거나 굽는 요리와 섞어 쓰지 않는다. 사용한 후에는 따뜻한 물로 바로 씻어둔다.
③ 튀김용 기름은 라드가 좋다. 버터보다 가격이 싸고 잘 타지 않는다.
④ 또는 고기를 구울 때 흘러나오는 기름을 써도 좋다.
⑤ 기름을 두른 프라이냄비를 불에 올리고 기름이 끓어서 파란 증기

가 올라올 때를 맞춰 튀김옷을 입힌 재료(고기)를 넣는다.
⑥ 이 옷은 뎀뿌라용 옷과는 다르다. 밀가루나 계란 푼 것을 묻힌 다음 빵가루를 입힌다.
⑦ 4~5분쯤 지나 옷이 황금색으로 변하면 쇠주걱으로 건져서 뜨거울 때 식탁에 낸다.
⑧ 볶음요리를 할 때는 프라이냄비에 기름(버터, 라드, 올리브유, 고기에서 빠진 지방 등 어떤 것도 좋다)을 넣어 불에 올려 뜨겁게 한 다음에 넣는다. 5분 정도 후에 갈색이 되면 꺼내어 종이를 깐 접시에 놓고 기름이 빠지길 기다렸다가 다른 접시에 옮겨 담는다.

메이지 시대 초기에 소개된 홀커틀릿의 튀김방법이 이미 흡수·동화된 것을 알 수 있다.

그러면 이번에는 여기서 다시 70년이 지난 쇼와 50년대의 가정요리책을 통해 돈가스의 전형적인 튀김방법을 살펴보자. 이 무렵은 물론 이미 가정에서도 '돈가스'를 자유롭게 튀길 수 있는 시대였다.

① 돼지고기(로스고기, 허벅지고기)는 2센티미터 정도의 두께로 썰고 여분의 지방은 떼어낸다. 튀겼을 때 오그라들지 않도록 하얀 심줄은 떼어내든지 칼끝으로 끊어놓는다.
② 밀대나 맥주병으로 고기의 양면을 가볍게 두들겨 육질을 연하게 한 다음 소금과 후추로 간을 한다.
③ 밀가루를 얇고 균일하게 묻힌 후 여분의 밀가루는 털어낸

다. 가루가 너무 많이 묻으면 투박해져서 맛이 떨어진다.

④ 계란 푼 것을 듬뿍 묻힌다.

⑤ 빵가루를 균일하게 잘 묻히고 모양을 가지런히 만든다.

⑥ 기름 온도는 섭씨 160~170도가 좋다. 안과 겉을 뒤집으면서 5~6분 가량 튀긴다.

⑦ 튀김을 기름에서 꺼내기 직전에 온도를 180도로 맞추면 기름이 잘 빠진다. 온도가 낮으면 빵가루가 벗겨지거나 묵직해지기 쉽다.

⑧ 소량의 기름으로 볶듯이 튀기는 방법도 있다.

일본인의 지혜

튀기는 요령을 중심으로 다시 한 번 정리해보자.

① 기름을 많이 넣고 튀기면 기름의 온도가 잘 내려가지 않는다.

② 옷을 입혀서 바로 튀기면 옷이 잘 벗겨지지 않는다.

③ 돼지고기는 쇠고기나 닭고기에 비해 지방이 많아서 튀기는 기름을 잘 흡수하지 않는다. 그래서 돼지고기는 중간 온도에서 천천히 튀길 수 있다. 이것은 돈가스를 튀길 때 대단히 중요한 점이다.

④ 모양을 편평하게 만들어 뒤집으면서 양면을 튀길 수 있다.

⑤ 두꺼운 돈가스는 중간 온도에서 천천히 익힌 후 마지막에 고온의 기름으로 옮겨 기름이 잘 빠지게 한다. 두 번, 세 번 튀길 수도 있다. 한 번 튀긴 뒤에 몇 분 동안 놓아두면 열이 고기 내부로 전해지기 때문에 이것을 반복한다.

⑥ 얇은 돈가스는 중간 온도의 기름에서 바로 튀겨낸다.
⑦ 튀겨서 2~3분 정도 두면 뜸이 들어 속까지 익는다.

오늘날의 우리에게는 지극히 당연한 듯이 보이는 튀김의 요령이지만, 그 안에는 돈가스를 탄생시킨 수많은 조리의 지혜들이 녹아들어 있음을 알 수 있다.

3. 돼지고기와 일본인

돼지의 루트

돈가스의 주요 재료인 돼지(고기)는 일본인과 어떤 관계를 맺어왔을까. 돼지는 멧돼지과에 속하는 포유동물로, 4,000~5,000년 전에 야생 멧돼지를 가축으로 길들인 것이다. 원산지는 아시아와 유럽 일대로 알려져 있다. 18세기에 영국에서 중국의 씨돼지를 개량해 요크셔종(흰 돼지)과 버크셔종(검은 돼지)을 만들어냈다.

돼지고기는 중국요리에 없어서는 안 될 재료다. 독일에서는 탁월한 가공기술로 햄이나 소시지를 만들어 버리는 것 하나 없이 이용한다. 반면 이슬람교나 유대교에서는 계율로 돼지고기의 식용을 금지하고 있다.

일본에서 돼지를 부르는 '부타豚'라는 명칭이 어떻게 유래된 것인지는 분명하지 않다. 몽골어의 보톤, 한국어의 집도야지, 순

다어의 비치스, 샴어의 바치에서 왔다는 설이 있는가 하면, 살찐 모습에서 이부토猪太라는 호칭이 나왔다가 이것이 축약되어 부타가 되었다는 설도 있다.

부타바코(豚箱: 경찰서 유치장—옮긴이), 부타야로(豚野郎: 돼지 같은 놈이라는 뜻으로, 욕으로 쓰임—옮긴이), 돈지(豚兒: 자기 자식을 낮춰 이르는 말—옮긴이), 시신(豕心: 탐욕스러운 마음) 등만 봐도 알 수 있지만, 돼지라는 글자는 별로 좋은 의미로 사용되지 않는다. 반면 일설에서는 집을 뜻하는 가家 자를 분해하면 갓머리ᅩ는 집을, 시豕는 돼지를 나타낸다고 해서, 집이 돼지와 같은 가축을 신에게 제물로 바치는 신성한 장소를 의미했다고 한다. 또는 한족이 중국 대륙을 지배했을 때 주거를 가家라고 칭한 데에서 비롯되었다는 이야기도 있다.

중국에서는 소, 말, 양, 돼지, 개, 닭 등의 가축을 육축이라고 한다. 일본에서도 『니혼쇼키日本書紀』의 닌토쿠仁德 천황 항목과 덴치天智 천황 항목에 돼지에 관한 기술이 있는 것으로 보아, 당시에 돼지가 사육되었음을 알 수 있다. 덴무 천황이 내린 살생금지령(675년)에는 돼지가 제외되어 있었지만, 사육은 그 무렵부터 시들해졌다.

돼지가 전래되다

살생금지령 이후 오랜 세월이 흘러 에도 시대 초기가 되자, 중국에서 돼지가 류큐(琉球: 지금의 오키나와)를 거쳐 사쓰마薩摩에 전해졌다. 이후 돼지는 영양이 풍부한 사쓰마국(薩摩汁, 돼지국豚汁)의 주재료로 쓰이게 되고, 이 사쓰마국이 규슈九州에 있는 무사와 난학자, 난의蘭醫들 사이에서 인기를 끌면서 에도에도 알려지게 되었다. 덩달아 에도에 사쓰마국이 보급된 것은 사쓰마 번 저택에서부터라는 이야기도 생겼다.

한편 나가사키에 사는 중국인들이 돼지를 사육하면서 나가사키에도 돼지가 보급되었다. 이곳에서는 네덜란드 사람들이 돼지로 햄이나 소시지를 만들어 먹었다. 덕분에 나가사키와 사쓰마에서는 돼지고기를 공공연히 먹는 습관이 일찍부터 나타났다.

시바 고칸이 쓴 『고칸 서유일기』에는 에도 시대 중기 나가사키에 돼지고기와 쇠고기를 파는 식당이 있다는 기록이 있다. 1805년에 나가사키를 여행한 오타 쇼쿠산진大田蜀山人은 에도로 편지를 보내 "닭이나 돼지를 아무렇지도 않게 요리에 사용하고 있다"면서 육고기를 먹는 것에 대해 "대단히 신기한 일"이라고 경탄하고 있다. 라이산요賴山陽는 1818년(분세이文政 원년)에 사쓰마에서 돼지고기를 먹었고 1830년(덴포天保 원년)에는 사쓰마에서 들어온 쇠고기를 먹었다고 썼다.

돼지의 허벅지살을 소금에 절이면 중국인이 좋아하는 훠투이가 된다. 이것은 오늘날의 햄에 해당하는 것으로 일본인의 입맛에도 맞았다. 류큐의 소금절이 돼지고기는 돼지고기에 소금을 뿌린 후 새끼줄로 꽁꽁 묶어서 '새끼줄말이'라고도 불렸는데, 고급 요리로 대우받았다. 소금기를 빼고 데친 것을 여러 요리에 사용했다. 나가사키에서는 '돼지고기 사각조림', '돼지고기 소보로' 등이 인기를 모았다.

이렇게 돼지고기는 남만요리나 싯포쿠요리의 재료로 일찍부터 사용되었다. 하지만 고급요리로서 주목을 받은 것은 아니었고, 돼지고기가 각광을 받기 시작한 것은 메이지 유신 이후였다.

메이지 시대의 양돈정책

1869년(메이지 2년)에 신정부는 소와 말을 기르는 일을 담당하는 목우마계牧牛馬係를 설치했다. 돼지고기에 대한 수요가 늘자 중국에서 씨돼지를 수입해 양돈을 크게 장려하기 시작했다. 같은 해 가나가와神奈川 현의 쓰노다 요네자부로角田米三郎는 교큐샤協救社를 창립해 양돈과 돼지고기 소비를 촉진했다. 쓰노다는 첫째, 기근이 많은 일본에서는 돼지고기가 귀중한 자원이 되고, 둘째, 육식을 하면 신체가 건강해지고, 셋째, 돼지는 남은 밥을 먹기 때문에 귀중한 곡물을 버리지 않아도 된다고 주장했다.

하지만 인가가 밀집한 지역에서 돼지를 사육하는 것과 병든 돼지고기를 판매하는 것이 문제가 되면서 신정부는 장려와 금지를 되풀이했다. 쇠고기와는 달리, 돼지고기는 멧돼지고기와 비슷한 것이 새 시대의 문명개화와는 맞지 않는다고 해서 오랫동안 경원시되었다.

그러나 점차 돼지고기의 수요가 높아지자 1900년에는 농상무부가 나서서 미국과 영국으로부터 씨돼지를 수입해 본격적인 양돈사업을 일으켰다. 메이지 시대 중엽부터 양식집 또는 일품요릿집이라는 식당들이 나타나서는, 그 무렵 잡은 돼지의 반 이상을 포크커틀릿과 같은 양식의 재료로 사용했다. 드디어 돼지고기가 양식의 맛으로 서민들에게 익숙해지기 시작한 것이다.

1903년 나온 무라이 겐사이村井弦齋의 『식도락』에는 "요즘은 요크셔나 버크셔 같은 여러 가지 종류의 돼지가 들어와 있는데, 전부 중국돼지를 종자로 해서 유럽 재래종을 개량한 것이다. 돼지의 원조가 중국이다 보니, 중국돼지가 식용에 적합하고 요리법도 중국풍으로 만든 것이 제일 맛있다"고 되어 있다. 무라이 겐사이는 이미 중국과 유럽의 돼지고기 맛을 비교하고 있는 것이다.

도쿄에서 잡은 돼지는 1907년에 3만7,000두에서 1912년에 6만2,000두로, 5년 사이에 두 배로 증가했다. 또 어느 통계에 따르면 연간 일인당 돼지고기 소비량이 1883년에는 4그램, 1897년에는 122그램, 다이쇼 시대 말기부터 쇼와 시대 초기에 걸쳐서는 500그램으로 비약적으로 증가하고 있다.

돼지고기를 대량으로 사용한 것은 햄이나 소시지로 가공하는 쪽이었다. 햄이라는 말에 돼지의 허벅지살이라는 의미가 있듯이, 햄은 돼지의 허벅지살을 소금에 절여 훈연가공해서 만든 것이다. 고대 그리스·로마 시대에 생겨 12~13세기에는 유럽 각지에서 만들어졌다. 중국에서도 10세기 송나라 무렵부터 훠투이가 등장했고, 돼지고기 저장용 식품으로 가치가 높았다.

햄과 소시지는 양풍, 중국풍 요리의 재료로 메이지 시대 때 일본에 전해졌다. 1872년에 처음으로 나가사키에 사는 가타오카 이우에몬片岡伊右衛門이 미국인 펜슨의 가르침을 받아 햄 만들기를 시도했다. 그리고 1874년에는 영국인 윌리엄 커티스가 가나가와 현 가마쿠라 군 가와카미川上 촌에서 햄을 만들었다. 이것이 '가마쿠라 햄'의 원조다.

도쿄 대학 교수의 돼지고기 요리법

당시 돼지고기에 대한 평이 어땠는지 신문잡지를 살펴보자. 1872년 겨울, 도쿄에서 돼지고기와 닭고기가 판매되면서 토끼고기와 함께 가격이 폭등했다. 이미 말한 것처럼, 1873년 오사카 마쓰야초松屋町에 사는 다니무라谷村 아무개가 『도쿄니치니치 신문』에 "돼지고기는 건강에 좋지 않으니 먹지 말아야 한다"고 기고했다. 더구나 당시 나가타초永田町 근처에 있던 돼지우리가 불결하고 악취가 나서 부근에 사는 주민들이 전염병이 생기겠다며 항의하기도 했다.

그러다 1882~1883년 무렵부터 도쿄에서 돼지고기의 수요가 급증하기 시작해, 지바 현에서 돼지 사육이 활발해졌다. 1894년 도키와기테이常盤木亭의 주인이 쓴 『즉석 간편 서양요리법即席簡便西洋料理法』에는 각종 고기요리와 쇠고기, 돼지고기를 소금절이하는 법이 소개되어 있다. 1895년에 오하시 마타타로大橋又太郞가 출간한 『실용요리법實用料理法』에는 허벅지살을 이용한 요리도 실려 있다.

1896년에 나온 『풍속화보』에는 오키나와에서는 아이와 어른이 모두 돼지고기를 즐겨 먹어 수리首里와 나하那覇에서 매일 아침 100여 두의 돼지가 도살된다는 기사가 실려 있다. 또 1902년에 나온 『일본』에는 도쿄 닛포리日暮里에 사는 어느 양돈가가 여성들도 좋아하는 돼지고기요리를 가지고 연이어 시식회를 개최했다고 씌어 있다. 메뉴는 서양요리, 일본요리, 오키나와요리, 중국요리 등 다양했다고 한다. 1906년 『고쿠민 신문國民新聞』에는 덴구天狗 담배로 유명한 이와타니 마쓰헤이岩谷松平가 돼지고기를 선전하기 위해 도쿄 시부야의 저택에서 잔치를 열었다는 기사가 있다. 이 잔치에서 이와타니는 양돈과 돼지고기의 효용성을 주장하고 돼지고기요리를 가지고 시식회도 열었다고 한다.

이 외에도 도쿄 대학 교수이며 돼지해부학의 권위자였던 다나카 히로시田中宏가 1919년에 『다나카식 돼지고기 조리田中式豚肉調理』라는 책을 내 돼지고기요리를 널리 보급하는 데 큰 몫을 했다. 다나카 교수는 "돼지고기를 먹지 않는 것은 보물산에 들어가서 그냥 나오는 것과 같다"며 다양한 돼지고기요리를 고안하기도 했다. 이렇게 다양한 정보와 흐름에 의해 일본의 서민들은 돼지고기에 점점 관심을 갖기 시작했다. 돈가스가 탄생하기 위한 기반이 서서히 만들어지고 있었다.

4. 돈가스의 탄생

포크커틀릿과 양배추채

드디어 우리의 얘기가 돈가스가 탄생하는 순간에 이르렀다. 그 순

[그림 16] **다이쇼 시대의 양식집** (스기우라 유키오杉浦幸雄 그림)

간을 살펴보기 전에 지금까지의 과정을 잠깐 정리해보자.

　1872년(메이지 5년) 가나가키 로분은 『서양요리통』에서 '흘커틀릿' 만드는 법을 소개했다. 그 후 23년이 지난 1895년에는 도쿄 긴자의 렌가테이에서 양배추채를 곁들인 돈가스의 전신 '돼지고기豚肉가쓰레쓰'을 팔기 시작했다. 다시 23년이 지난 1918년(다이쇼 7년)에는 도쿄 아사쿠사의 가와킨河金에서 '가스카레'를 팔기 시작했다. 그리고 드디어 3년 후인 1921년에 당시 와세다早稻田 고등학교 학생이던 나카니시 게이지로中西敬二郎가

'가스돈(돈가스덮밥)'을 만들었고, 8년 후인 1929년(쇼와 4년)에는 도쿄 우에노에 있는 폰치켄ポンチ軒의 시마다 신지로島田信二郎가 두툼한 돼지고기를 튀긴 본격적인 '돈가스'를 팔기 시작했다고 한다. [그림 16]은 다이쇼 시대의 양식집을 그린 것이다.

본격적인 돈가스가 탄생한 것은 홀커틀릿이 소개되고 60년의 세월이 흐른 뒤였다. 메이지 시대 초기에 뼈에 붙은 살로 튀기는 커틀릿이 전해져 비프가쓰레쓰과 치킨가쓰레쓰가 생겼고, 그 다음에 돼지고기로 만든 포크가쓰레쓰가 만들어졌다. 그리고 메이지 시대에 다듬어진 '양식' 기법을 이어받아 쇼와 시대 초기에 돈가스가 탄생한 것이다.

이 경위에 대해 도미타 히토시富田仁는 『박래사물기원사전舶來事物基源事典』에서 "가쓰레쓰를 고안한 사람은 메이지 28년(1895)에 긴자에서 문을 연 렌가테이의 주인 기타 겐지로木田元次郎였다. (중략) 가쓰레쓰가 돈가스로 이름을 바꾼 것은 쇼와 4년(1929) 무렵의 일이다. 궁내청 대선부大膳部에 있던 시마다 신지로가 우에노에 있는 서양요릿집 폰치켄에서 요리사로 일했는데, 그때 포크가스를 만들고는 그 이름을 무엇으로 할까 고민하다가 '돈가스'라는 이름을 붙였다"고 쓰고 있다.

그러면 다시 『서양요리통』에서부터 이야기를 시작해보자. 이미 말한 것처럼 육고기를 프라이팬에서 기름으로 지져내는 '홀커틀릿'을 처음 소개한 책이 이 『서양요리통』이었다. 어패류와 채소 중심인 일본인의 식습관도 점차 육식에 너그러워지기 시작했다. 하지만 서양요리는 일식과 달리 고기를 중심으로 하고 기름을 사용하는 가열조리가 많아서 본격적인 서양요리까지 널리 보급되지는 못했다. 그 대신 서민들은 쇠고기를 일본식으로 맛을 낸 쇠고기전골이나 스키야키를 통해서 쇠고기에 더 친숙해졌다.

한편 본격적인 서양요리 가운데 서민들은 '커틀릿'에 주목했다. 뼈에 붙은 쇠고기, 양고기, 닭고기를 이용해서 비프가스, 뷔르가스(3~14주 된 어린 송아지의 고기veal로 만든 커틀릿—옮긴이), 치킨가스가 만들어졌다.

그보다 한참 후에 돼지고기가쓰레쓰가 만들어졌다. 1895년에 기타 겐지로가 렌가테이에서 처음으로 '돼지고기가쓰레쓰'를 팔기 시작한 것이다. 그때까지는 프라이팬에서 부쳐낸 다음 오븐에서 굽는 식으로 손이 많이 가는 가열조리법을 썼는데, 이 조리법을 크게 개량해 뎀뿌라처럼 튀기는 방식으로 바꾼 것이다.

이미 서술한 것처럼 서양요리에서 커틀릿은 소량의 기름으로 지져내는 소테(섈로우 팻 프라잉) 방식이다. 이것을 뎀뿌라처럼 많은 양의 기름 속에 넣어 튀기는 방식(딥 팻 프라잉)으로 바꾸고 여분의 뼈는 발라냈다. 그리고 특제 소스를 듬뿍 끼얹어 나이프와 포크로 잘라가면서 먹었다. 하지만 아직 젓가락으로 먹을 수 있는 단계는 아니었다.

이 무렵에는 아직 일본의 독특한 우스터소스나 돈가스소스 같은 것은 없었고, 대신 간장에 향신료를 섞어서 직접 만드는 데미글라스풍의 소스가 있었다. 이때부터 처음으로 채를 친 양배추를 곁들여서 내기 시작했다. 이것은 바빠서 손이 모자란 주방에서 생각해낸 기발한 아이디어로, 따뜻한 요리에는 채소를 익혀서 낸다고 알고 있는 서양 사람들에게는 상식 밖의 일이었다.

렌가테이가 있는 긴자는 쓰키치 아카시초明石町에 있는 외국인거류지와 가까웠다. 돈가스는 외국에는 없는 서양요리라고 해서 외국인 단골손님에게도 인기가 매우 높았다. 또 주방에서는 지금까지 고기를 한 장씩 튀기던 것에서 두세 장을 같이 튀겨내는 방법을 찾아내 조리시간을 단축시켰고, 기름 처리도 간단해졌다.

곁들이는 채소(가르니튀르)는 이전에는 완두콩, 녹두콩, 푸른 잎 채소, 당근, 사과 등이었는데, 그 후에는 삶은 감자, 튀긴 감자, 으깬 감자, 채소샐러드, 파슬리, 물냉이cresons 등이 사용되었다. 서양요리에서 주요리에 곁들이는 이 고명을 영어로는 가니시garnish라고 하는데, 이것들은 요리의 아름다움을 강조하고 맛을 풍부하게 하면서 영양분을 조화롭게 섭취하도록 해준다. 이 무렵부터 돈가스에는 양배추채가 가니시 역할을 맡게 되었다. 일본인에게는 가니시의 온도 감각보다 돈가스를 한입 먹은 후에 입 안에 남는 느끼함을 없애주는 산뜻한 느낌이 더 맞았던 것이다.

1979년에 '주부의 벗' 사에서 출판된 소책자 『프로자전 반찬 プロ自傳おかず』에서, 렌가테이의 3대째 주인 기타 고이치木田孝一는 메이지 30년대 초에 대해 이렇게 말하고 있다.

> 어쨌거나 쇠고기를 먹을 때는 부정타는 것을 피하기 위해 신단을 봉하고(神封じ) 먹던 시대였으니, 잘 팔리지 않아 무척이나 고생했던 것 같습니다. 그러던 중 버터 냄새를 맡고 들어온 아카시초의 외

국인들이 값싸고 양이 많다고 무척 좋아하면서 주위에 선전을 해 사람들을 데리고 왔다고 합니다. 그 뒤로 근처 사람들도 차차 먹으러 오게 되면서 겨우 팔리기 시작한 것입니다. (중략) 대체로 일본인은 외국인과 달리 향신료에 대한 인식이 별로 없어서, 유자나 깻잎 같은 일본의 향기는 아무렇지도 않게 넘어가면서도 외국의 향신료에는 잘 익숙해지지 않아 민감하게 반응하는 것 같습니다. 서양풍의 식사가 보급되기까지 아버지가 고생한 것도 거기에 원인이 있었고, 어떻게 하면 일본인에게 익숙해지도록 할 수 있을까 줄곧 고민했습니다. 그 고생 끝에 일본의 덴뿌라에서 힌트를 얻어 고안해낸 것이 돼지고기 튀김인 포크가쓰레쓰였습니다.

창업자의 고뇌가 그대로 배어 있는 증언이다. 그리고 렌가테이 앞에는 오늘도 그 메이지 시대의 가쓰레쓰를 먹으려는 긴 줄이 늘어서 있다. 이케다 야사부로池田彌三郎는 『나의 음식물지私の食物誌』(1980)에서 렌가테이의 가쓰레쓰를 이렇게 회고하고 있다. "포크가쓰레쓰는 완전히 일본식으로 바뀐 돈가스와 레스토랑 커틀릿의 중간 정도에 있는 것으로, 그야말로 양식이라는 이름이 잘 어울리는 가쓰레쓰다."

서민들, 가쓰레쓰와 싸우다
하지만 가쓰레쓰가 출현했을 당시에는 서민들은 먹는 방법을 잘 몰라 무척 고생을 해야 했다. 소스를 너무 끼얹어서 가쓰레쓰가 소스 위에 둥둥 떠다녔다거나, 옷을 두껍게 입혀서 자를 때 힘이 너무 들어간다거나, 돈가스를 자르다가 고기가 접시 밖으로 튕겨나가는 바람에 옷을 버렸다거나 하는 웃지 못할 일들이 여기저기에서 벌어졌다.

그 무렵 나이프와 포크는 전체가 금속으로 만들어진 것이 아니고 손잡이 부분에 소뼈로 만든 장식이 붙어 있었다. 그냥 가쓰레쓰라고 주문하면 비프가쓰레쓰가 나왔고, 돼지고기를 먹고 싶을 때는 '돼지고기가쓰레쓰'(포크가스)라고 지정해줘야 했다. 하지만 얼마 안 있어 돼지고기에 대한 호기심과 인기가 높아지면서 양식집에서 20~30센짜리 인기 메뉴가 되었다. 오늘날에는 오히려 커틀릿이라고 하면 비프가스는 자취를 감추고 포크가스 일변도가 되었다.

한편 처음 생길 무렵의 포크가스 먹는 법에는 도쿄 토박이들의 풍취가 남아 있었다. 먼저 소스를 듬뿍 끼얹어서 조심스럽게 튀김옷과 고기를 분리한다. 고기는 술안주로 한다. 시간을 들여 천천히 술과 함께 고기를 다 먹고 나면, 소스가 스며든 옷을 잘게 잘라 밥과 섞어서 즉석 가스밥을 만든다. 포크가스가 당시 양식으로 호평을 받았던 제일 큰 이유도 이렇게 두 가지로 즐길 수 있기 때문이었다. 포크가스는 다이쇼 시대에서 쇼와 시대에 걸쳐 불황 때 서민들이 가장 먹고 싶어 하는 음식 가운데 하나였다.

맛없다는 일본인은 없다
식도락가로서 음식에 조예가 깊던 이케나미 쇼타로池波正太郎는

1984년 『옛날의 맛 むかしの味』에서 다이쇼 시대의 포크가쓰레쓰집을 잘 그려내고 있다. 향수를 불러일으키는 그의 명문을 옮겨보면 이렇다.

돼지고기에 옷과 빵가루를 묻혀 기름에 튀긴 포크가쓰레쓰는 어린 시절 우리들에게 가장 맛있는 음식이었다. 아사쿠사의 변두리에 있는 우리 집에서도 1년에 몇 번인가 마을 안에 있는 양식집에서 가쓰레쓰를 배달시켜 먹곤 했다. 그 작은 양식집 이름은 미토히로美登廣였다. 이 집에서는 프라이나 스파게티, 감자샐러드를 한 접시에 담은 요리를 '아이자라'(모둠접시—옮긴이)라고 했다. 식당이름이나 아이자라라는 말이나, 그야말로 다이쇼 시대 말기의 향수를 불러일으키기에 충분한 것들이다. 그 식당은 중년부부와 딸, 셋이서 운영했다. 미토히로의 포크가쓰레쓰는 로스고기를 몇 장 겹쳐서 칼로 여러 번 두들겨 만들어, 아이나 노인이 먹어도 좋을 만큼 연하고 부드러웠다. 배달은 그 집 딸이 맡았다. 매번 "고맙습니다!"라고 인사를 하며 배달통 뚜껑을 열고 칸칸이 나뉘어 있는 통 속에서 요리와 조그만 소스병을 꺼내놓곤 했다. 나는 줄곧 그것을 뚫어지게 바라보고 있었는데, 그때 설레던 마음은 지금도 잊혀지지 않는다. 배달통 안에서 풍겨나오는 라드 냄새 때문에 나도 모르게 침을 꿀꺽 삼키곤 했다. 배달통에 들어 있는 접시와 소스병, 그리고 배달된 양식 요리의 인상은 실로 강렬했으며, 당시 아이들에게 포크가쓰레쓰는 초밥이나 메밀국수를 배달시켜 먹는 것과는 비교할 바가 아니었다. 돼지고기를 커틀릿으로 조리하는 것이 일본에 유행한 것은 다이쇼 시대 간토 대지진 이후의 일로, 그때까지는 비프가스가 주도권을 쥐고 있었다.

그리고 이어서 포크가쓰레쓰의 맛에 대해서는 "소스를 듬뿍 뿌려 나이프로 자르면 튀김옷이 바삭 하고 부서지면서 벗겨진다. 이 또한 좋다. 튀김옷과 고기와 양배추를 소스에 듬뿍 묻혀 뜨거운 밥 위에 얹어서 먹는 것을 맛없다고 하는 일본인은 아마 한 명도 없을 것이다"라고 쓰고 있다.

이케나미 쇼타로는 양식을 아주 좋아해서 긴자의 렌가테이에도 자주 다녔고, 그날그날 요리 맛에 대해 주방장에게 얘기하는 경우가 많았다. 그가 젊었을 때는 접시에 다 담지도 못할 만큼 큰 돈가스를 세 개나 먹어치웠다고 한다. 필자도 이 가게에서 그 커다란 돈가스를 먹어보려고 주문한 적이 있는데, 점장한테 "너무 커서 다 못 먹어요!"라는 대답을 들었다. 아마도 비엔나 슈니첼의 모양을 본뜬 것일 텐데, '짚신짝 돈가스'라고 불릴 만큼 커다란 포크커틀릿이었다.

포크가쓰레쓰에서 돈가스로

다이쇼 시대가 끝나고 쇼와 시대가 되면 드디어 '돈가스'가 출현한다. 돈가스는 쇼와 4년인 1929년, 도쿄 우에노 오카치마치御徒町에 있는 폰치켄에서 시마다 신지로가 처음 팔기 시작했다고 전해진다.

시마다는 원래 궁내청의 대선부에서 서양요리를 한 경험이 있었고, 포크가쓰레쓰를 개량하기 위해 다양한 시도를 했다. 나중에 다시 말하겠지만, 우선 중요한 것은 고기를 속까지 잘 익히기 위해 독특한 가열조리법을 고안했다는 사실이다. 그 덕분에 돼지고기의 두께는 2.5~3센티미터로 두꺼워졌다. 거기다 나이프와 포크를 쓰지 않아도 되도록 칼로 미리 썰어놓아 일식처럼 젓가락으로 먹을 수 있게 했다. 여기에 양배추채를 곁들이면서, 드디어 본격적인 일본인의 양식이 태어난 것이다.

'돈가스'의 이름에는 여러 설이 있다. 커틀릿에 사용하는 고기는 본래는 쇠고기, 닭고기였다. 그것이 돼지고기로 바뀌면서 '포크가쓰레쓰', '돼지고기가쓰레쓰'라고 불렸다. 이 무렵 '돈가쓰레쓰'라는 이름이 요리책과 메뉴판에 곧잘 등장하는데, 아마도 '포크커틀릿→포크가쓰레쓰→돼지고기가쓰레쓰→돈가쓰레쓰→돈가쓰(돈가스)'로 변한 듯하다.

여기서 포크가쓰레쓰와 돈가스의 차이를 다시 정리하자면 '포크가쓰레쓰'는 얇은 고기에 옷을 입혀 기름에 지져낸다. 그리고 소스를 듬뿍 쳐서 나이프와 포크로 잘라 먹는다.

반면 '돈가스'는 두툼한 돼지고기에 소금, 후추로 간을 해서 밀가루, 계란 푼 것, 빵가루를 입혀서 뎀뿌라처럼 튀겨낸다. 양배추채를 곁들이고, 칼로 썰어 젓가락으로 먹기 좋게끔 접시에 담는다. 취향에 맞게 우스터소스나 돈가스소스를 듬뿍 끼얹는다. 돈가스는 된장국이나 쌀밥과도 잘 어울린다. 너무 부드러워서 햄이나 소시지 원료로만 쓰이던 돼지 안심살이 돈가스 재료로서 일약 각광을 받기 시작했다.

인기는 높아만 가고

1932년 무렵, 도쿄 우에노의 라쿠텐樂天과 아사쿠사의 기타하치喜田八가 연이어 돈가스를 팔기 시작했다. 사람들은 낯선 요리이름 앞에서 "돈가스가 대체 뭐야? 들어본 적도 없는 요린데?" 하고 고개를 갸우뚱하며 그냥 지나갔다. 그래서 처음에는 전혀 인기를 끌지 못했던 것으로 보인다. 라쿠텐은 '손도끼로 자른 두툼한 돈가스'라고 간판에 썼다가 어떤 손님으로부터 "하등품 고기라 질겨서 칼로 썰기 힘드니까 도끼로 자른 거겠지"라는 비꼼을 당하기도 했다.

하지만 조심조심 모여든 손님들이 보니, 사람들이 서로 얼굴을 마주하고 먹는 분위기가 도쿄 토박이의 취향에 딱 맞았다. 그때부터 인기는 높아만 가서 손님이 끊이질 않았다. 이 에피소드 때문에 우에노의 라쿠텐과 아사쿠사의 기타하치야말로 돈가스의 원조라는 설이 생겼다.

한편 이런 얘기도 있다. 아사쿠사에서 기타하치를 창업한 오이시 신고로大石辰五郎가 기사카타象潟 경찰서에 돈가스집을 열었다는 개업신고를 하러 갔다. 경찰서에서는 "돈가스집이 대체 무엇을 파는 곳이냐? 일본요리냐, 서양요리냐?" 등을 한참이나 묻더니 서양요릿집으로 허가를 내주었다.

쇼와 시대의 불황기에는 양식을 고깃집 앞에서 바로 튀겨주는 것이 유행했다. 돈가스는 5센, 고로케는 4개에 10센을 받았는데, 날개 돋친 듯이 팔렸다고 한다. 싸구려 월급쟁이가 월급날 먹는 특별식도 고깃집의 돈가스였던 시대였다. 기름을 쓰면 부엌이 더러워진다고 해서 튀김요리는 꼭 고깃집에서 사는 습관도 이때부터 생겼다.

돈가스는 우에노가 먼저냐, 아사쿠사가 먼저냐

돈가스의 발상지를 두고 '도쿄의 우에노냐, 아사쿠사냐'라고 할 정도로 이들 지역에는 전통 있는 식당이 많다. 돈가스는 도쿄의 변두리에서 서민들의 음식으로 성장하고 사랑받아왔다는 말이다. 『식도락』 1932년 11월호에는 소에다 사쓰키添田さつき가 쓴 「돈가스는 우에노가 먼저냐, 아사쿠사가 먼저냐?」라는 기사가 실려 있다. 이 기사에는 생긴 지 얼마 안 된 돈가스에 대한 서민들의 반응, 쇼와 시대 초기의 돈가스집의 모습, 주인과 손님의 대화 등이 길고 재미있게 씌어 있다.

> 돈가스 시대―돈가스를 비프가스라고 하거나 토끼고기로 만든 것을 치킨가스라고 속이지 않으면 통하지 않던 시대도 있었다. 돼지나 토끼를 비프나 치킨이라고 하면 안심하고 먹었으니, 정말 우스운 얘기다. 그런데 이제 돈가스 시대가 되자, 어중이떠중이 할 것 없이 다 돈가스, 돈가스 한다. 돈가스가 아니면 죽고 못 살 정도다. 정말 대단하다고밖에 할 수 없다. 생각하기에 따라서는 돈가스가 돈가스로 통하는 시대가 되었으니 청천백일에 공명정대한, 매우 당연한 현상이라고 할 수도 있지만, 또 한편으로는 돈가스의 가치를 지나치게 강요하는 것 같아서 기분이 좀 묘하기도 하다.

돈가스가 세상에 선보인 지 고작 2~3년밖에 안 되었는데 '돈가스 시대'가 도래했다고들 난리를 치는 것만 봐도, 돈가스가 당시 서민들에게 얼마나 많은 영향을 주었는지 알 수 있다. 서민들은 처음 보는 신기한 음식이라는 점에 끌려서 돈가스집에 자주 가기도 했던 모양이다.

이 기사에는 우에노와 아사쿠사에 있는 돈가스집으로 기타하치喜田八, 하나즈루花鶴, 후타우오雙魚, 호라이蓬萊, 라쿠텐樂天, 폰치켄 등 구체적인 가게이름이 줄지어 등장하고 있다. 한편 그 무렵 돈가스집의 장인기질 역시 매우 생생하게 묘사되어 있다.

예를 들면 채소가게에서 파를 배달해온다. 주인은 "이런 파를 어떻게 쓸 수 있겠나!" 하며 손님 앞에서 채소장수를 꾸짖는다. 그 정도로 재료를 엄선해서 쓰고 있다는 티를 내는 것이다. 또 벽에 큰 글자로 "돈가스는 만드는 데 시간이 걸립니다, 재촉하지 마십시오"라고 써 붙이기도 했다. 그리고 "빵가루를 흰색으로 하시겠습니까, 아니면 갈색으로 하시겠습니까?" 하고 젠체하며 묻거나, 묻지도 않는데 "돈가스를 튀길 때는 일본(의 식물성) 기름으로는 아무래도 맛이 안 나서 '페트'(Fett, 쇠기름)를 사용하고 있다"고 설명을 하기도 했다. 심지어는 손님이 들어와도 "어서 오십시오!"라는 말 한마디 없고, 나갈 때도 "안녕히 가십시오!"라는 인사 한 번 안 하는 곳도 있었다.

이렇게 요리사가 거만하게 행동하고 일부러 손님을 기다리게 하기도 하고, 때로는 주인 기분대로 문을 일찍 닫아버리기도 했다. 요리사들 가운데 고집 세고 무뚝뚝한 사람이 많은 데다 돈가스를 먹게 해준다는 배짱까지 있기 때문이었다.

기사에 따르면, 돼지고기를 갈아서 된장에 버무린 '돈미소', 꼬치에 꽂은 '돈쿠시', 굴을 모양 그대로 튀긴 '가키프라이' 등도 있었다.

소에다 사쓰키는 돈가스를 아주 좋아한 사람이었던 듯하다. 에치고越後 사자춤의 리듬으로 돈가스 노래까지 지어서 부르고 있다.

돈가스는 지금 뜨고 있는 것, 갑돌이 병돌이 다 먹으러 간다. 돈가스 안 먹으면 시대에 뒤떨어진다. 좁은 탁자에 끼어 앉아 너도나도 돈가스 튀기는 기름 냄새 맡아보세. 저기 앉은 아저씨 자기 자랑이나 들어보세. 배가 고파도 조금 참고 기다리세. 농담 따먹기나 해보세. 돈가스 장수 돈가스 기름에 실어 떠들어보세. 돈가스 곡조여.

이 기사는 "마을 어디를 다녀도 돈가스 간판이 안 보이는 곳이 없다. 이렇게 돈가스집만 생기다 보면 도쿄는 기름 냄새 때문에 걸어다니지도 못하게 될 것이다"라는 조금 과장된 표현으로 끝을 맺고 있다. 아마 돈가스집이 잘 되니까 극히 짧은 시간에 우후죽순 생겨난 모양이다. 오늘날의 라면집처럼 말이다.

다음 해 1월호의 『식도락』에는 "돈가스의 인기도 조금씩 사그라지고, 긴자에서조차 제대로 된 맛있는 돈가스 만드는 가게를 찾아볼 수가 없다. 돈가스의 유행은 연한 안심이 사람들 입맛에 맞았기 때문이다. 하지만 돈가스의 진정한 맛은 오히려 로스고기에 있다. 우후죽순으로 생겨난 돈가스집의 돈가스는 고기가 그저 연하기만 할 뿐, 마치 고기 찌꺼기를 먹는 것 같다. 이 말이 거짓말이라고 생각되면 우에노 '호라이' 와 '폰치켄' 의 맛을 비교해보라. 호라이 돈가스는 고기 찌꺼기고 폰치켄 돈가스야말로 진짜라는 걸 금방 알 수 있을 것이다" 라고 되어 있다.

돈가스의 형제들
돈가스 자체의 맛과 매력에 대해서는 다음 절에서 천천히 얘기하기로 하고, 여기서는 돈가스의 종류에 대해서 살펴보자.

돈가스가 인기를 얻은 데는 그 이름이 '가스', 즉 '가쓰勝'로 '적을 이긴다テキ(敵)に勝つ'는 의미가 들어 있기 때문이기도 하다. 지금도 고교 야구선수, 수험생, 운동선수 등은 '스테이크(ステーキ, 적이라는 말의 데키テキ와 스테이크의 데-키テーキ가 음이 비슷한 것에 따른 언어유희—옮긴이)'와 '돈가스'를 나눠 먹으며 필승을 다짐한다. 그리고 시험철이 되면 수험생들은 너나 할 것 없이 돈가스도시락이나 돈가스샌드위치를 먹고 시험에 임한다.

이렇게 변함없이 인기를 끌고 있는 '돈가스'는 지금도 계속해서 새로운 메뉴가 만들어지고 있다. 돈가스, 히레(안심)가스, 로스(등심)가스, 포크가스, 대大가스, 짚신돈가스, 미니가스, 종이가스, 3센가스레쓰, 치즈가스, 가스라이스, 가스덮밥, 소스가스덮밥, 꼬치돈가스, 가스카레, 돈가스도시락, 일본식 돈가스정식, 서양식 돈가스정식, 된장가스(미소가쓰), 밀라노식 돈가스, 가스햄버거, 돈가스샌드위치, 돈가스소바, 돈가스우동, 돈가스버거 등등. 찾아보면 아마 더 있을 것이다. 돈가스는 일본인 사이에 육식에 대한 관심을 높이고 보급한 최고의 공로자라고 할 수 있다. 여기서는 '돈가스덮밥(가쓰돈)', '꼬치돈가스(구시카쓰)', '돈가스카레(가쓰카레)'에 대해서만 잠깐 훑어보기로 하자.

돈가스덮밥－간토 대지진 후 전국에 보급
1921년(다이쇼 10년)에 와세다 고등학원의 학생 나카니시 게이지로中西敬二郎는 가쓰레스를 밥 위에 얹어서 먹는 '돈가스덮밥'을 고안했다. 도미타 히토시가 쓴 『박래사물기원사전』에는 이렇게 나와 있다.

> 다이쇼 10년 2월의 어느 날, 당시 와세다 고등학원의 학생이던 나카니시 게이지로가 단골로 다니던 카페하우스에서 접시에 담아 내는 밥을 사발에 담고, 그 위에 돈가스를 썰어 얹었다. 다시 그 위에 소스와 밀가루를 섞어서 졸여 만든 그레이비(고깃국물로 만든 서양식 소스—옮긴이) 비슷한 소스를 끼얹고 푸른 완두콩으로 장식해서 가게 주인에게 '돈가스덮밥'으로 팔라고 권했다. 이것이 인기를 얻어 유행하게 되었다.

돈가스는 어차피 밥과 함께 먹으니까 아예 양념한 돈가스를 밥 위에 얹어서 먹으면 어떨까 하는 아이디어가 그 출발이었다. 사발에 뜨거운 밥을 담고 돈가스 썬 것을 얹어 소스를 뿌려서 먹었을 때, 그 맛과 감동은 아주 컸을 것이다.

그런데 여기에도 다른 설이 있다. 1913년에 같은 와세다 학생이던 다카하타 마스타로高畑增太郎가 '소스돈가스덮밥'을 팔기 시작한 것이 시초라는 설, '소스돈가스덮밥'의 고안자는 나가노長野현에 있는 고마가네駒ヶ根의 등산가라는 설 등이다. 전자는 후쿠이福井 현에서 '하이칼라덮밥'으로 자리를 잡았고, 후자는 고마가네의 명물로서 오늘날에도 등산가들에게 인기를 끌고 있다.

중국 음식문화의 영향을 받아 일본인은 덮밥을 좋아한다. 템뿌라덮밥, 오야코덮밥, 계란덮밥, 장어덮밥, 참치회덮밥, 가자미덮밥, 꿩구이덮밥, 장조림덮밥, 쇠고기덮밥, 삼색덮밥 등 뭐든지 덮밥으로 만들어 먹는다. 닭고기에 표고버섯과 죽순, 파드득나물을 넣고 계란을 풀어 덮은 '오야코덮밥'은 이미 1877년 무렵에 출현했다.

돈가스덮밥은 고기와 밥을 잘 조화시킨 극히 일본적인 일양절충요리다. 한참 먹을 나이의 젊은이들이 만들어낸 아이디어답게, 먹으면 배가 매우 든든하고 간편하게 먹을 수 있는 양식으로 일본인의 기호에도 잘 맞는다. 그래서 간토 대지진이 일어난 후에는 메밀국숫집 메뉴에도 오르는 등 전국 방방곡곡에 보급되었다.

'가쓰레쓰→된장·간장 맛이 나는 돈가스덮밥→메밀국숫집의 인기 양식'. 이렇게 놓고 보니 마치 만담의 세 가지 주제 같은 느낌이 드는데, 이것이야말로 서민의 지혜로 탄생한 걸작 중의 걸작이다. 처음에 '돈가스덮밥'은 독특한 소스를 끼얹은 것이었지만, 지금 우리들에게 친숙한 덮밥은 계란을 풀어 위에 덮는 것이다. 언제부터 변한 것인지는 분명하지 않은데, 아마도 오야코덮밥을 만드는 방식에서 힌트를 얻어 더 먹기 좋게 바꾼 것이 아닐까 생각된다.

『식도락』 1933년 12월호의 한 기사는 도쿄 긴자에서 돈가스라이스나 돈가스덮밥이 인기를 모은 현상에 대해 이렇게 쓰고 있다.

'에스키모'의 50센짜리 돈가스라이스는 돈가스에 새로운 맛을 덧붙인 좀 멋스러운 음식이다. 밥 위에 돈가스를 썰어 얹은 것이 특별한 방식은 아니다. 말하자면 돈가스덮밥이다. 이미 '스다초須田町식당' 근처에는 저급한 돈가스덮밥이 나와 있다고 하는데, 그러고 보면 돈가스덮밥도 그저 무시할 게 아니다. 유이 게이료結城桂陵는 돈가스를 예찬하며 "이제 1엔짜리 돈가스덮밥이 꼭 생길 거야. 아, 빨리 돈가스덮밥 시대가 오면 좋겠다"고 배를 흔들면서 모토야마 오기부네本山荻舟에게 대항했는데, 이 에스키모의 돈가스덮밥을 먹게 된다면 아마 "내 뜻이 이뤄졌다!"고 큰소리를 칠 것이다.

'돈가스'와 '돈가스덮밥'은 조미료가 다르다. 일반적으로 돈가스에는 우스터소스를 사용한다. 그러나 돈가스덮밥은 된장이나 간장으로 간을 한다. 물론 우스터소스로 맛을 낸 '소스돈가스덮밥'도 있기는 하다.

꼬치돈가스—세계에 하나뿐인 요리
육고기를 사용한 꼬치구이는 양고기를 쓰는 사테(인도네시아)와 시시 케밥

(터키), 닭고기를 쓰는 야키토리(닭꼬치, 일본) 등 세계 각지에서 등장한다. 하지만 꼬치에 꽂은 고기에 빵가루를 입혀서 튀기는 요리는 세계 어디서도 찾아볼 수가 없다. 오직 일본의 '꼬치돈가스' 뿐이다. 어떻게 보면 미트퐁뒤와 비슷한 요리인데, 간사이 지방에서 생긴 꼬치돈가스는 간토 지방에서는 꼬치튀김이라고도 부른다.

꼬치돈가스의 특징은 다음과 같다.

① 육고기, 어패류, 채소 등, 취향에 따라 어떤 재료라도 쓸 수 있다. 간사이 지방의 꼬치돈가스에는 돼지고기, 새우, 보리멸, 은어, 버섯, 양파, 그린아스파라거스, 고추냉이, 생강, 멜론 등이 쓰인다.
② 각 재료는 조금씩만 있으면 된다.
③ 여러 가지로 다양하게 만들 수 있다.
④ 한 번의 식사로 온갖 맛을 즐길 수 있다.
⑤ 일식풍, 양식풍, 중식풍 등 취향대로 맛을 낼 수 있다.
⑥ 튀겨서 뜨거울 때 바로 먹을 수 있다.

꼬치돈가스에는 일식과 양식의 요소가 모두 들어 있으면서 전체적으로는 일식풍으로, 서민들에게 무척 잘 맞았다.

돈가스카레 — 한 번의 식사로 두 배의 즐거움을

'돈가스카레'는 1918년에 도쿄 아사쿠사에서 포장마차 양식집을 시작한 고노 긴타로河野金太郞가 만들었다고 한다. 서민들에게 인기가 있는 카레라이스와 가쓰레쓰를 한 접시에 담았더니 한꺼번에 두 가지를 모두 즐길 수 있게 된 데서 시작된 것으로, 돈가스덮밥과 비슷하다.

가와킨 덮밥河金丼이라고 이름을 붙였는데 카레를 좋아하는 사람, 가쓰레쓰를 좋아하는 사람 모두에게 환영을 받았고, 지금까지도 성황을 이룬다. 달리 무슨 특별한 것도 없는데 맛이 좋으니까 신기하게들 여겼다. 당시는 포크가쓰레쓰가 보급되고 있을 무렵으로, 돈가스는 아직 탄생하기 전이었다.

5. 돈가스를 탄생시킨 지혜

돈가스는 왜 맛있을까

일본문화는 모방문화라고도 한다. 확실히 메이지 시대에 빠른 속도로 근대화를 이뤄가는 과정에서는 서구세계를 모방하기에 급급한 분야도 있었을 것이다. 서양에서 들어온 상품과 풍조를 숭배하는 분위기는 오랫동안 지속되었다. 하지만 '돈가스'는 서양문물을 그저 흉내만 내서 만들어진 것이 아니었다. 일양절충요리, 즉 양식으로서 독창적인 지혜가 축적된 것이었다. 이 절에서는 돈가스에 축적된 그 지혜에 대해 구체적으로 살펴보자.

우선 맛에 관한 이야기부터 시작해보자. 그 많은 시간과 정성을 들인 돈가스의 진미란 도대체 무엇이며, 왜 일본인에게 그토록 사랑을 받은 것일까. 1985년에 나온 『1,000엔 식도락의 책1,000円グルメの本』은 맛있는 집을 소개하면서 이렇게 썼다.

돈가스는 돼지고기에 옷을 입혀 튀긴 것도 아니고 돼지고기를 재료로 한 프라이도 아니다. 빵을 잘게 부순 빵가루를 황금색으로 입히는데, 그 빵가루옷이 입에 넣어 씹었을 때 바삭 하고 고기와 같이 부서지는 일체감, 이것이야말로 돈가스다. 돈가스를 한입 가득 먹고 양배추를 아삭아삭 씹어 입 안의 기름기를 씻어낸다. 이 두 과정을 되풀이하면서 먹는데, 둘이 씹히는 느낌은 비슷하지만 맛은 전혀 다르다. 그러면서도 서로 아주 비슷한 감칠맛을 가지고 있다. 혀의 감각을 혼란스럽게 하는 일 없이 돈가스의 맛을 음미할 수 있는 것이다. 그래서 밥도 맛있고 술맛도 난다.

비교적 정곡을 찌르는 말이다. 돈가스는 독특한 먹는 맛과 풍미로 포만감을 주는 튀김요리다. 일본의 된장국 맛과 잘 어울리고, 젓가락으로 먹을 수 있어서 밥맛을 돋우며, 다 먹고 나면 뿌듯한 만족감이 여운을 남긴다.

가정요리책 속의 돈가스

메이지 30년대가 되면 쇠고기나 돼지고기 요리를 집에서 만들 수 있게 된다. 그에 따라 서양요리나 양식에 관한 책도 많이 출판되었다. 그 책들을 계열별로 늘어놓아보면 '돈가스'가 탄생하기까

[그림 17] 요리책으로 살펴본 '돈가스'의 변천

연도/출전	요리명	조리법의 실제
1895년 『조칸』(國光社)	가쓰레쓰 カツレツ	쇠고기, 닭고기. 길이 3치(寸, 1치는 약 3.3센티미터), 두께 5푼(分, 1푼은 0.1치)으로 자른다. 칼등으로 두드린다. 소금, 후추, 빵가루, 계란, 그 위에 다시 빵가루를 묻혀서 버터로 부친다. 서양식 가쓰레쓰.
1896년 『서양요리법』(博文館)	비프가쓰레쓰ビーフカツレツ	송아지고기, 쇠고기. 5푼 이하의 두께로 썬다. 계란, 빵가루. 라드로 튀김. 후추.
1904년 『서양요리 200종』 (靑木嵩山堂)	돼지고기프라이豚の肉フライ	돼지고기는 잘 씻어서 얇게 썬다. 수입 밀가루, 또는 계란과 빵가루, 돼지기름으로 뎀뿌라처럼 튀긴다. 사과소스를 끼얹는다.
	새끼양고기프라이 小羊の肉フライ	새끼양의 허리고기를 얇게 썬다. 위에 열거한 옷을 입히고 돼지기름으로 튀긴다. 고기즙을 끼얹는다.
	치킨가쓰레쓰チキンカツレツ	닭고기를 얇게 썬다. 후추, 소금으로 간을 하고 밀가루를 입혀서 돼지기름으로 튀긴다. 버터를 녹여 끼얹는다.
1904년 『도키와常盤 서양요리』(常盤社)	비프가쓰렛토ビーフカツレット	쇠고기. 얇게 썬다. 소금, 후추, 밀가루, 계란, 빵가루. 소의 생기름으로 황갈색으로 튀긴다. 뜨거운 접시에 담는다.
1910년 『서양요리 교과서』 (シメイ社)	돼지고기가쓰레쓰 豚のカツレツ	돼지고기를 저민 생선살 정도로 썬다. 소금, 후추, 밀가루, 계란 노른자, 빵가루, 라드, 참기름. 잠길 정도로 뎀뿌라처럼 튀긴다. 서양종이 위에 올린다. 식초, 쇠고기, 닭고기라도 좋다. 질긴 쇠고기는 잘게 두드린다.
1915년 『가정 실용메뉴와 요리법』(文弘堂)	포크가쓰레쓰ポークカツレツ	돼지고기. 2푼 두께로 썬다. 소금, 후추, 밀가루, 계란, 빵가루, 페트, 라드. 2~3분 후에 검은 연기가 올라올 때 넣는다. 오렌지즙을 끼얹는다.

연도/출전	요리명	조리법의 실제
1921년 『손쉽게 서양요리 만드는 법』 (名倉昭文館)	치킨가쓰레쓰	영계. 미리 다듬음. 소금, 후추, 밀가루, 생계란, 빵가루. 페트로 같은 요령으로 튀긴다.
	비프가쓰레쓰	쇠고기. 빈병으로 잘 두드린다. 소금, 후추, 밀가루, 계란, 빵가루. 버터나 페트 큰술로 하나를 끓여서 양면을 부친다. 완두콩, 강낭콩, 푸른 잎 채소를 곁들인다.
	포크가쓰레쓰	돼지고기. 두드리지 않아도 좋다. 소금, 후추. 버터나 페트를 녹여 양면을 부친다. 감자, 사과를 둥글게 썬 것.
1922년 『가정 응용 일양요리법』(東京寶文館)	비프가쓰레쓰牛肉 (ビーフ)のカツレツ	쇠고기, 소금, 후추, 밀가루, 계란, 빵가루. 라드로 튀긴다. 신문지 위에 놓아 여분의 기름을 빼고, 양배추채 또는 당근, 감자를 버터로 볶은 다음 우스터소스를 끼얹는다.
1924년 『소박하게 즐기는 가정용 서양요리』 (文化生活研究會)	가쓰레쓰	돼지고기, 송아지고기, 쇠고기, 닭고기. 두드려서 모양을 잡는다. 소금, 후추, 밀가루, 계란, 빵가루. 쇠기름으로 튀긴다. 우스터소스, 삶은 감자, 튀긴 감자, 으깬 감자, 채소샐러드, 레몬, 파슬리, 물냉이.
1926년 『손쉽고 맛있게 누구나 할 수 있는 중국요리와 서양요리』(三進堂)	포크가쓰레쓰(돼지고기튀김)	돼지고기. 쪼그라들지 않도록 칼로 충분히 힘줄을 끊어놓는다. 소금, 후추, 밀가루, 계란, 빵가루. 페트로 프라이. 양배추채, 파슬리, 소스. 나이프, 포크.
	비프가쓰레쓰	쇠고기. 이하는 동일한 조리법인데, 특히 튀김옷과 고기가 잘 떨어지기 때문에 기름을 충분히 끓여서 프라이하라는 주의가 있다.
1929년 『아카보리赤堀 서양요리법』(大倉書店)	포크가쓰레쓰(돼지고기빵가루튀김)	돼지고기를 잘 두드린다. 소금, 후추, 밀가루, 계란, 빵가루. 고온의 기름으로 튀긴다. 데치거나 튀긴 감자. 우스터소스.

연도/출전	요리명	조리법의 실제
1930년 『서양요리통』 (三省堂)	가쓰레쓰	쇠고기, 돼지고기, 송아지고기. 고깃집에서 썰어온 쇠고기는 두드린다. 소금, 후추, 밀가루, 계란, 빵가루. 기름이 뜨거워져서 연기가 나는 온도(180도)로 튀긴다. 채소(양배추), 파슬리. 가쓰레쓰의 맛은 오로지 이 불조절 하나에 달려 있다.
1930년 『간단한 서양요리· 중국요리』 (婦人俱樂部)	돼지고기가쓰레쓰 豚肉カツレツ	돼지의 로스. 가볍게 두드린다. 소금, 후추, 밀가루, 계란, 빵가루. 페트나 다른 기름으로 바삭하게 튀겨낸다. 종이 위에 두어 기름을 뺀다. 레몬. 가쓰레쓰는 밀가루를 두껍게 묻히면 옷이 벗겨지기 쉽다.
1942년 『가정용 서양요리 만드는 법』 (主婦之友社)	포크가쓰레쓰(돈가스とんかつ)	돼지고기. 지방은 떼어낸다. 가볍게 두드린다. 샐러드유를 뿌리고 당근, 양파를 얇게 썰어 2~3시간 두면 연해지고 향미도 좋아져서 매우 맛있어진다. 소금, 후추, 밀가루, 계란, 빵가루. 뜨겁게 달군 기름에 넣어 바삭하게 튀겨낸다.
1959년 『가정요리 전서』 (同志社)	가쓰레쓰(돈가스豚カツ)	돼지 안심. 1.5센티미터 두께로 썬다. 다른 고기를 쓸 때는 이렇게 두껍게 썰면 질겨서 먹을 수 없다. 돼지 안심고기는 연해서 두드리지 않는다. 소금, 후추, 밀가루, 계란, 생빵가루. 라드나 식물유(콩기름, 땅콩기름)로 튀긴다. 또는 프라이팬에 기름을 소량 넣고 볶듯이 튀긴다.
1959년 『서양요리와 중화 요리』(泰光堂)	돈가스豚カツ	돼지고기. 1센티미터 두께로 썬다. 로스는 지방이 적고 맛도 좋다. 소금, 후추로 간을 한다. 밀가루, 계란 푼 물, 빵가루. 중불로 2, 3번 뒤집으면서 튀겨서 기름을 뺀다. 빵가루는 꾹꾹 눌러 묻히지 않고 살짝 묻히면 바삭하게 튀겨진다. 양배추채와 소스, 소스와 케찹을 섞은 것.
1961년 『일·양·중화 가정 요리 전서』 (日本女子教育會)	돈가스豚カツ	돼지 로스. 1.5센티미터(5푼) 두께로 썰어 몇 군데에 칼집을 넣는다. 소금, 후추를 한쪽 면에 뿌린다. 계란, 생빵가루. 가볍게 누른다. 뒤집으면서 2분간 튀긴다. 신문지 위에서 기름을 뺀다. 데친 감자.

연도/출전	요리명	조리법의 실제
	돼지고기꼬치가스 豚の串カツ	돼지고기. 2.4센티미터 두께로 썬다. 대꼬치에 고기와 파를 차례로 꽂는다. 밀가루, 계란, 빵가루. 페트, 라드로 2~3분 튀기고 뒤집어서 다시 2~3분 튀긴다. 신문지 위에서 기름을 뺀다. 토마토 둥글게 썬 것.
1961년 『재료별 요리 사전』 (新樹社)	비엔나 슈니첼	돼지 로스. 소금, 후추를 뿌리고 밀가루, 계란, 빵가루. 라드로 황갈색이 되도록 부친다. 볶은 감자, 볶은 양배추. 송아지고기·돼지고기(오스트리아), 돼지고기(독일), 송아지고기(프랑스)를 사용한다.
1974년 『요리 1: 고기·계란·치즈』(主婦之友社)	돈가스とんカツ	돼지고기. 밀가루, 계란, 생빵가루. 가볍게 누른다. 기름을 160~170도로 뜨겁게 하여 뒤집으면서 튀긴다.

지의 경로를 잘 알 수 있다. [그림 17]은 1895년(메이지 28년)부터 1974년(쇼와 49년)까지 출간된 요리책을 가지고 조리법의 흐름을 정리한 것이다. 이것을 간단하게 요약하면 다음과 같다.

① 1895년 발행된 『조칸』에 쇠고기와 닭고기 가쓰레쓰가 처음 등장한다. 이것은 버터로 부치는 '서양풍 커틀릿'이다.

② 1904년이 되면 얇게 썬 돼지고기프라이가 보인다. 뎀뿌라처럼 튀겨서 사과소스를 끼얹는다.

③ 1910년의 '돼지고기가쓰레쓰豚肉のカツレツ'는 라드나 참기름으로 튀겨서 세 배로 희석시킨 식초를 끼얹는다.

④ 1915년에 '포크가쓰레쓰'라는 이름이 나온다. 돼지고기

는 2센티미터 정도로 두툼해졌다.
⑤ 1922년에 쇠고기가쓰레쓰에 양배추채를 곁들이게 되었다. 우스터소스라는 단어도 처음 등장한다.
⑥ 1926년에는 포크가쓰레쓰에 양배추채를 곁들였다.
⑦ 1930년에 '돼지고기가쓰레쓰豚肉カツレツ'의 이름이 보인다.
⑧ 1942년에 '포크가쓰레쓰(돈가스)'라는 이름이 등장한다. 돈가스라는 명칭이 처음으로 함께 쓰였다.
⑨ 1959년 이후에는 '돈가스豚カツ'라는 명칭이 정착한다. 돼지의 안심(filet, 일본에서는 '히레'라 읽음―옮긴이)이나 로스(등심)고기는 두께가 두꺼워진다. 뎀뿌라처럼 튀기는 가열조리법이 주류가 된다.
⑩ 1974년 이후에는 '돈가스とんカツ'라고 되어 있다.

쓸모가 없던 돼지 안심의 변모

돈가스의 뛰어난 맛 속에는, 세계 어떤 요리에서도 유례를 찾아볼 수 없는 안심을 이용한 지혜가 들어 있다. 돈가스 특유의 부드럽게 씹히는 맛이 바로 그것이다.

　만약 돼지고기가 아니라 쇠고기를 두툼하게 잘라 튀긴다면, 고기즙이 밖으로 흘러나오고 고기 조직이 오그라드는 바람에 질겨서 먹을 수 없게 된다. 그래서 비프커틀릿은 얇은 고기로밖에는 만들 수가 없다.

　쇠고기를 두껍게 썰어서 만드는 요리에는 철판에서 굽는 영국풍의 비프스테이크가 있다. 쇠고기는 타르타르스테이크처럼 날로도 먹을 수 있다. 비프스테이크에서는 취향에 따라 ① 표면만 굽는 레어rare ② 붉은 고기즙이 남도록 굽는 미디움레어medium-rare ③ 속이 연한 분홍색이 되게끔 굽는 미디움medium ④ 고기즙이 거의 나오지 않도록 굽는 웰던well-done, 네 단계의 굽는 방법을 택할 수 있다. 고기즙이 너무 많이 나오도록 구워버리면 질겨져서 씹는 맛이 나빠진다.

그런데 돼지의 안심은 반대로 너무 연해서 요리의 재료로 적합하지 않다. 햄이나 소시지의 원료로밖에는 이용하지 못하는 부위다. 하지만 그 연한 육질에 주목해서 두툼하게 썰어 요리한 것이 바로 일본의 돈가스다. 말하자면 육고기를 생선처럼 요리한 것이다. 더구나 돼지고기에는 적당한 지방질이 들어 있어서 시간을 들여 바삭하게 튀겨도 기름을 많이 먹지 않는다.

최근에는 돈가스에 대한 취향이 중년층의 '히레(안심)가스' 파와 젊은이들의 '로스(등심)가스' 파로 나뉘고 있다. 돈가스는 육질에 따라 안심, 등심, 목심(어깨등심), 볼깃살, 어깻살, 삼겹살, 사태 등으로 용도가 달라진다. 안심은 육질이 제일 연하고, 등심은 지방층에 둘러싸여 있다. 따라서 건강을 생각해서 지방질을 과도하게 섭취하지 않으려는 사람에게는 안심이 좋고, 풍미를 중요하게 여기는 사람에게는 등심의 맛이 더 진하고 좋다. 왜냐하면 음식물을 식물성 음식과 동물성 음식으로 나누고 그 음식을 지방질과 단백질, 탄수화물로 다시 나누어 보면, 동물의 지방질이 제일 맛있게 느껴지기 때문이다.

그런데 오늘날과 같은 돈가스의 모양은 어떻게 태어난 것일까. 메이지 시대 초기에 소개된 영국요리나 프랑스요리에서, 커틀릿은 특별히 형태가 정해져 있지 않은 뼈에 붙은 고기였다. 이것을 일본에서는 뼈를 빼서 먹기 좋게 바꿨다. 그리고 덩어리 형태의 고기를 균일하게 썰어 납작하고 편평한 형태로 만들었다. 그 결과 두툼한 돈가스도 뒤집어서 양면을 균일하게 튀기는 것이 가능해졌다. 모양을 바꿈으로써 고기 속까지 잘 익힐 수 있게 된 것이다.

두툼한 돼지고기를 튀기는 기술

야마모토 가지로山本嘉次郎는 1973년에 『일본 삼대 양식고日本三大洋食考』를 내면서 "요즘 돈가스는 상당히 두꺼워졌다. 그렇게 두꺼운 고기를 튀겨서 속까지 익히는 것은 대단한 기술이다. 외국의 요리사는 도저히 흉내낼 수 없을 것이다"라고 썼다.

    뎀뿌라와 돈가스는 기름의 온도를 조절해가면서 튀긴다. 이 조절이 서양의 요리사에게는 가장 어려운 기법이다. 일본인은 뎀뿌라를 튀기는 전통적인 가열기술을 돈가스에 응용했다. 기름을 사용하는 요리가 거의 없던 일본에서 기름을 이용한 뛰어난 조리법이 만들어진 것이다. 어떻게 그것이 가능했을까. 이미 말한 것처럼, 일본에서는 국수, 우동, 메밀국수 등 모양과 단단한 정도가 각기 다른 종류의 '면'을 경험과 감으로 능숙하게 삶아내는 방법을 1,400년 동안 발전시켜왔기 때문이다.

    돈가스를 잘 튀기는 방법도 이미 말한 것과 같다. 좀 더 구체적으로 보면, 두툼한 옷을 입힌 돼지고기를 ① 두껍고 속이 깊은 냄비에 기름을 넉넉히 붓고 ② 중온에서 약간 시간을 들여 ③ 갈색이 될 때까지 ④ 충분히 튀기고 ⑤ 마무리는 고온으로 튀겨서 기름이 잘 빠지도록 한다. 그리고 ⑥ 소쿠리에 건져낸 다음에는 여열을 이용해 속까지 익히고 ⑦ 한 번에 튀겨서 옷이 타기 쉬울 때는 두 번 튀기고, 경우에 따라서는 여열로 익히는 것을 되풀이한다. ⑧ 얇은 것은 재빨리 튀긴다.

　　이렇게 능란한 조리 조작이 가능했던 것은 뎀뿌라를 튀겨본 일본 요리사만의 딥 팻 프라잉 기법 덕분이었다. 기름의 종류도 일본에 독특한 것이다. 서양요리에서는 재료가 되는 고기와 같은 기름이나 버터를 사용해서 지지거나 석쇠 위에서 구워낸다. 올리브유를 쓰는 나라도 있다. 반면 일본에서는 재료와 기름을 꼭 같은 종류로 사용하는 것은 아니다. 라드나 페트의 동물유에서 건강에 좋은 식물유에 이르기까지 자유롭게 선택한다.

뎀뿌라와 프라이의 차이
뎀뿌라와 프라이를 구별하는 것도 일본의 독특한 방식이다. 일본의 튀김은 ① 중국에서 전해진 선림요리 가운데 '정진튀김' ② 남만요리의 영향을 받아 에도 시대에 거의 완성된 '뎀뿌라' ③ 양식으로 완성된 '돈가스와 고로케' ④ 일본에밖에 없는 '굴튀김과 꼬치돈가스' 등으로 분류할 수 있다. 일본에서는 이 중에서 세 번째 돈가스와 고로케, 네 번째 굴튀김과 꼬치돈가스를 프라이라고 부르고, 그것들이 양식의 대명사가 되었다.

영어에서 프라이fry라는 말의 의미는 아주 다양하다. 야마모토 나오부미山本直文는 『신판 음식물 사전新版食物事典』에서 프라이에 대해 "기름으로 열처리하는 방식, 또는 기름으로 열처리한 것을 말한다. 단순히 튀긴다거나 튀김으로 해석하면 안 된다. 냄비 안의 기름으로 굽거나 부친다는 의미가 포함되어 있다"고 설명하고 있다. 서양에서는 섈로우 팻 프라잉, 딥 팻 프라잉, 팬 프라잉 모두를 프라이라고 칭한다. 반면 일본에서 프라이라고 하면 빵가루를 입힌 재료를 넉넉한 기름으로 튀겨내는 딥 팻 프라잉을 의미한다.

뎀뿌라와 프라이의 특징을 좀 더 구체적으로 비교해보자. 뎀뿌라는 고온에서 단시간에 재료를 능숙하게 튀겨내는 것이다. 바삭하게 튀겨내기 위한 적정한 시간과 온도를 잘 맞추지 못하면 맛있는 뎀뿌라를 만들 수 없다. 하지만 빵가루를 입힌 프라이는 튀겨지는 온도의 폭이 비교적 넓고(160~190도), 튀기는 시간도 길기 때문에(2~3분) 조리가 쉽다. 튀기는 기름의 온도가 급격히 변하지 않는 한 특별히 주의할 것도 없고 누구나 능숙하게 튀겨낼 수 있다. 프라이가 대량의 재료를 요리해야 하는 집단급식에 종종 이용되는 것은 이렇게 손쉽게 튀길 수 있기 때문이다.

또한 뎀뿌라는 시간이 흐르면 알맹이 안의 수분이 이동해서 튀김옷이 처지기 때문에, 금방 튀겨냈을 때가 가장 맛있다. 그러나 프라이는 수분의 변화가 완만해서, 빵가루 묻힌 것을 냉동보관할 수도 있고, 식어도 풍미가 그대로 유지된다는 장점이 있다.

돈가스의 씹히는 맛

프라이의 옷이 되는 빵가루는 고대 그리스 무렵에 고안된 것으로 보인다. 1981년 아다치 간安達巖은 『일본 음식문화의 기원日本食物文化の起源』에서 "빵가루는 빵을 분말로 재가공한 것으로 서양요리에 있어서는 필요불가결한 것인데, 그 유래는 고대 그리스 시대로 거슬러 올라간다. 일본어에서 '빵'은 포르투갈어인 '팡pão'에서 온 것으로, 그 어근은 라틴어의 '파pa'고, 그 '파'로부터 음식물에 관한 말이 많이 생겨났다. 빵가루 옷을 입힌다는 의미의 '파네르paner'에서 '팡닐'(빵가루, 영어로는 크럼crumb)이 파생되었고, 또 수프를 의미하는 파나드panade가 만들어졌다"고 쓰고 있다.

1963년 나온 『메이지야 식품사전明治屋食品辭典 식료편食料編』(중권)에는 "빵가루 옷을 입힌다는 것(to coat an object with bread crumbs)은 영어 동사로는 to breadcrumb라고 하고, 프랑스어로는 파네paner라고 한다"고 되어 있다. 빵가루는 메이지 시대 초기에 일본에 전해져 중요한 음식재료가 되었다. 대량생산이 가능해진 것은 훨씬 나중의 일로, 도쿄 교바시의 마루야마 도라키치丸山寅吉가 1907년에 기계로 만드는 데 성공한다. 처음에는 손으로 빵을 갈아서 만드는 식이었다.

시메키 신타로締木信太郎는 『빵 백과パンの百科』(1986년)에서 "돈가스의 맛은 빵가루의 질감으로 좌우된다. 필연적으로 빵가루만 전문적으로 만드는 빵집이 생겨났다. 빵가루는 큰 빵 덩어리를 갈아서 그 가루를 대나무로 만든 발 위에 널어 햇볕에 말려서 만

[그림 18] 유럽, 미국, 일본의 빵가루 비교 (오카다 데쓰의 『밀가루의 식문화사』에서)

	유럽	미국	일본
제조법	빵을 오븐에서 오랜 시간을 들여 건조시킨다.	크래커 모양의 것을 타지 않도록 저온에서 오븐에서 굽는다.	빵을 굽는다. 배소식(焙燒式)의 것은 빵 형태, 통전식(通電式)의 것은 찐빵 형태로 두 가지가 있다.
가루로 만드는 법	분쇄한 빵을 성근 체로 친다.	분쇄해 체로 친다. 용도에 따라 알갱이의 크기를 바꾼다.	분쇄해 체로 친다.
가루의 크기	고운 좁쌀 모양의 입자가 균일하다.	입자가 비교적 균일하다.	입자의 크기가 균일하지 않고 크다.
특징	빵 안쪽으로 만들면 하얀색, 빵 테두리로 만들면 황갈색이 된다.	하얀색이지만 황갈색으로 착색할 때도 있다.	소프트 빵가루는 하얀색이다. 착색 빵가루도 있다.
용도	황갈색의 빵가루는 주로 그라탕용.	냉동식품으로 생선튀김류나 프라이드치킨.	튀김용, 찰기내기용, 그라탕용.
간	빵가루에는 간을 하지 않는다.	여러 가지 향신료를 섞어 간을 한다.	빵가루에는 간을 하지 않는다.
튀기는 법	대부분은 버터에 부치는 요리에 사용되고, 고로케에도 사용된다.	딥 팻 프라잉에 많이 쓰인다. 튀기기 쉽다.	딥 팻 프라잉에 주로 쓰인다.
먹는 법	토마토소스 같은 소스를 쳐서 먹는다.	보통은 아무것도 치지 않으나, 특정한 소스나 서양겨자(머스터드)를 조금 치기도 한다.	우스터소스를 듬뿍 치고, 다른 소스를 칠 때도 있다.
씹히는 맛	고운 모래알 같은 느낌.	입자가 고운 편으로 부드러운 느낌.	아삭아삭하게 씹히는 느낌. 일본인 취향.

든다. 그래서 다 만들어진 빵가루에서는 햇볕냄새가 났다. 빵가루는 너무 고우면 기름이 더러워지므로 미세한 분말이 적어야 하고, 튀김 재료에 잘 붙어야 하며, 다 튀겨지면 보기 좋은 옅은 갈색이 나와야 했다. 샌드위치빵처럼 설탕이나 유지를 쓴 빵으로 만든 가루는 빨리 타버려서 돈가스에는 알맞지 않다"고 쓰고 있다. 돈가스에 적합한 일본의 빵가루를 만들어내기까지는 여러 차례의 시행착오를 거쳐야 했던 것이다.

세계 각지에서 사용하는 빵가루에는 저마다 특징이 있다. 유럽과 미국, 일본의 빵가루에 대해서 알아보자. [그림 18]은 각각의 차이를 나타내고 있다. 유럽의 빵가루는 좁쌀만한 작은 입자로 되어 있어서 비엔나 슈니첼을 만들기에 적당하고, 기름이나 버터로 팬에 부치기도 좋다. 미국의 빵가루는 브레더breader라고 불린다. 소다크래커 모양의 것을 잘게 갈아서 만든다. 프라이드치킨이나 막대 모양의 생선튀김fishstick에 알맞게 양념을 해서 만든 양념빵가루다. 일본의 빵가루는 빵을 갈아서 만든다.

돈가스의 맛은 바삭바삭한 일본식 빵가루에 의해서 결정되었다. 유럽식의 고운 빵가루를 가지고는 일본식 돈가스의 씹히는 맛을 얻을 수 없다. 고운 빵가루는 고기에 균일하게 붙지도 않고 튀기는 기름만 더럽히기 일쑤다. 적당한 두께의 옷으로 튀겨지지도 않고, 먹었을 때 포만감을 주지도 않으며, 왠지 기름에 부쳐낸 비엔나 슈니첼처럼 보이게 만든다.

반면 돈가스에 사용되는 일본식 빵가루는 ① 고기에 잘 붙고

② 수분의 증발을 막으며 ③ 잘 타지 않는다. 또 ④ 튀김옷이 기름을 적당히 흡수해 영양가를 높이고 풍미가 좋아지며 ⑤ 바삭하게 갈색으로 튀겨진다. ⑥ 밀가루, 계란 푼 것, 빵가루를 세 겹으로 입혀 고기와 기름이 바로 닿지 않도록 했고 ⑦ 맛을 응축하고 있는 육즙이 유실되지 않도록 하며 ⑧ 보기에도 먹음직스럽게 만들어주어 ⑨ 그 먹음직스러움으로 식욕을 자극한다.

서양 채소의 보조적인 역할

에도 시대 후기, 즉 18세기 후반부터 19세기 후반 사이에 양파, 아스파라거스, 육두구, 레몬, 생강, 피망, 백리향, 세이지(샐비어), 청완두(그린피스), 오크라, 오렌지, 양송이 등이 일본으로 전래된다.

고대 그리스에서는 '눈물에서 태어났다'고 일컬어지던 '양배추'는 17세기 후반에 남만으로부터 나가사키로 전해졌다. 처음에는 엽葉모란 또는 모란채라고 불리며 그냥 관상용으로만 취급되다가, 1871년(메이지 4년)에 홋카이도로 전파되면서 채소로 이용되기 시작했다. 당시에는 캐비지라고 불리던 양배추는 음식으로는 크게 각광받지 못했는데, 돈가스에 곁들여지면서 드디어 화려하게 등장하게 되었다.

한편 '감자'가 전해진 것은 아즈치모모야마安土桃山 시대인 1598년이었다. 네덜란드 사람에 의해 자바 섬의 자카르타(바타비아)에서 나가사키로 전해졌는데, 당시에는 자가타라이모라고 불렸다(포르투갈인이 잘못 발음하여 '자가타라'라고 한 것이 그대로 쓰인 것임—옮긴이). 1874년에 홋카이도 개

척사開拓使가 미국에서 종자를 들여와 본격적으로 재배하기 시작해, 1884년 쌀 흉작이 났을 때는 밥 대신 먹게 되었다. 감자는 알칼리성 식품으로 몸에 좋기는 하지만, 육식을 하지 않는 일본인에게는 감자보다 단맛이 나는 고구마가 더 인기가 있었다. 그러다 다이쇼 시대에 고로케가 만들어지면서 감자가 일약 각광을 받기 시작했다.

일본에서 양배추나 감자, 양파, 토마토, 당근, 아스파라거스와 같은 서양 채소는 메이지 시대에 들어서부터 먹게 되었다. 일본인이 여러 가지 양식을 만들 수 있었던 것은 같은 무렵에 전해진 이 서양 채소들 덕분이었는지 모른다. 양배추, 감자, 당근 등의 채소가 없었더라면 일본의 양식은 어떤 모습이 되었을까.

우스터소스라는 창조물

메이지 30년대에 포크가쓰레쓰가 크게 인기를 얻게 된 데는 우스터소스의 역할이 컸다. 우스터소스를 듬뿍 끼얹은 양식의 매력에 서민들이 끌렸던 것이다. 우스터소스 덕분에 양식이 밥과 잘 어울릴 수 있었고, 소량의 반찬으로도 많은 양의 밥을 먹을 수 있었다.

이 소스의 근원은 영국인데, 일본에서는 일본풍으로 독특하게 개량해서 사용했다. 원래의 우스터소스는 리와 페린즈라는 두 약사에 의해서 개발된 것이다. 그들은 인도에서 신기한 소스를 맛보고 그 소스의 맛을 잊지 못해 직접 만들어보기로 결심, 19세기 중엽에 영국 남서부에 있는 우스터 시에서 그 맛을 재현하는 데 성공했다.

이 소스를 만드는 비법은 자세히 알려져 있지는 않지만, 간장, 맥아식초, 당밀, 라임주스, 타마린드, 고추, 정향(클로브), 마늘, 안초비 등 20여 가지 향신료를 섞어서 숙성시켜 만든다. 프랑스요리에서는 이렇게 단순화한 소스는 일절 사용하지 않기 때문에, 우스터소스 하나만으로 모든 것을 다 해치우려고 한다며 영국요리를 비웃는 사람도 있다.

일본에서는 메이지 시대 중엽까지 가쓰레쓰에 어울리는 소스가 전혀 없었다. 정식 프랑스요리의 소스는 일본인의 입에 잘 맞지 않았고, 밥과 어울리지도 않았다. 가쓰레쓰 위에 소금과 후추, 간장을 뿌려서 먹는 건 별로 맛이 없었다. 간장을 주로 써온 일본의 식탁에 간장을 대신할 수 있는 서양풍 소스가 필요해진 것이다.

1898년 전국간장대회에서 영국의 우스터소스가 주목을 받으면서, 2년 뒤인 1900년에는 독특한 일본식 우스터소스가 만들어졌다. 이 우스터소스의 맛은 본고장의 맛과는 전혀 달랐다. 말하자면 일본의 간장을 서양식으로 만든 서양식 간장이었다. 당시는 신미新味간장, 양장洋醬, 서양간장 등으로 불린 것으로 보인다. 메이지 시대 후기에 고로케와 돈가스, 라이스카레 등의 양식이 보급되면서 이 서양식 간장도 덩달아 인기가 올라 폭발적으로 보급되었다.

제2차 세계대전 후에는 채소나 과일 같은 불용성 고형물을 많이 넣은 돈가스소스가 등장했다. 이 소스는 대체로 맛이 진하고 점도가 높고 걸쭉했다. 맛의 종류를 바꿔 단맛과 매운맛의 소스도 생겼고, 오코노미야키부터 야키니쿠(불고기)용까지 일식풍의 다양한 소스도 이 무렵 만들어졌다.

겨자의 효용

겨자에 대해서도 살펴보자. 일본인에게, 겨자에서 연상되는 일본 음식 두 가지는 대개 '어묵' 과 '돈가스' 다. 일본겨자와 돈가스가 그만큼 잘 어울린다는 뜻이다. 겨자가 없으면 돈가스를 먹을 기분이 생기지 않는다는 겨자예찬파도 있다.

겨자의 원산지는 중앙아시아에서 지중해에 걸친 지역으로, 겨자를 뜻하는 영어 머스터드mustard는 라틴어 무스투마르덴스(mustumardens: 매운 포도즙)에서 나온 이름이다. 검은색인 일본겨자, 흰색과 검은색인 양겨자, 두 종류가 있으며 세계 각지의 요리에서 없어서는 안 될 향신료다. 겨자씨 자체는 아무런 향도 없고 매운맛도 나지 않는데, 가루로 만들어 따뜻한 물에서 개면 효소의 작용으로 배당체配糖體가 가수분해되면서 매운 머스터드유가 만들어진다. 신비로운 자연의 힘인 셈이다.

양겨자는 영국과 프랑스, 미국에서 주로 쓰이는데, 프랑스에는 디죤머스터드로 유명한 식도락의 거리 디죤이 있다. 일본겨자는 중국, 인도, 일본에서 주로 사용된다.

돈가스를 가장 맛있게 먹을 수 있도록 겨자를 개는 방법은 다음과 같다. ① 따뜻한 물로 개면 매운 맛이 강해진다. ② 개서 10분 정도 놔두면 맛이 부드러워진다. ③ 사용하기 전에 다시 한 번 섞는다. ④ 오래 방치해둬서 쓴맛이 생겼을 때는 식초를 조금 떨어뜨린다.

돈가스와 돈지루

돈지루(豚汁, 돼지국)는 사쓰마지루(薩摩汁, 사쓰마국)라고도 한다. 언제부터인지는 모르지만 돈가스정식에는 바지락된장국이나 돈지루를 함께 먹는데, 이 음식들은 입 안의 기름기를 씻어내어 개운하게 해준다. 돈지루는 사쓰마 지방에서 무사가 야영을 할 때 닭을 뼈째로 토막내어 된장을 넣고 끓여 먹던 야영요리에서 유래된 것이다. 투계에서 진 닭을 잡아 당근, 무, 토란, 우엉, 곤약을 넣고 푹 끓여 걸쭉한 국으로 만들어 먹었는데, 닭고기는 나중에 돼지고기로 바뀌었다.

가고시마鹿兒島 현의 향토음식인 사쓰마지루는 일본인의 기호에 잘 맞아서 전국으로 퍼져나갔다. 예를 들면 에히메愛媛 현 '이요伊予의 사쓰마지루'는 돼지고기 대신 세토瀨戶 해에서 잡히는 새끼 도미, 볼락, 새끼 전갱이 같은 작은 생선을 이용해서 끓인다. 생선을 구워 살을 발라내서 된장과 같이 섞은 다음 불에 살짝 볶은 후 생선뼈 우려낸 국물을 넣어 걸쭉하게 끓여내어 뜨거운 밥 위에 끼얹어 먹는다.

고치高知 현에는 '도사土佐의 사쓰마지루'가 있다. 또 막부 말에 에도의 사쓰마 번 저택으로부터 전해졌다는 도쿄의 사쓰마지루는 처음부터 돼지고기를 썼다. 전통 있는 돈가스집의 돈지루가 맛있는 이유는 질 좋은 돼지고기를 사용하고, 거기서 남은 고기로 돈지루를 만들기 때문이다.

06

양식과 일본인

1. **서양요리에 대한 숭배**—메이지 시대 초기
2. **서양요리의 흡수 및 동화**—메이지 시대 중기
3. **일양절충요리의 대두**—메이지 시대 후기
4. **양식의 보급**—다이쇼 시대와 쇼와 시대

요리유신으로 뿌려진 서양요리의 씨앗은 차례로 꽃을 피웠다. 다이쇼 시대에는 3대 양식으로 불리는 가쓰레쓰와 고로케, 카레라이스가 모두 갖춰졌고, 쇼와 시대에는 이 책의 주인공인 돈가스가 탄생했다. 메이지 시대에 서양화정책을 펴며 수용했던 외래 음식이 일본 특유의 일양절충요리로 정착했던 것이다.

06 | 양식과 일본인

1. 서양요리에 대한 숭배–메이지 시대 초기

양식의 네 단계

이제까지 양식을 개척해온 선인들의 활약상을 '단팥빵'과 '돈가스'를 중심으로 살펴보았다. 요리유신으로 뿌려진 서양요리의 씨앗은 그 후 모습을 바꿔가며 꽃을 피웠다. 다이쇼 시대에는 3대 양식으로 불리는 '가쓰레쓰'와 '고로케', '카레라이스'가 모두 갖춰졌고, 쇼와 시대에는 이 책의 주인공인 '돈가스'가 탄생했다. 메이지 시대에 서양화정책을 펴며 수용했던 외래음식이 일본 특유의 일양절충요리로 정착했던 것이다. 그 결과 오늘날 일본인의 식탁은 전 세계에서 그 예를 찾아볼 수 없을 만큼 다양하고 풍부한 식단을 갖게 되었다. 양식은 지금 일본의 음식문화에서 아주 큰 비중을 차지하고 있다.

메이지 신정부와 지식인들이 적극 장려하면서 시작된 육식과 서양요리의 보급을 다시 한 번 정리하면, ① 메이지 시대 초기는 서양요리의 숭배기로 ② 중기는 서양요리를 흡수하고 동화한 시기로 ③ 후기는 일양절충 요리가 대두한 시기로, 그리고 ④ 다이쇼·쇼와 시대는 서민적인 양식이 보급되고 3대 양식이 각광을 받게 된 시기로 구분할 수 있다.

이 장에서는 양식의 흐름을 '메이지 시대, 양식의 시작'이라는 관점에서 4기로 나눠 조명해보겠다. 돈가스가 탄생하기까지 왜 60년이라는 긴 세월이 필요했는지, 그리고 우리는 왜 오늘날의 일상적인 음식 가운데 유독 돈가스에 매력을 느끼는지, 그 대답 안에 오늘날 일본의 음식문화를 이해할 수 있는 키워드가 발견될 것이다.

영양이라는 개념

네덜란드의 라이덴 대학교에서 비교문화사를 전공하는 가타지나 치피엘토카는 「근대 일본 음식문화에서 서양의 수용」(전집 『일본의 음식문화』 제8권 『다른 문화와의 접촉과 수용』에 수록)에서 "메이지 5년, 천황이 전통을 깨고 그때까지 터부시되던 육고기를 먹기 시작한 것은 국민의 생활에 커다란 영향을 미쳤다. 육식이 공식적으로 인정되면서 문명개화의 상징으로 받아들여졌다. 그리고 육식을 받아들이는 데 또 하나의 자극제가 된 것은 영양이라는 개념이다"라고 썼다.

서양문명은 모든 것이 뛰어나다는 생각이 전제된 '요리유신'에서 서양인이 먹는 영양가 높은 쇠고기가 각광을 받은 것은 당연한 노릇이었다. 하지만 서민들은 고기 먹는 법을 전혀 몰랐고, 다만 막부 말에 멧돼지나 사슴고기를 된장에 조려 보약으로 먹는 방식이 있을 따름이었다. 이 조리법에서 사용하는 고기를 쇠고기로 바꾼 것이 바로 쇠고기전골과 스키야키였다.

신정부와 지식인이 적극 장려한 본격적인 서양요리는 서민들이 보통 먹는 음식과는 너무 달라서 도저히 받아들여질 수 없었지만, 고기를 된장이나 간장으로 조리해서 일본음식풍으로 만들면 서양풍의 재료, 즉 쇠고기도 쉽게 받아들일 수 있다는 것을 알게 되었다. 여기에 영양이 풍부하다는 점이 강조되면서, 드디어 메이지 시대의 양식이 시작되었다.

서양요리의 숭배기에 육식이 수용된 의미를 좀 더 생각해보자. 당시 사람들은 처음 접하는 육고기를 지금까지 먹어온 맛, 즉 일식풍 양념으로 조미함으로써 육식에 대한 불쾌감과 공포감을 극복했다. 1,200년 동안 이어져온 육식 금기의 두꺼운 벽을 깨고 서양풍의 재료, 즉 쇠고기를 받아들이게 된 것이다. 만약 본격적인 서양요리만 받아들이려고 했다면, 생선이나 채소류만 좋아하던 일본인들은 오늘날까지도 서양요리를 받아들이지 못했을 것이다.

'스키야키의 탄생' 장에서도 언급한 것처럼, 얇게 저민 고기를 쇠고기전골이나 스키야키로 만든 것은 육고기를 생선 먹는 방식으로 먹게 함으로써 받아들이기 쉽게 한 것이었다. 육고기를 얇게 저며서 먹으면 씹는 맛이 마치 생선과 같다.

이런 발상의 전환은 지금도 이어져서, 일본의 고기 파는 곳에 가보면 간 고기, 얇게 저민 고기, 잘게 썬 고기 등 요리의 용도에 따라 고기를 진열해놓고 있다. 서양에서는 안심, 등심, 갈비등심, 목심 등 부위별로 고기를 나누어 덩어리째 진열한다. 얇게 저민 고기는 공기에 닿으면 신선도가 떨어지기 때문이다.

이처럼, 1872년(메이지 5년) 육식이 해금되어 '돈가스'의 탄생에 이르는 역사는 꽤나 오랜 시간이 걸린 서양식 재료(쇠고기)의 수용이라는 움직임에서 시작되었다. 이 무렵 돼지고기는 아직 눈에 띄지 않았다.

하지만 찐빵의 서양판이라고도 할 수 있는 '단팥빵'은 일찍이 1874년에 만들어졌다. 단팥빵은 메이지 시대 후기에 시작되는 일양절충 요리법의 선구로서, 그로부터 단팥빵은 일본 단빵의 원조로 칭송받게 되었다. 그렇지만 또 한편, 남만문화와 함께 전해진 빵이 일본인에게 받아들여지기까지는 300년이라는 긴 세월이 필요했다고 볼 수도 있을 것이다.

2. 서양요리의 흡수 및 동화 – 메이지 시대 중기

처음에 서양의 풍속이나 습관, 서양요리의 체계를 받아들인 것은 정부와 지식인이 주도하는 공적인 장소뿐이었다. 그 상징이 바로 연일 성황을 이루던 로쿠메이칸의 무도회와 대야회였다. 또 제2장 제5절에서 보았듯이 서양인을 위해 호텔을 짓고 본격적인 서양요릿집을 세우는 데도 많은 일본인이 활약했다. 그러나 1887년(메이지 20년)에 로쿠메이칸 시대가 막을 내리면서, 이 계획들도 물거품이 되고 말았다. 서양요리는 제대로 도입되지 못했고, 일본이라는 나라의 근대화는 멀게만 보였다. 아마 이 무렵 지도자들이 느낀 좌절감은 대단히 컸을 것이다.

서양요리 기술의 습득

하지만 메이지 시대 중기에도 두 가지 특기할 만한 움직임이 있었다.

첫째는 본격적인 서양요리를 일반 사회에서 조금씩 받아들이기 시작했다는 사실이다. 그 대표적인 사례가 궁중 만찬회에서 프랑스요리를 받아들인 것이다. 이 관례는 오늘날에도 이어지고 있다. 일반 서민들은 결혼피로연에서 정식 프랑스요리를 내놓기 시작했다. 나이프와 포크를 어떤 것부터 사용해야 하는지 정확하게 모르는 상태이기는 했지만, 나이프와 포크를 제대로 쓸 줄 몰라 당황하기는 지금도 마찬가지 아닌가.

둘째는 서양요리의 조리기술을 일본식으로 재편성하려는 노력이다. 많은 요리사가 당시 서양요리를 통해서 자신의 요리기술을 더 연마할 기회를 갖게 되었다. 서양의 조리법을 충분히 습득한 후, 요리사들은 일본인 취향에 맞는 조리법을 모색하기 시작했다. 이런 경험이 결국 '양식'이라는 꽃을 피우는 밑거름이 되었다.

메이지 시대 중기, 서양음식에서 빼놓을 수 없는 쇠고기는 악전고투하면서 물량을 조금씩 확보해갔다. 가격이 쇠고기보다 싼 편인 돼지고기는 1900년에 미국과 영국에서 씨돼지를 수입해 본격적인 양돈사업을 펼치면서 보급되기 시작했다. 즉 메이지 시대 중기는 '돈가스의 탄생'을 향해 갖가지 서양 조리법을 습득하는 한편, 돈가스의 재료가 되는 돼지고기를 일본에서 생산하기 시작한 시기였다.

3. 일양절충요리의 대두 – 메이지 시대 후기

일양절충요리, 즉 양식의 매력

메이지 시대 중기에서 후기에 걸쳐 정식 서양요리가 아니라 일양절충요리, 즉 양식이 등장했다. 서민들이 양식을 환영한 것은 ① 쌀밥에 잘 어울리는 반찬이다. ② 일상에서 간편하게 먹을 수 있는 서양식 요리다. ③ 나이프나 포크를 쓰지 않고 젓가락으로 먹을 수 있다. ④ 우스터소스를 끼얹어 먹는 매력이 있다. ⑤ 일품 양식이나 가벼운 서양요리라고 불릴 만큼 부담을 주지 않는다. ⑥ 단백질이 많고 영양이 풍부하다 등등의 이유 때문이었다. 1897년(메이지 30년) 무렵에는 도쿄에 양식집이 급속도로 보급되어 그 숫자가 1,500곳에 이르렀다.

조리학의 권위자인 가와바타 쇼코川端晶子는 「양식 조리의 발달」(『강좌 음식의 문화』 제3권, 『조리와 음식』)에서 "양식이 탄생하는 데는 일본의 독자적인 절충요리가 크게 영향을 미쳤다"면서 "절충요리는 고유한 일본요리에 서양요리나 중국요리, 그 밖의 요리 양식이 더해지고 그것들이 혼연일체로 녹아들어 태어난 새로운 요리라고 할 것이다. 일본에서 절충요리는 가정의 식사를 개량할 필요 때문에 탄생했고, 그 전파는 요리강습장이나 요리책, 일반 잡지를 통해 이루어졌다"고 말했다. 그 과정에서 많은 절충요리가 나타났다.

이들 양식의 형식에는 다음과 같은 계통이 있었다.

① 가쓰레쓰, 고로케, 새우튀김처럼 튀김과 밥을 조합한 것.
② 라이스카레, 하야시라이스, 치킨라이스, 오므라이스처럼 서양식을 가미한 밥 종류.
③ 롤캐비지(고기와 채소로 만든 소를 넣은 양배추쌈—옮긴이), 스튜, 오믈렛 같은 서양풍 일식.

이 요리들의 공통점은 일본음식을 서양식으로 만든 것이 아니라, 서양요리를 일본화한 것이라는 점이다. 이후 돈가스, 꼬치가스, 감자고로케, 굴튀김 등 일본에만 있는 독창적인 양식이 등장했다. '하야시라이스'는 쇠고기와 양파를 볶은 것에 그레이비소스와 데미글라스소스, 토마토를 넣고 끓이다가 루(roux: 서양요리에서 소스나 수프를 걸쭉하게 하기 위해 밀가루를 버터로 볶은 것—옮긴이)를 넣어 걸쭉하게 만든 것을 밥 위에 끼얹어 먹는 것으로, 일본에만 있는 요리다(영어로 하면 hashed beef and rice지만, 카레라이스와 같이 서양음식을 일본식으로 바꾼 것으로, '하야시'라는 말도 고안자 하야시 유테키두矢仕有的의 성에서 비롯된 것이라고 함—옮긴이). 메이지 시대 말기에 보급되기 시작했다.

요리학교의 개설

1911년 가메이 마키코龜井まき子가 쓴 『양식의 조리洋食の調理』는 메이지 시대의 양식을 알 수 있게 해주는 명저다. 저자는 권두에서 '서양요리를 보는 관점'에 대해 "서양요리라고 하면 우리나라에서는 미국식이든 프랑스식이든 모두 마찬가지라고 생각하는 사람이 많습니다. 그런데 외국 사정에 정통한 사람들은 두 나라의 요리가 아주 다르다고 합니다. 요리이름에서 만드는 법까지 서로 다르다는 것입니다. 둘 중 어느 것이 더 맛있냐는 질문에는 약간 어폐가 있습니다만, 일단 일본인 입맛에 더 맞을 것 같은 요리를 조사해서 써보겠습니다"라고 쓰고 있다. 원문은 구두점이 전혀 없는 긴 문장이 이어진다.

1897년 무렵부터 일양절충요리라는 말이 유행하기 시작했는데, 이것은 에도 시대에 완성된 일본요리와 본격적인 서양요리의 중간쯤 되는 요리를 가리켰다. 가메이는 280쪽 중 100쪽을 일양절충요리를 해설하는 데 할애하고 있다. 저자 스스로 요리강습소에서 실제로 요리를 해보고 손쉽게 만들 수 있는 것만 골라서 싣고 있기 때문에, 메이지 시대 후기의 양식을 알 수 있게 해주는 귀중한 문헌이다.

1901년에는 도카이도선東海道線 급행열차에 양식 전문 식당차가 연결

되었다. 여행객이 차 안에서 양식을 먹을 수 있게 되면서 양식의 보급에 가속도가 붙었다.

그런데 일반 가정에 양식을 침투시킨 원동력은 이미 말한 것처럼 요리책이 널리 보급된 것과 자녀들을 상대로 요리학교를 개설한 것이었다. 그때까지 요리교육이란 직업적인 요리사를 육성하기 위한 과정이었다. 그러나 1882년이 되면서 아카보리 미네요시赤堀峰吉가 도쿄의 니혼바시에 처음으로 요리학교를 열어 자녀를 위한 요리교육에 발 벗고 나섰다.

아카보리는 가정요리의 내용을 충실히 하고, 입식부엌을 제안하며, 일하기 편한 요리복을 고안하는 한편, 프라이팬 같은 새로운 조리기구나 계량컵을 도입해 가정요리의 신기원을 열어갔다. 1886년에는 도쿄 여학교의 교과과정에 서양요리가 채택되었다. 자녀들에게 양식에 관한 지식을 알려주려고 여학교에서는 요리교육이 활발해져갔다.

양식이 발전하면서 부엌도 많이 변했다. 메이지 시대 초기의 부엌은 에도 시대와 거의 다르지 않았다. 하지만 메이지 20년이던 1887년에 전등이 도입되면서 부엌의 근대화가 시작되었다. 일양절충요리에 필요한 설비나 조리기구도 정비되어 예를 들면 오븐, 프라이팬, 중국냄비, 찜통 같은 것들이 쓰이기 시작했다.

메이지 30년대의 이상적인 부엌으로 오쿠마 시게노부大隈重信, 이와자키 야타로岩崎彌太郎의 저택이 소개되었다. 가스를 연료로 해 당시로서는 획기적인 설비를 갖춘 집이었다. 그런데 오쿠마가 평소에 먹던 것은 양식이 아니라 일식이었다고 한다. 어쨌든 그로부터 오늘날까지, 일본의 부엌은 일식, 양식, 중식이라는 광범위한 영역에 대응하면서 시대에 맞추어 변모를 계속하고 있다. 주방기구가 너무 늘어난다는 문제도 있겠지만, 부엌이 다양해지면서 다이쇼 시대부터 쇼와 시대에 걸쳐 가정에서도 양식을 만들 수 있게 되었다.

카페에서도 양식을 먹을 수 있다

양식이 들어오는 데도 일본인은 왜 그렇게 밥에 집착한 것일까. 1971년 쇼와 여학교 식물학연구실에서 나온 『근대 일본 음식사近代日本食物史』에는 "쌀은 일본의 풍토와 재배조건이 맞을뿐더러 조리가공에 손이 별로 가지 않고, 더구나 그 맛은 일본요리와 함께든 서양요리와 함께든 잘 어울리고, 호화로운 요리와도 먹을 수 있고 깨소금만으로도 먹을 수 있다. 그런 까닭에 한번 밥을 주식으로 하면 식사 전체를 쌀에만 의지하는 경향이 생긴다. 또 쌀에 들어 있는 단백질은 행인지 불행인지 밀보다 질적으로 우수해서, 많이 먹기만 하면 쌀만으로도 충분히 살아갈 수 있다"고 씌어 있다.

아시아에서도 수전도작 농경문화권에 속하는 일본은 바다와 산에서 나는 다양하고 풍부한 산물을 가지고 쌀 중심의 독특한 음식문화를 발전시켰다. 쌀밥과 어울리는 양식이라는 것은 쌀에만 의지하고 있던 일본인에게는 놀라운 음식문화로, 그 때문에 폭발적으로 보급되었을 것이다.

한편 다이쇼 시대에서 쇼와 시대에 걸쳐 아주 융성했던 카페도 서민들에게 양식이 보급되는 데 한몫을 했다. 메이지 시대 중기부터 후기에 걸

[그림 19] 다이쇼 시대의 카페 광고
(마스다 다지로增田太次郎의 『광고지로 보는 다이쇼의 세태와 풍속』에서)

쳐 카페가 속속 등장했다. 1911년에 도쿄 교바시 히요시초日吉町에 서양식의 '카페 프랭탕'이, 긴자 오와리초尾張町 한 구석에 '카페 라이온'이, 미나미나베초南鍋町에 '카페 파우리스타'가 문을 열었다. '카페'는 문자 그대로 커피를 파는 곳이다. 일본에서는 1888년, 도쿄 시타야下谷 구로몬초黑門町에 개점한 '가히사칸可否茶館'이 그 시초라고 한다.

카페의 기능은 '커피를 파는' 가게 → '가족 동반으로 양식을 즐기는' 가게 → '미인이 서비스하며 양주를 파는 가게'로 바뀌어 갔다. [그림 19]에서 보는 것처럼, 다이쇼 시대의 한 카페 광고전단에는 '편안하게 맛있는 양식을 드실 수 있는 양식집이 생겼습니다. 여러분, 꼭 한번 오세요. 서양요리 카페 산스이' 라고 되어 있다.

메뉴에는 비프커틀릿, 비프스테이크, 멘치보(햄버거스테이크), 스튜비프, 라이스카레, 커피 등이 있었다. '돈가스'는 아직 탄생하지 않았다.

카페에 술이 나오게 되면서, 가족동반으로 양식을 먹으러 오는 사람들은 줄어들고 대신 문인이나 화가, 연극인이 등장해서 독특한 문예론을 펼치는 장이 되었다. 그런 분위기 속에서 카페는 여류문학의 발상지가 되어, 하야시 후미코林文子, 우노 치요宇野千代, 사다 이나코佐多稲子 같은 사람들이 등장하고 성장했다. 카페가 다이쇼 시대부터 쇼와 시대 초기까지 서민들에게 양식을 보급한 공로는 지대했다.

라이스카레

'가쓰레쓰'에 이어서 대중화된 양식은 '라이스카레'와 '고로케'다. 이것들은 일본인의 입맛에 아주 잘 맞아서 다이쇼 시대가 되면 돈가스와 더불어 '3대 양식'으로 손꼽히며 인기를 끌었다. 지금도 일본인에게 절대적인 인기를 누리고 있는 이 두 가지 양식에 대해 잠시 알아보자.

라이스카레가 등장한 것은 메이지 20년대다. 소량의 고기에 감자와 양파, 당근을 넣고 걸쭉한 카레소스를 만든다. 찰기가 있는 자포니카종 쌀로 지은 밥에 카레소스를 듬뿍 뿌려서 후쿠진즈케(福神漬, 단무지의 일종—옮긴이)와 락교를 곁들인다. 그야말로 일양절충요리의 우등생이라 할 만한 양식인데, 여기에도 에피소드가 많다.

라이스카레에 곁들여서 먹는 것 중에 일본에만 있는 후쿠진즈케라는 것이 있다. 1886년에 도쿄 우에노에 있는 슈에쓰酒悅라는 가게에서 처음 팔기 시작한 것으로, 무, 작두콩, 가지, 버섯, 무청, 땅두릅나물(우도), 차조기(시소)의 일곱 가지 채소를 간장과 맛술로 양념해서 만든다. 이 후쿠진즈케라는 이름은 일곱 가지 채소를 복福의 신에 비유한 것이다. 니혼유센日本郵船의 식당에서 이것을 라이스카레에 곁들여 냈는데, 일본인 입맛에 맞는다고 호평을 받아 오늘날까지 전해지게 되었다. 인도의 처트니(망고와 기타 과일, 양파, 건포도, 설탕, 향료를 끓여서 만드는 양념으로, 인도의 카레는 한 가지 이상의 처트니를 넣어 만든다―옮긴이)나 서양의 피클과 비슷한 음식이다.

1894~1895년의 러일전쟁 무렵에 라이스카레는 도회지에 있는 중산층 가정을 중심으로 급속도로 보급되었다.

1895년의 『조칸』에는 본격적으로 라이스카레 만드는 법이 나온다. "양파를 반으로 잘라 한쪽을 얇게 썬 후 버터(수프의 기름을 사용해도 좋다)로 볶는다. 쇠고기는 두께 2~3센티미터, 가로세로 1센티미터 정도로 썰어 이미 볶아놓은 양파와 함께 한 번 더 볶는다. 여기에 카레가루와 밀가루, 우유를 섞어서 붓고 소금으로 간을 맞춰 약한 불로 한 시간쯤 끓인다. 소스가 완성되면 밥과 다른 그릇에 담거나 밥 위에 끼얹어서 먹는다."

이 방법은 오늘날의 비프카레와 거의 비슷하다. 유난히 위가 약했던 대문호 나쓰메 소세키도 이 라이스카레의 갑작스런 출현에 흥미를 느꼈던 듯하다. 그의 소설『산시로』에 바로 라이스카레가 등장하는 것을 보면 말이다.

여기서 퀴즈를 하나 내보자. '카레라이스'와 '라이스카레', 두 호칭 가운데 어느 쪽이 옳은 것일까? 전자는 카레가 많은 것이고 후자는 쌀이 많은 것이라는 설이 있는데, 틀린 답변이다.

원래 카레소스와 밥을 다른 그릇에 따로 담던 것이, 메이지 시대 후기가 되면서 밥 위에 카레소스를 얹는 일본의 독특한 방식으로 바뀌었다. 이 무렵인 1912년의『조칸』에는 일반적으로 사용하는 '라이스카레'라는 이름 대신 어순을 바꾼 '카레라이스'라는 말이 처음으로 등장한다. 이 두 음식이 어떤 차이가 있는지는 설명되어 있지 않다.

그러다 다이쇼 시대를 지나면서 '카레라이스'라는 명칭이 더 많이 쓰이게 되었고, 일반적인 용어로 굳어졌다. 이것은 어쩌면 일양절충요리가 만들어낸 말장난일지도 모르지만, 대다수의 사전에서도 두 말이 같은 의미로 사용된다고 쓰여 있다.

이 책에서는『조칸』에 맞춰 메이지 시대에는 '라이스카레'로, 그리고 다이쇼 시대에는 '카레라이스'로 구분해서 썼다. 영어로는 '커리 앤드 라이스curry and rice'나 '커리드 라이스curried rice'라고 한다.

카레가루 소비량이 세계 2위로

라이스카레에 얽힌 에피소드를 좀 더 얘기해보자. 이시이 하루헤에石井治平衛는『일본 요리법 대전日本料理法大全』(1898)에서 라이스카레를 일본요리로 분류하면서, 두 종류의 카레 만드는 법을 소개했다. 또 무라이 겐사이村井弦齋는 1903년에 나온 『식도락』에서 "라이스카레에는 영국풍의 맑은 카레와 인도풍의 걸쭉한 고기카레가 있다"고 설명했다. 정식으로 루를 가지고 카레 만드는 법은 이렇게 설명되어 있다. "양파 큰 것 한 개와 마늘 세 조각을 잘게 다져서 버터 한 큰술을 넣고 프라이팬에서 볶는다. 여기에 밀가루 한 큰술과 카레가루 한 중술을 넣어 전체적인 색이 갈색이 될 때까지 볶는다. 다시 여기에 수프 두 홉을 넣고 잘 섞은 후 걸쭉해질 때까지 끓이면서 소금과 설탕으로 적당히 간을 한다. 잘게 썬 고기를 넣고 한 시간 정도 약한 불에서 끓인 후 밥 위에 끼얹어 먹는다."

1906년에 도쿄 간다 마쓰무로초松室町에 있는 잇칸도一貫堂에서 루와 고기를 함께 말린 '카레라이스의 재료(種)', '하야시라이스의 재료'를 판매했다. 이것은 카레가루와 고기를 조합해서 건조한 것으로, 당시에는 획기적인 신상품이었다. 유감스럽게도 맛이 썩 뛰어난 편이 아니라서 널리 보급되지는 않았지만, 뜨거운 물에 풀기만 하면 요리를 할 수 있었다는 점에서 즉석카레의 원조인 셈이다. 메이지 40년대가 되면 카레가루를 본격적으로 수입하기 시작하고, 메이지 시대 말에는 '하야시라이스'도 인기를 끌게 되었다.

그런데 1912년 『산요 신문山陽新聞』에 라이스카레가 얼마나 갈 것인지 의문시하는 글이 실렸다. "서양요리에 라이스카레라는 것이 있다. 나는 그것을 먹을 때마다 현대 일본을 이렇게 잘 상징하는 것도 없다는 생각을 한다. 서양문명과 일본문명이 하나의 접시에서 뒤섞여 어느 쪽에도 없는 독특한 풍미를 만들어낸다는 것, 거기에는 과도기의 애수가 깃들어 있다. 하지만 라이스카레가 썩 맛있는 요리도 아니고, 이것만 먹고 배를 불리는 건 역시 허전하다. 과연 라이스카레의 운명은 언제까지 계속될 수 있을 것인가." 라이스카레라는 일양절충요리에 찬반양론이 있었던 것이다.

그렇지만 그 후에도 일본인의 라이스카레 사랑은 쉽게 사그라들지 않았다. 왜냐하면 재료도 저렴하고, 짧은 시간에 간단히 만들 수 있고, 맛있고, 금방 먹을 수 있을 뿐 아니라, 찰기 있는 밥에 잘 어울리기 때문이다. 라이스카레 존폐론은 다이쇼 시대에 접어들면서 싹 사라지고 말았다. 그리고 일본은 카레의 본고장 인도에 이어 카레가루 소비량 세계 2위의 나라가 되었다.

카레요리의 역사

그런데 카레요리의 발생과 역사적인 변천에는 흥미로운 이야기가 많다. 본론에서 약간 벗어나기는 하지만 잠시 훑어보기로 하자.

카레는 다양한 향신료를 혼합한 것이지 어느 한 종류의 향신료만을 일컫는 말이 아니다. 그 이름은 북인도 타미르어의 카리kari에서 나왔다. 인도의 카레요리에 사용되는 향신료의 종류는 아주 다채로워서, 정향clove, 육두구nutmeg, 카이엔페퍼cayenne pepper, 스타아니스star anise, 백리향thyme, 회향fennel, 메이스mace, 심황turmeric, 고수coriander, 커민cumin, 계피cinnamon, 올스파이스allspice, 파프리카paprika, 바질basil, 오레가노oregano, 캐러웨이caraway, 월계수laurier, 생강, 마늘, 양겨자mustard 등이 있다.

이 중에서 좋아하는 대여섯 종류를 골라 적당히 덜어서 카레요리를 만든다. 알갱이 그대로 쓰거나 걸쭉한 페이스트 상태로, 아니면 가루로 쓰는데, 어떻게 사용하는지에 따라 요리의 맛이 달라진다. 일본에서는 카레의 색깔을 내기 위해 심황을 쓰고, 향미를 위해 회향을 쓰고, 매운맛을 위해 후추를 쓰는 식으로 이삼십 종의 향신료를 조합해 요리한다.

인도에서 카레요리가 발달한 것은 지리적으로 향신료 주산지에 가까워서 향신료의 집산지였기 때문이다. 향신료의 독특한 냄새는 썩기 쉬운 생고기의 신선도를 유지하고 고기냄새를 없앨 뿐 아니라 기운을 북돋워주는 강장효과도 있다.

이윽고 인도의 독특한 카레요리에 유럽 여러 나라가 주목하기 시작했다. 에도 시대 중기인 1772년, 벵갈의 초대 총독인 워런 헤이스팅스가 인도의 향신료와 쌀에 흥미를 느껴 영국으로 가지고 돌아가 카레요리를 소개했다. 이것이 영국에서 관심을 모으면서 카레에 대한 수요가 늘어나자, 세계 최초의 카레가루 제조회사인 클로스 앤드 블랙웰C&B이 설립되었다. 카레요리는 프랑스에 전해지면서 루로 걸쭉하게 만드는 조리법이 생겨 고기요리인 커리오리cari au riz로 바뀌었다.

인도에서 유럽으로 전해진 이 카레요리가 다시 '일식'이 되기까지는 어떤 조리법의 변화가 있었을까.

① 인도에서 생긴 카레요리는 원래 고기를 카레로 끓인 것이다. 인도에서는 밀가루로 만든 루를 사용하지 않고 감자와 기(ghee, 우유, 물소젖으로 만든 정제 버터), 야자열매를 써서 걸쭉하게 만든다.
② 영국에 전해지면서 루를 넣어 걸쭉하게 만들기 시작했다.
③ 일본에 전해지면서 고기의 양은 줄어들고 감자, 당근, 양파 같은 채소가 많이 들어가게 되었다. 이제는 고기조림이라고 하기 어려워졌다. 거기에 밀가루(루)도 넉넉히 넣어 일본인이 좋아하는 걸쭉한 음식이 되었다.

고로케의 출현

'다이쇼 3대 양식' 가운데 마지막 하나인 고로케는 메이지 시대 중기인 로쿠메이칸 시대 후에 출현해 메이지 30년대 중반에 일반화되었다. 그리고 나중에 이야기하겠지만, 다이쇼 시대 중엽의 불황기에 크게 유행한다. 유럽에서는 고로케 소에 화이트소스를 더한 크림고로케가 주였고, 감자는 아주 조금밖에 들어가지 않았다. 그런데 고로케가 일본에 전해지자, 간사이 지방에서 화이트소스 없이 체에 친 감자만으로 만든 '감자고로케'가 만들어져서 '고깃집의 고로케'로 팔리기 시작했다.

1895년의 『조칸』에는 감자고로케가 "쇠고기나 닭고기를 갈아 감자와 섞어서 타원형으로 모양을 만든 후 페트로 튀긴다"고 소개되어 있다. 그리고 크림고로케에 대해서는 "새우를 소금물에 데쳐 껍질을 벗기고 깍둑썰기로 썬 후 버터에 볶는다. 버터를 냄비에 녹인 후 밀가루와 우유를 조금씩 부어가며 저어준다. 밀가루가 손으로 뭉쳐질 만큼 부드러워지면 볶은 새우를 넣고 섞어서 그릇에 옮겨 식힌다. 반죽을 조금씩 떼어내어 6센티미터 정도의 타원형으로 만들고 빵가루를 입힌 후 계란을 묻히고 다시 빵가루를 입혀 쇠기름으로 튀겨낸다"고 소개하고 있다.

고로케라는 기묘한 말은 원래 프랑스요리에서 곁들여 내는 음식 크로켓에서 유래한 것이다. 우선 닭고기, 송아지고기, 새고기, 새우, 게, 굴, 햄, 달걀노른자, 양파, 아티초크artichoke, 트뤼프truffe, 샴피뇽champignon, 마카로니 등에 베샤멜소스(sauce bechamel, 밀가루를 버터로 살짝 볶은 것에 우유를 넣어 걸쭉하게 끓인 다음 소금, 후추, 육두구 등으로 양념한 것으로, 소스이름은 루이 14세의 시중을 들던 집사 베샤멜에서 나왔다. 화이트소스라고도 한다—옮긴이)를 넣고 재료가 서로 떨어지지 않도록 으깬 감자를 넣는다. 이것을 원하는 크기로 빚어서 밀가루, 계란 푼 것, 빵가루를 입혀 기름으로 튀겨낸 것이 크로켓이다. 프랑스에서는 다른 음식에 곁들여 내는 보조적인 음식이지만, 영국이나 일본에서는 주요리로 대접받는다.

외식으로서의 양식

지금까지 3대 양식에 대해 서술했는데, 본래의 화제였던 메이지 시대 후기의 '양식' 전체에 관한 이야기로 돌아가보자.

메이지 시대 중엽부터 양식은 서민들 사이에 급속하게 보급되기 시작했다. 하지만 가정에서의 식사 구성을 보면 양식이 일식을 압도한 것은 아니었다. 나중에 이야기하겠지만, 1917~1920년(다이쇼 6~9년)의 통계를 보면, 가정에서 만드는 요리 가운데 일식이 89.4퍼센트를 차지하고, 양식은 9.2퍼센트, 중식은 1.1퍼센트를 차지하고 있다. 양식의 비중이 일식의 불과 1할에 지나지 않음을 알 수 있다. 양식이나 중식 메뉴가 가정요리 가운데서 비중이 높아지는 것은 훨씬 나중인 쇼와 시대 후반부터다.

『근대 일본 음식사』는 메이지 시대 말기에 가정에서 먹는 일양절충요리에 대해서 "서양요리가 가정요리가 되었다는 것은 먹고 싶으면 바로 만들 수 있다는 뜻이지, 언제나 먹고 있다는 의미가 아니다. 잡지에 실리는 요리 기사 가운데 과반수가 서양요리라고는 해도, 그것을 읽고 실제로 만들어 먹는 집은 매우 개방적인 가정에서도 흔치 않으리라 생각한다"고 쓰고 있다.

이렇게 해서 양식은 밖에서 먹는 음식, 즉 외식으로 정착되었다. 나이프와 포크는 아직 서민 가정에서는 보기 드문 것이었다. 메이지 시대 말기, 도회지에서도 보통은 밥을 먹었고, 집에서 먹는 식사에 빵이 끼어들 자리는 별로 없었다. 그리고 요릿집을 이용하는 연회에서는 일본요리가 변함없이 압도적인 우세를 보였다.

한편 양식에 빠지는 서민들에게 찬물을 끼얹는 사람도 나타났다. 제3장에서도 말했듯이, 1891년 무렵에 가와카미 오토지로는 '옷페케페' 가락 속에서 서양의 겉모습만 따라가는 풍조를 통렬히 비난하고 있다. "뱃속에 맞지도 않는 양식을 마구 우겨넣는 것은 오기에 지나지 않는다." 하지만 이런 경향은 쉽게 사라지지 않아 많은 일본인들이 외식으로는 양식을 먹고 집에서는 일식을 먹는 식습관이 생겼다.

일본요리에 끼친 영향

이렇게 양식, 즉 일양절충요리가 침투되는 와중에 전통적인 일본요리는 어떤 영향을 받았을까.

멀리 무로마치 시대에, 일상생활의 폭이 넓어지고 음식에 대한 일본인의 관심이 높아지면서 오구사大草류, 신지進士류, 시조四條류, 소노베園部류 등 일본요리에 정통한 가문이 생겼다. 그 결과 도마, 칼, 젓가락 등을 사용하는 방법과 엄격한 식사법이 형성되었다. 갓포, 즉 칼을 중요하게 여기는 일본 요리문화가 만들어졌고, 분카·분세이文化·文政 연간(1804~1830)에는 에도의 요리문화가 최고조에 달했다.

요릿집이 생기면서 서민들에게 우동과 메밀국수, 초밥, 뎀뿌라, 양념구이 같은 음식을 파는 포장마차가 늘어났다. 그러나 메이지 유신을 맞아 육식이 장려되고, '단팥빵'이 유행하고, '양식'이 잇따라 등장하면서, 일본요리의 전통적인 포장마차 문화는 흔들리기 시작했다.

1898년에 시조류의 중심인 이시이 하루헤에(石井治平衛: 시조 가문의 8대손)는 일본요리의 전체적인 모습을 정리해서 1,500쪽에 달하는 방대한 『일본 요리법 대전』을 출판했다. 일본요리를 지향하는 전문가들 사이에서는 지금도 일본요리의 바이블로 높이 평가되는 명저다.

　이 책을 집필하는 과정에서 이시이는, 양식은 '일본화한 서양요리인가, 아니면 서양화한 일본요리인가' 라는 곤란한 질문과 대면하고 결론을 내려야 했다. 메이지 유신은 요리의 세계에도 변혁을 가져왔다. 일본요리의 권위주의는 폐습으로 부정되었고, 메이지 유신은 곧 '요리유신' 으로 이어졌다. 이시이는 가쓰레쓰와 비프스테이크, 프라이, 고로케, 라이스카레 등을 『일본 요리법 대전』에 포함시켰다. 양식이 훌륭한 일본요리로 재평가된 것이다.

　이상으로 일양절충요리, 즉 양식이 대두한 메이지 시대 후기를 중심으로 여러 이야기를 해왔다. 메이지 시대 후기는 '돈가스의 탄생' 을 위한 중요한 시기였다. 급속도로 도시가 발전하면서 샐러리맨을 중심으로 일본화한 서양요리가 침투하기 시작했기 때문이다. 또 이전의 '비프커틀릿' 이나 '치킨커틀릿' 에 대비되는 '포크커틀릿' 이 등장, 다이쇼 시대에 인기가 급상승했다. 쇠고기보다 돼지고기가 훨씬 싸고 손쉽게 먹을 수 있었기 때문에, 서민들과 친근해지기도 쉬웠다. 돼지고기가 보급되면서, 서양요리에 이어 중국요리도 주목받기 시작했다.

4. 양식의 보급—다이쇼·쇼와 시대

3대 양식이 각광을 받고

다이쇼 시대에서 쇼와 시대에 접어들자 지극히 서민적인 양식이 보급되면서 이미 언급한 '3대 양식'이 주목받기 시작했다. 그 많던 서양요리들은 도태되고, 세이요켄 같은 본격적인 서양요릿집이 번성했다. 또 포장마차 양식집이나 일품양식집이 서민들의 지지를 등에 업고 늘어났다. 한편 일식, 양식, 중식 할 것 없이 뭐든지 만드는 종합적인 대중식당과 백화점 같은 큰 식당이 나타나고, 가정요리 속에도 양식이 침투하기 시작했다. [그림 20]은 다이쇼 시대 쇠고깃집의 전철용 포스터를 그린 것이다.

이들 양식 가운데 특히 다이쇼 시대 이후 '카레'의 흐름을 살펴보자. 1914년(다이쇼 3년)에 부인의벗사婦人之友社가 '런던 특산품 즉석카레'를 팔기 시작했다. "간단하게 만들 수 있고 맛도 좋아서 식욕이 없거나 갑자기 손님이 왔을 때 최고"라고 선전했다. 따뜻한 물에 개어 채소를 넣기만 하면 완성되는, 지금과 비슷한 즉석카레였다. 제1차 세계대전 무렵부터 카레가루의 수요가 늘어나더니, 군대에서까지 카레라이스는 '매운 수프 밥'이라 불리며 인기를 끌었다.

고로케도 잠시 짚어보자. 감자를 사용한 '감자고로케'는 1895년 『조칸』에 등장했지만, 정작 서민들 사이에서 유행한 것은 다이쇼 시대 중엽인 불황기부터의 일이다. 불황을 쫓아내겠다는

[그림 20] 다이쇼 시대의 쇠고깃집 전철 포스터 (기타하라 요시오北原義雄 편 『현대고등미술전집 22』에서)

뜻을 담아서 경쾌한 〈고로케의 노래〉도 등장했다. 단팥빵이 히로메야의 선전으로 유행한 것처럼, 고로케도 이 노래를 타고 빠르게 퍼졌다. 1917년 도쿄에 있는 데이코쿠帝國 극장에서 상연된 희극 '돗차단네'에서 불렸던 〈고로케의 노래〉는 아사쿠사에 있는 니혼칸日本館의 '카페의 밤'에서도 다시 등장했다. "아내를 맞아서 기뻤는데 언제나 나오는 반찬이 고로케, 오늘도 고로케 내일도 고로케, 일 년 내내 고로케, 아하하하 아하하하, 이거 재미있군." 본 적도 없고 먹은 적도 없는 고로케가 전국 각지에 널리 퍼진 데는 이 노래의 공적이 컸다.

간토 대지진 후의 양식과 스다초 식당의 성황
다이쇼 시대 말기가 되면서 양식에 여러 가지 변화가 나타났다.

우선 1923년에 간토 대지진이 발생한 이후, 이 불타버린 도시에서 양식인 카레라이스가 인기를 끌었다. 라면집, 양식집, 다방이 늘어났고, 에도 시대에 다른 무엇보다도 서민들의 마음을 사로잡았던 메밀국숫집에 손님이 줄어드는 이변이 생겼다. 오늘날 우리는 메밀국숫집에서 돈가스덮밥이나 카레라이스 같은 양식을 먹는 것을 아무렇지도 않게 생각하지만, 이 '메밀국숫집의 양식'은 사실 대지진 후의 불황을 극복하기 위해 도쿄의 메밀국숫집이 기사회생 작전으로 도입한 것이었다.

당시 메밀국숫집은 대개 손으로 뽑아낸 메밀국수를 파는 다타미 집이었는데, 조금은 타성에 젖어 침체된 느낌을 주고 있었다. 그곳에 식탁과 의자가 들어오고 돼지고기로 만든 카레라이스와 돈가스덮밥이 메뉴에 더해졌다. 메밀국숫집의 양식은 먹기 편하다고 해서 지지자가 급속도로 늘었고, 오늘날에는 전국 어디에나 퍼져 있다. 바로 이 무렵에 '감자고로케'가 고깃집 점두에 등장했다. 고기 부스러기를 활용하려는 간사이 지방다운 아이디어였다. 껍질째 찐 감자를 체에 치면 조각조각난 껍질이 고기로 보인다는 웃지 못할 아이디어도 나왔다.

대중식당이 양식을 싸게 내놓은 것도 빼놓을 수 없는 변화다. [그림 21]은 다이쇼 시대 후기에 등장한 한 양식집 광고전단이다. 제1차 세계대전이 끝나고 불황과 간토대지진 같은 다이쇼 시대 말기의 격동이 몰아칠 무렵, 도쿄에 '스다초 식당'이 문을 열었다. 일식, 양식, 중식의 모든 요리를 한 곳에서 다 만들어내는 대중음식점이었다.

[그림 21] 다이쇼 시대 후기의 도쿄의 양식집 광고
(마스다 다지로의 『광고지로 보는 다이쇼의 세태와 풍속』에서)

스키야키, 가쓰레쓰, 새우튀김, 카레라이스, 하야시라이스, 치킨라이스, 오므라이스, 멘치보르(미트볼가스), 채소샐러드를 5~8센이라는 싼값에 먹을 수 있었다. 서민들은 낯선 나이프와 포크로 양식 먹는 기분을 만끽했다. 지방에서도 양식을 먹으러 일부러 올라올 정도로 인기였다. 스다초 식당은 다이쇼 시대 말기에서 쇼와 시대에 걸쳐 많은 체인점을 거느리며 번영을 누렸다. 오사카의 대중식당 '모리'도 도쿄에 진출해서 카레라이스와 장어덮밥을 전파했다.

카레라이스의 인기는 여전히 높았고, 도쿄 신주쿠의 나카무라야中村屋와 긴자의 시세이도資生堂, 오사카 우메다梅田의 한큐阪急 백화점에서 불타나게 팔려나갔다. '한큐 식당'의 카레라이스는 백화점이 창업한 이래 지금까지도 여전히 인기상품이다.

메이지 시대에 틀이 잡힌 양식은 다이쇼 시대에 도시화가 진행되는 가운데, 대중식당을 중심으로 전국적으로 퍼지고 전파되었다. 한편 일식요릿집과 스스로를 차별화하던 양식집은 일식과 양식을 같이 취급하는 음식점으로 서서히 바뀌어갔다. 또 라면과 완탕, 볶음밥, 만두 같은 중국요리를 파는 '간이 중국요릿집'도 속속 문을 열었다. 그리고 이 음식들을 모두 취급한 것이 백화점 식당가였다.

돈가스의 탄생 – 쇼와 시대의 양식

1926년에 메밀국숫집에 '카레남만'이 등장했다. 1927년에 도쿄 신주쿠의 나카무라야에서 영계를 뼈째로 삶아 만든 '고급 인도카레'를 판매하기 시작했다. 이 카레는 일본에 망명한 인도의 독립운동가로 나카무라야 창업자 소마 아이조相馬愛藏의 사위가 된 라시 비하리 보스가 만든 것으로, 인도에서 직수입한 카레가루를 사용했다. 닭고기와 버터, 쌀 등의 재료를 엄선해서 밥과 카레는 각각 다른 그릇에 담고 피클을 곁들였다. 당시 가격이 50센으로 다른 카레보다 네다섯 배가 비쌌지만, 지금까지도 여전히 간판상품으로 인기가 높다.

1930년에는 일본에서도 카레가루가 만들어졌고, 1932년에는 카레가루와 루를 혼합한 '즉석 카레'가 출현했다. 오늘날에는 고형카레, 레토르트카레, 냉동카레, 카레통조림 등 카레의 형태가 다채롭게 발전했다.

한편 고깃집에서는 반찬거리로 양식을 많이 내놓고 있다. 금방 튀겨낸 가쓰레쓰, 고로케, 프라이가 도시 가정의 식탁을 장식한다. 뜨거울 때 사오면 손도 가지 않고 부엌도 더러워지지 않으며 값도 생선보다 싸니, 고깃집 튀김요리에 주부들이 몰려든 것은 당연한 일이다. [그림 22]는 쇼와 시대 초기의 포장마차 양식집을 그린 것이다.

[그림 22] 쇼와 시대 초기의 포장마차 양식집
(일본식량신문사 편 『맛 100년』에서)

이렇게 보면, 도쿄 우에노의 폰치켄이 '돈가스'를 처음 팔았다는 1929년은 사실은 양식이 가정에도 상당히 보급된 때였다. 지금까지 살펴본 것처럼, 앞선 사람들이 고심하고 노력한 끝에 서민을 위한 양식이 쏟아져나오고 음식문화의 정점에 달했을 때 바로 돈가스가 탄생한 것이다. 돈가스는 양식의 왕자답게 우에노나 아사쿠사 같은 서민들의 거주지에서 전국 각지로 급속도로 퍼져나가며 위세를 떨쳤다.

'돈가스의 탄생'에 이르는 과정을 짚어보면, 메이지 시대에 양식이 시작된 이래 60년이라는 세월이 흐르고서야 겨우 일본의 서민들이 '육식'을 본격적으로 받아들였음을 알 수 있다. 한 조각의 돈가스에는 수많은 일본인의 지혜가 응축되어 있다. 세계에서도 유례를 찾아볼 수 없는, 서민의 힘으로 요리를 창조해가는 일본의 음식문화는 앞으로 어떻게 전개될까. 필자는 즐겁게 지켜보고 있다.

에필로그

요리유신 - 현대 일본음식의 출발점

'요리유신'이 의미하는 것, '메이지 시대, 양식의 시작'이란 도대체 무엇인가. 오늘날의 우리 식생활과는 어떤 관련이 있는 것일까. 이 책을 마치면서 돌아보니, 130년 전의 요리유신이야말로 오늘날의 일본 음식문화를 풍부하게 만든 출발점이 되었다.

유럽 여러 나라가 일본의 개국을 강요하던 막부 말기, 그 무렵 일본인의 식탁은 그야말로 보잘것없었다. 그러던 것이 메이지 유신을 맞이해 빠르게 근대국가로 나아가기 시작하면서 '서구를 따라잡아 서구를 뛰어넘자'는 구호가 식사의 내용을 변혁하는 데까지 이르렀다. 서양 여러 나라와 대등해지려면 무엇보다도 영양가가 풍부한 서양음식을 도입하는 일부터 하자는 것이었다.

1,200년간 유지되어온 육식금기 사상은 메이지 천황이 육식을 해금하면서 깨졌다. 정부와 지식인들이 앞장서서 육식을 장려하며 본격적인 서양요리를 보급하기 시작했다. 하지만 서민들의 저항은 매우 강해서, 쇠고기를 받아들이기는 하되 일본음식을 만드는 재료로 사용했다. 그래서 나온 것이 쇠고기전골과 스키야키 같은 음식이다.

밥에 대단한 집착을 보이는 일본인은 빵을 주식으로 받아들이는 대신, '단팥빵'을 만들어 간식으로 먹었다. 이처럼 조금 우회해서 빵을 먹기 시작한 일본인이지만, 일본은 지금 세계 제일의 빵왕국이 되어 있다. 한편 서민들은 고급스러운 서양요리와는 쉽게 친숙해지지 못했지만, 대신 밥에 잘 어울리는 독특한 양식을 만들어냈다. 카레라이스, 고로케, 돈가스 같은 양식 덕분에 일본인의 식탁은 더욱 풍부해졌다. 지금 일본은 밥을 중심으로 세계에서 보기 드문 다채로운 요리문화를 꽃피우고 있다.

일본은 사면이 바다로 둘러싸인 섬나라로, 오랜 세월 식량자원을 자급자족했다. '토산토법'(土産土法: 신토불이―옮긴이)이란 말은 이런 기후풍토와 자연환경에서 만들어진 것으로, '그 땅에서 난 것을 최고의 기술로 조리해 더 맛있게 먹는다'는 인간의 지혜를 의미한다. 오늘날 우리는 수많은 향토음식에서 그 축적된 기술을 확인할 수 있다. 외래음식이 전래될 때마다 탐욕스러울 만치 허겁지겁 받아들이고 동화해나간 것도 바로 '토산토법'의 축적된 기술이 있었기에 가능했다.

중국이나 한국에서는 만들어지지 않은 양식

'양식'은 그와 같은 일본문화의 정화였다. 그런데 일본과 마찬가지로 서양의 음식을 처음 접했을 중국과 한국에서는 왜 '양식'이 만들어지지 않은 것일까.

예를 들어 상하이는 국제도시로서 외국문화와 접할 기회가 많았고, 광둥요리도 토마토케첩, 우유, 빵, 기타 서양식 재료나 조미료 등으로 서양요리의 영향을 강하게 받았다. 또 한국에는 일본이 통치한 불행한 시대에 카레라이스가 보급되었고, 한국전쟁 때 미국의 음식이 전해졌다. 그러나 중국과 한국의 전통적인 민족요리는 조금도 흔들리지 않았고, 외래문화의 영향을 받은 양식도 출현하지 않았다.

이시케 나오미치石毛直道는 1982년 『식사의 문명론食事の文明論』에서 "일본의 요리기술이 가지고 있는 문제 때문에 양식과 더불어 중국요리가 일본의 식생활에 도입되었고, 오늘날 우리들의 식탁을 국적 없는 식탁으로 만들었다고 생각한다. 일본의 전통적인 요리기술은 육식과 기름을 사용하지 않는 것인데, 그 공백을 메우기 위해 양식과 중화요리가 등장했다"고 말했다. 이것도 하나의 이유인 것은 맞다.

하지만 필자는 일본에 양식이 뿌리내린 또 하나의 이유로 '일본인이 환경에 잘 적응하고 잡식성이 강한 민족이라서, 동남아시아와 중동, 중남미, 아프리카처럼 고유의 에스닉(ethnic, 민족) 요리가 형성될 여지가 없었다'는 점을 들고 싶다. 이런 특징은 일본의 음식문화를 형성하는 데 중요한 기반이 되었다.

만약 일본이 다른 나라처럼 고유한 민족음식을 가지고 있었다면, 다양한 외래음식을 일본화하는 일은 없었을 것이다. 다시 말해 음식에 대한 주체성이 없기 때문에, 전 세계의 음식을 흡수하고 동화해서 향유하는 기술이 생긴 것이다. 이것은 같은 젓가락문화권인 중국이나 한국의 음식문화와 비교해볼 때 근본적인 차이라 할 수 있다.

밀가루요리와 일본인

한 가지 더, 흥미로운 일본의 음식문화에 대해 말해두자. 일본은 음식문화가 성장하는 과정에서 몇 차례 외래문화와 만난 적이 있었다. 우연의 일치인지, 그때마다 재료로 밀가루가 크게 부각되었다.

① 나라奈良 시대부터 헤이안平安 시대에 걸쳐 260년간 견당사遣唐使가 열 번 넘게 파견되었고, 유학승과 유학생이 당나라의 뛰어난 문물을 가지고 돌아왔다. 그때 '당과자'가 전해졌는데, 이것은 쌀가루나 밀가루를 반죽해서 동그랗게 만들거나 얇게 펴서 모양을 만들고, 찌거나 튀겨서 만들었다. 곡물을 알갱이째로 먹는 것밖에 몰랐던 일본인에게 분식가공이라는 중대한 기술이 알려진 것이다.

② 가마쿠라鎌倉 시대에 중국에서 제면기술이 전해져 독특하게 손으로 뽑은 국수와 우동, 메밀국수 같은 면 종류가 계속해서 만들어졌다. 면에는 일본음식 1,400년의 역사가 들

어 있는 셈이다.
③ 가마쿠라 시대에 중국에서 '찐빵'이 전해졌다. 이것은 조카마치城下町의 전통과자에서부터 전국적인 관광상품인 온천찐빵에 이르기까지 일본인이 좋아하는 화과자和菓子로 정착했다.
④ 아즈치모모야마安土桃山 시대에 남만선에 의해 남만요리와 남만과자가 전해졌다. 이전까지는 주로 중국과 접촉했던 일본이 유럽문화와 처음으로 직접 마주친 것이다. 이때 '빵'이 전해지면서 '뎀뿌라'와 '나가사키 카스테라'가 만들어졌다.
⑤ 메이지 유신을 맞아 많은 일양절충요리가 탄생했다. 빵가루와 루의 재료로 밀가루를 쓰면서 밀가루의 새로운 서양식 가치관을 배우게 되었다.
⑥ 제2차 세계대전 후에 중국을 비롯한 대륙에서 귀환한 사람들이 다시 만두를 들여오면서 '라면'이 전국적인 붐을 일으켰다. 이 와중에 일본은 세계에서 처음으로 '인스턴트라면'을 발명하여 세계 각국으로 이 기술을 수출하게 되었다. 한편 이탈리아의 '파스타 요리'나 '피자' 등 밀가루를 빼놓을 수 없는 에스닉 요리가 전해지는 등 단기간에 전 세계의 밀가루음식이 일본음식에 파고들었다.

쌀밥에 집착해온 일본인은 지금, 밀가루를 받아들이면서도 쌀밥을 중심에 놓고 다채로운 요리를 발전시켜나가고 있다.

일본형 식생활의 완성

일본의 음식문화가 이렇게 변해오는 가운데 일본요리는 어떤 평가를 받게 되었을까. 메이지 유신부터 지금까지 백수십 년 동안, 일본의 음식은 현저히 바뀌어 밥, 생선, 채소를 중심으로 하되 고기와 유지, 유제품이 더해져 있다. 가정요리의 내용도 크게 변했다.

이시케 나오미치가 감수한 『강좌 음식문화』 제3권(1999)을 보면 서양식 요리나 중국요리가 늘어나면서 요리의 종류가 다양해졌음을 알 수 있다. 게다가 1995년쯤, 건강을 중요하게 여기는 풍조가 생겨 기름을 쓰지 않는 전통적인 일식요리가 다시 주목받기 시작했다. [그림 23]은 이런 시대 변화에 따라 양식의 조리 비율이 어떻게 변했는지를 그린 것이다.

일본인의 식생활은 쇼와 30~40년대(1955~65년)에 급속도로 개선되었다.

① 밥을 중심으로 하면서
② 보리와 밀가루, 콩 등을 섞어 먹고
③ 생선을 중심으로 질 좋은 동물성 단백질을 섭취하고
④ 섬유질이 많은 채소도 요리에 많이 사용하고
⑤ 고기와 우유, 유제품을 많이 먹는다.

이런 일본식 식생활은 일식과 양식, 중식이 서로 섞이고 절충된 외래음식을 일본식으로 바꾼 데에 기반을 둔 것이다. 그래서 식품들이 전체적으로 균형을 잡게 되었는데, 이것은 100년 전에는 상상도 할 수 없던 변화였다.

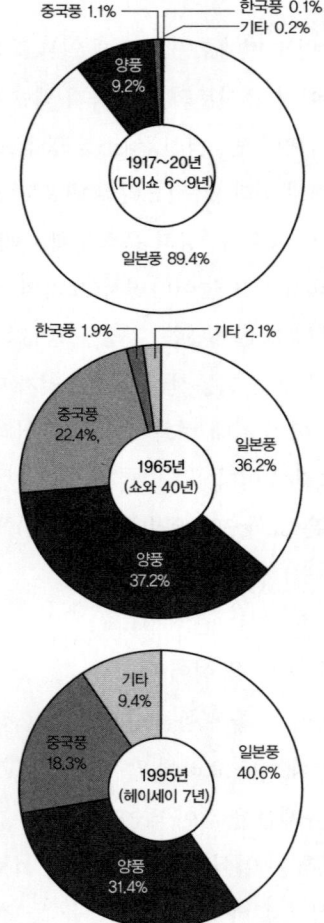

[그림 23] 시대별로 본 양식별 조리 비율
(이시케 나오미치 감수 『강좌 음식문화』 제3권의 시모무라 미치코下村道子의 「가정요리의 다변화」에서)

지금 일본식 식생활은 성인병으로 고생하는 전 세계 사람들의 주목을 받고 있다. 예를 들어 현대의 미국은 동물성 단백질과 지방, 당질을 지나치게 섭취함으로써 당뇨병, 동맥경화증, 심근경색 등의 질병이 증가하는 현상을 겪고 있다. 그래서 성인병의 극복이 커다란 과제가 된 지 오래인데, 그 일환으로 1977년에는 상원의 '영양문제 특별위원회(맥거번 위원회)'가 '맥거번 보고서'를 내놓고 '미국의 식사목표'를 책정하기에 이르렀다.

현대병으로 골치를 앓고 있는 서양에서 영양학자들이 세운 대책을 요약해보면 다음과 같다. ① 칼로리를 줄여서 비만을 피한다. ② 곡물 등의 전분질 섭취량을 늘린다. ③ 설탕과 지방의 섭취량을 대폭 줄인다. ④ 동물성 지방을 식물성 유지로 바꾼다. ⑤ 콜레스테롤 수치를 내린다. ⑥ 소금의 양을 줄인다.

이런 식사목표를 위해서는 식단에서 ① 곡물, 채소, 과일을 늘리고 ② 설탕을 줄이고 ③ 닭고기와 생선을 늘리고 ④ 저지방 유제품을 선택하고 ⑤ 우유, 버터, 크림, 계란을 줄이고 ⑥ 소금을 줄이는 조치가 필요하다. 미국에서는 지방으로 된 조미료를 많이 쓰는데, 그 개선 방향의 하나로 일본의 조미료인 간장이 주목받고 쇠고기덮밥이나 즉석면도 인기를 끌고 있다.

일본에서는 1985년(쇼와 60년)에 후생성이 '건강을 위한 식생활 지침'을 발표했다. 그 골자는 ① 다양한 식품을 섭취해 영양의 균형을 맞춘다. ② 일상생활의 활동량에 맞춰 에너지를 섭취하고 너무 많이 먹지 않는다. ③ 지방의 양과 질을 생각한다. ④ 소금을 너무 많이 섭취하지 않는다. ⑤ 마음이 서로 오가는 즐거운 식생활을 한다 등이다.

농림수산성에서도 우유를 섭취해서 부족한 칼슘을 보충하고, 아침밥을 먹는 것이 바람직한 식생활이라고 강조하고 있다.

현대의 식탁이 안고 있는 문제점

메이지 시대 이후부터 일본식 식생활이 완성된 쇼와 30년대에 이르기까지 음식의 흐름을 간략하게 살펴보았는데, 그 결과인 오늘날 일본인의 식사 내용은 거의 이상적인 것으로 볼 수 있다. 하지만 여전히 새로운 문제들이 나타나고 있는데, 큰 과제는 다음과 같다.

① 지구 전체를 볼 때, 포식과 기아가 공존하는 가운데 60억 인류가 생존하고 있다.
② 일본의 식생활이 풍부하기는 하지만, 식료食料자급률은 불과 30~40퍼센트밖에 안 되는 아슬아슬한 상황이다.
③ 음식에 관한 라이프스타일이 현저히 바뀌어 집에서 조리하던 것이 지금은 사회화되거나 외부화되었다.
④ 항상 혼자 먹거나 다른 일을 하면서 음식을 먹는 현상이 두드러진다.
⑤ 젊은 세대를 중심으로 에스닉 요리에 관한 애호가 생기는 등 음식이 하나의 패션이 되고 있다.

확실히 메이지 유신을 계기로 일본인의 식생활에서 서양화와 일양절충화가 급속도로 진행되었고, 제2차 세계대전의 영향을 받아 생활수준이 대폭 향상되었으며, 영양의 균형이 잡히면서 체력도 향상되었다. 그렇지만 한편으로는 과잉섭취가 문제를 일으키고, 전통식과 향토식, 어머니의 맛이 뒷전으로 밀려난다는 걱정이 있다.

악화가 양화를 구축하는 식의 세계적으로 복잡해진 음식문화를 보면서, 오늘날 우리는 무엇을 어떻게 취사선택해서 흡수하고 동화시켜갈 것인가. 머리말에서도 언급했듯이, 21세기는 물질보다 정신이 중요시되는 시대다. '돈가스'를 탄생시킨 옛 사람들의 숨결을 다시금 겸허하게 되새겨 보았으면 싶다.

이 책이 나오게 된 것은 고단샤講談社 센쇼選書 메치에 출판부의 와타나베 요시히로渡部佳延 부장의 제안 덕분이다. 와타나베 부장은 '양식이 어떻게 일본인의 식탁에 친숙해졌는지, 메이지 시대의 빅뱅에서 돈가스의 탄생에 이르는 질풍노도의 시기를 한 번 정리해보자'고 권유했다. 고마운 의뢰였다.

천학淺學임을 생각지 않고 두 말 없이 수락한 이유가 두 가지 있다. 하나는, 경애하는 모토야마 오기부네本山荻舟 선생님의 '메이지 유신은 요리혁명이다'라는 말씀이 항상 머릿속을 맴돌고 있었기 때문이었다. 그리고 21세기는 정신의 풍요로움을 추구하는 시대가 될 터인데, 활기에 가득 찬 메이지 시대의 음식문화를 돌이켜봄으로써 미래의 더 나은 식생활을 기대할 수 있지 않을까 하고 생각했다. 수많은 에피소드를 통해서 메이지 시대 사람들의 땀과 지혜와 노력을 독자와 함께 되새겨볼 수 있다면 그 또한 뜻깊은 일이 아닌가.

    하지만 분에 넘치는 과제를 끌어안은 결과로, 뜻한 바를 충분히 담아내지 못한 게 아닌지 마음에 걸린다. 독자 여러분의 질책과 가르침을 기대한다.

    자료수집에 다방면의 많은 분으로부터 협력과 조언을 받았다. 그리고 이 책을 쓸 기회를 주신 고단샤 센쇼 출판부 여러분께 진심으로 감사의 말을 전한다. 이 책이 독자 여러분의 양식에 대한 관심을 높이고 건강하고 풍성한 식생활을 누리는 데 조금이나마 도움이 된다면 필자로서 그 이상의 기쁨은 없을 것이다.

2000년 1월 1일
오카다 데쓰

옮기고 나서

음식은 한 나라의 문화의 척도라고 했던가. 음식은 그 나라 사람들의 정서나 가치관, 생활습관 등이 응축되어 있는 대표적인 문화적 코드로, 어떤 나라를 알고 그 나라 사람들을 이해하기 위해서는 음식에 대한 파악이 불가피하다는 뜻이다. 일본을 알기 위해서는 당연히 일본음식을 모르고는 말이 안 될 것이다.

그렇다면 과연 우리가 아는 일본음식에는 어떤 것들이 있을까. 대부분의 사람들은 생선회, 초밥, 우동, 메밀국수, 튀김 등을 떠올릴 것이다. 한번쯤은 그 음식들을 먹어보고 일본음식은 대체로 담백하고 재료 자체의 맛을 살리는 것이라는 인상을 가졌을 것이다. 하지만 그 음식들에 대해 과연 얼마나 알고 있을지는 의문이다.

일반적으로 일본의 전통 요리라고 하면 중세 무로마치 시대에 무가武家의 향응 요리에 기원을 둔 격조 높은 접대요리인 가이세키懷石 요리와 원래 승려들이 먹던 공양음식으로 채소 중심의 소박한 요리인 쇼진精進 요리가 꼽힌다. 그릇에 담는 섬세함과 제철 식재를 살린 계절감에서 일본인의 감성과 미의식이 가장 잘 표현된 결정체로 여겨지기 때문이다.

그러나 한편으로는 일본을 대표하는 음식을 돈가스라고 외칠 일본인들도 많을 것이다. 돈가스는 남녀노소 할 것 없이 일본인 모두가 좋아하는 인기 메뉴다. 대부분의 일본인들한테는 가이세키 요리나 쇼진 요리처럼 격식을 차린 특별식보다 언제라도 손쉽게 먹을 수 있는 돈가스가 더 친근하기 때문이다. 일본인이 돈가스를 좋아하다 보니, 돈가스를 이용한 메뉴 또한 다양하게 개발되었다. 돈가스를 밥 위에 올려 소스를 뿌린 가스덮밥, 돈가스를 식빵 사이에 끼운 가스샌드, 돈가스 위에 카레를 뿌린 가스카레 등등. 또한 돈가스의 '가쓰ヵッ'가 이긴다는 뜻의 '가쓰勝つ'와 음이 같기 때문에, 수험생들은 점심에 거의 돈가스도시락을 사 먹는다(역자도 대학원 입시 때 사 먹었다). 이러한 습관도 어떻게 보면 일본인들이 맛있는 돈가스를 한 번이라도 더 먹고자 하는 핑계거리로 생겨난 것으로 해석된다. 외국에서 서양음식에 물렸을 때 일본인들이 가장 먼저 먹고 싶어 하는 음식도 바로 돈가스다(일본에 있을 때 물어보니, 우리나라 사람은 자장면이라고 대답하는 사람이 많았다). 그러한 성향의 반영으로 돈가스가 문학에 등장하는 경우가 종종 있는데, 우리나라에서 널리 알려진 것으로는 요시모토 바나나의 작품 「키친」에서 미카게가 이 세상에서 유일하게 의지하고 사랑하는 유이치를 찾아가 같이 먹고 눈물을 흘리며 감동한 음식, 그것도 다름 아닌 돈가스덮밥이다.

　돈가스를 일본의 대표음식이라고 하는 데는 또 하나의 중요한 이유가 있다. 돈가스는 서양의 커틀릿을 일본인들의 입맛에 맞게 바꾼 절충식이다. 외국의 문화를 받아들여 그것을 일본에 맞게 바꾸는 것, 그것은 우리가 잘 알고 있는 일본의 가장 두드러진 문화적 성격이다. 일반적으로 일본인을 '모방의 귀재'라고 일컫는데, 그 저변에도 외래문화의 일본식 수용이라는 의미가 깔려 있다. 돈가스는 그러한 일본의 문화적인 특성을 가장 잘 반영한 음식이라고 할 수 있다. 본서의 원제 'とんかつの誕生'에서 '돈가스'를 일반적인 표기 '豚カツ'와 같이 외래어를 표기할 때 사용하는 가타카나를 쓰지 않고 굳이 일본고유어 표기인 히라가나로 'とんかつ'라고 한 것도 이미 돈가스가 외국음식이 아닌 일본음식으로 순화된 것을 나타내고 있다.

　이 책은 그러한 돈가스를 매개로 하여 풀어가는 일본문화사, 특히 일본 근대문화사 이야기다. 1868년의 메이지 유신은 서양문물을 받아들여 일본을 근대화시켜가는 정치적인 혁명이었지만, 한편으로는 1,200년의 금기를 깨뜨리는 '음식혁명'이기도 했다. 일본은 6세기에 전래된 불교의 영향을 받아 내내 육식을 금기시해왔다. 불교의 윤회사상에 의해서 집에서 기르는 가축은 가장 가까운 관계의 사람이 환생한 것으로 보았기 때문에 소, 돼지, 닭 등을 먹는 일은 막았던 것이다. 불교를 사상적·신앙적으로 받아들이기보다는 생활상의 편의에 따라서 받아들인 일본인들은 식생활에서 그 교리를 실천하려고 했다. 일본에서 생선을 많이 먹은 것도 사면이 바다라는 지형적인 요인도 있었지만 불교의 영향으로 — 물고기는 석가모니도 먹었다고 한다 — 육식을 할 수 없던 일본인들에게 생선이 유일한 단백질 공급원이었기 때문이다.

그 후 메이지 유신으로 서양인과의 접촉이 이루어지자 일본인들은 서양인의 기골이 장대함에 놀라지 않을 수가 없었다. 체격적·체력적으로 느끼는 열등감을 극복하기 위해서는 서양인들처럼 육식을 하지 않을 수 없게 되었다. 정부의 대대적인 계몽과 선도에 의해서 우유 마시기와 육식은 서서히 보급되기 시작하였다. 1,200년 동안 금기시되어왔던 육식이 보급되도록 하기 위해서는 우선 육고기 맛에 익숙하지 않은 일본인들 입맛에 맞추어 고기를 요리해야 했다. 그래서 일본에서 육식은 쇠고기를 일본 고유의 조미료인 간장이나 된장에 조려서 먹는 것, 이른바 쇠고기전골로부터 시작되었다. 그 후 생선살처럼 연한 돼지고기 안심을 빵가루에 묻혀 템뿌라처럼 많은 양의 기름으로 튀겨내어 일본 전통의 주식인 밥이랑 같이 먹는 돈가스가 고안되어 유행하기 시작했다. 돈가스는 서양의 커틀릿을 일본식으로 바꿔 일본인의 입맛에 맞춘 것이다. 단팥빵 역시 마찬가지였다. 서양의 빵을 일본 전통의 술로 반죽, 발효시키고 그 속에 오랫동안 일본인 입맛에 길들여진 단팥을 넣어 일본식으로 바꾼 것이다. 일본인들 입맛이 전통적인 음식에만 길들여져 있던 시절에 서양의 음식인 육고기나 빵을 받아들이기 위한 궁여지책으로 만들어진 것이 돈가스고 단팥빵이라고 할 수 있다.

이 책은 음식에 관한 책이지만, 매우 실증적이고도 논리적이다. 돈가스에 관한 많은 자료를 근거로 하여 세부적이면서도 밀도 있게 돈가스가 탄생한 배경과 그 의미를 설명하고 있다. 객관적이며 치밀한 논증방법으로 학문적인 체계를 갖춘 일본 근대문명 또는 일본 음식문화의 이론서라고 할 수 있다. 이것은 작고 사소한 것을 기점으로 하여 점점 깊고 넓게 이야기를 전개시키는 일본인의 성향을 그대로 반영한 서술법으로 일본 근대문명이라는 딱딱한 주제를 가장 친밀한 소재인 음식으로 풀어간 것이다. 이것은 또한 주변의 지극히 일상적인 것을 심도 있고 전문적으로 논하는 '오타쿠' 적인 면이기도 하다. 학교에서는 가르쳐주지 않는 서브컬처에 몰두하는 오타쿠 현상이 일본의 만화나 애니메이션, 게임 등의 문화 발전에 지대한 영향을 미쳤다는 것은 우리가 익히 아는 바다. '돈가스의 탄생' 이라는 제목에서 혹여 시시한 내용일지 모른다는 인상을 갖는다면, 그것은 큰 오산일 수 있다. 읽으면 읽을수록 재미있고 유익하며 지적 호기심이 한껏 채워져 뿌듯해지는 책이다. 이 책이 2000년에 초판이 발행된 이래 2006년 현재에 이르기까지 일본에서 베스트셀러, 스테디셀러로 계속적인 인기를 누리고 있는 이유도 거기에 있을 것이다. 이 책을 읽으면 우리가 별 뜻 없이 가볍게 먹는 평범하기 이를 데 없는 돈가스가 일본 근대문명사를 상징·함축하고 있는 '비범한' 음식임을 알게 될 것이다. 일본식 돈가스 전문점이 점점 늘어나는 이 시점에서 바삭하게 튀겨진 돈가스를 한입 가득 베어물고 돈가스와 일본문화사의

맥락을 짚어봄은 어떠할는지.

항상 주변에서 힘과 용기를 주시는 분들, 그리고 이 책이 세상에 나올 수 있도록 타고난 재치와 세심함으로 교정과 편집에 힘써주신 정종주 사장님께 감사드린다.

2006년 5월
정순분

● 일본 양식 연표 ●

연도	주요 사항
1857년(안세이安政 4)	나가사키의 일본요릿집에서 서양요리를 만들기 시작함.
1860년(만엔萬延 1)	우치미 헤이키치內海兵吉가 요코하마에 빵집을 냄.
1861년(분큐文久 1)	이 무렵 요코하마의 선술집 이세구마伊勢熊가 '쇠고기조림'으로 인기를 끎.
1863년(분큐 3)	구사노 조키치草野丈吉가 나가사키에 첫 서양요리전문점 료린테이良林亭를 엶.
1867년(게이오慶應 3)	나카가와 요시헤中川嘉兵衛가 『만국신문지萬國新聞紙』에 빵과 비스킷 광고를 냄. 나카가와 요시헤가 무사시武藏의 에바라군荏原郡 시로가네무라白金村에 쇠고기처리장을 냄. 후쿠자와 유키치福澤諭吉가 『서양의식주』를 냄.
1868년(메이지明治 1)	요네쓰 마쓰조米津松造가 '요네쓰 후게쓰도米津風月堂'를 개업하고 사쓰마 번薩摩藩의 군용빵을 만듦. 호리코시 도키치堀越藤吉가 시바쓰유쓰키초芝露月町에 도쿄에서 처음으로 쇠고기전골집을 엶. 외국인 전용 호텔 '쓰키치築地 호텔관'이 개업, 서양요리를 시작함.
1869년(메이지 2)	도쿄 쓰키치에 우마牛馬회사를 설립해 쇠고기를 보급함. 고베 모토초元町에 쇠고기스키야키집 겟카테이月下亭가 문을 엶.

연도	주요 사항
	쓰노다 요네자부로角田米三郞가 교큐샤協救社(양돈조합)를 결성함. 도쿄 시바히카게초芝日陰町에서 기무라야木村屋의 전신 분에이도文英堂가 문을 열고, 도쿄에서 처음으로 빵을 판매함.
1870년(메이지 3)	후쿠자와 유키치가 「육식을 말한다肉食之說」를 써서 육식과 우유의 효용을 주장함.
1871년(메이지 4)	가나가키 로분假名垣魯文이 『쇠고깃집 잡담 아구라나베牛屋雜談安愚樂鍋』를 냄. 나카가와 요시헤에中川嘉兵衛가 하코다테 도요카와초豊川町에 3,500톤의 얼음 저장고를 설치함.
1872년(메이지 5)	메이지明治 천황이 육고기를 먹음. 쓰루가敦賀 현에서 영슈을 내려 육식을 장려함. 요코하마에 서양풍 건축의 서양요리점 기요테이崎陽亭가 문을 엶. 도쿄 바바사키몬馬場先門 앞에 세이요켄精養軒이 문을 엶. 도쿄에서 돼지고기와 닭고기가 판매됨. 육고기요리책 『고기요리 솜씨자랑肉料理大天狗』에 110종의 서양요리가 소개됨. 가나가키 로분이 『서양요리통西洋料理通』을 쓰고, '홀커틀릿'을 소개함. 게이가쿠도敬學堂 주인이 『서양요리지침西洋料理指南』을 냄.
1873년(메이지 6)	궁중에서 서양요리 식사법을 가르침. 도쿄 우네메초采女町에 '세이요켄精養軒 호텔'이 재건됨. 『신분잣시新聞雜誌』가 인기 있는 서양요릿집을 소개함. 가토 유이치加藤祐一가 『문명개화』를 씀. 『도쿄니치니치 신문東京日日新聞』에 돼지고기를 먹어서는 안 된다는 기사가 실림.
1874년(메이지 7)	기무라야木村屋가 긴자銀座에 진출, 단팥빵을 판매함. 영국인 윌리엄 커티스가 가나가와 가마쿠라鎌倉에서 햄을 만들기 시작함. 핫토리 세이이치服部誠一가 『도쿄 신번창기東京新繁昌記』를 냄.
1875년(메이지 8)	옛 미토 번水戶藩 저택에서 단팥빵이 천황의 식탁에 올려짐.

연도	주요 사항
1876년(메이지 9)	도쿄 우에노上野에서 세이요켄精養軒이 문을 엶. '요코하마 그랜드 호텔'이 일본 최초로 프랑스요리점을 엶.
1877년(메이지 10)	세이난西南 전쟁의 육군 군용식으로 비스킷이 제조됨.
1878년(메이지 11)	도쿄 아사쿠사淺草 단보田甫의 히라노테이平野亭가 쇠고기수프를 만들어 배달하기 시작함.
1879년(메이지 12)	도쿄 쓰키치에 중국요릿집 에이와사이永和齋가 문을 엶. 요코하마 대야회에서 처음으로 입식 형식의 양식洋食 파티가 열림. 와카야마 소타로和歌山惣太郎가 하코다테에 러시아요리와 빵집을 엶.
1882년(메이지 15)	아카보리 미네요시赤堀峰吉가 도쿄에 '아카보리 일본요리학교'를 설립함. 나가노의 마쓰모토松本에서 말고기를 먹기 시작함. 후쿠자와 유키치가 『지지신포時事新報』에 기사 「육고기를 먹지 않으면 안 된다肉食せざるべからず」를 실음.
1883년(메이지 16)	조사이어 콘더의 설계로 로쿠메이칸鹿鳴館이 개설됨.
1884년(메이지 17)	도쿄 클럽東京俱樂部이 개설됨.
1885년(메이지 18)	사법성省에 서양식 식당이 설치됨. 모리 오가이森鷗外가 「일본 병식론 대의日本兵食論大意」를 발표함.
1886년(메이지 19)	해군 군의軍醫 부인과 딸들이 부인양식회를 엶. 도쿄 여학교 교과에 서양요리가 채택됨. 쓰키치의 세이요켄精養軒이 서양요리 테이블매너 강습회를 엶.
1887년(메이지 20)	로쿠메이칸 시대가 종언을 고함. 이 무렵 육식회가 전국으로 확산됨.

일본 양식 연표

연도	주요 사항
	이 무렵 도쿄에 쇠고기밥집이 나타남.
1888년(메이지 21)	도쿄 시타야下谷 구로몬초黑門町에 최초의 카페 가히사칸可否茶館이 문을 엶. 기무라 소헤이木村莊平가 쇠고기전골 체인점 '이로하'를 엶.
1895년(메이지 28)	도쿄 긴자의 양식점 렌가테이煉瓦亭에서 '돼지고기가쓰레쓰豚肉のカツレツ'를 판매하고, 양배추를 곁들임. 『조칸女鑑』에 프랑스식 고로케, 쇠고기·닭고기가쓰레쓰 기사가 실림.
1897년(메이지 30)	도쿄의 양식집이 1,500집을 넘어섬. 가네코 슌무金子春夢가 『도쿄 신번창기東京新繁昌記』를 씀.
1898년(메이지 31)	이시이 하루헤에石井治兵衛가 『일본 요리법 대전日本料理法大全』을 씀.
1900년(메이지 33)	도쿄 긴자의 기무라야木村屋가 '잼빵'을 판매함.
1901년(메이지 34)	도카이도선東海道線에 양식 전문 식당차를 연결함.
1903년(메이지 36)	무라이 겐사이村井弦齋가 『식도락』을 씀. 『가정의 벗家庭の友』에 돼지고기 소테 기사가 실림.
1904년(메이지 37)	도쿄 신주쿠新宿의 나카무라야中村屋가 '크림빵'을 판매함.
1905년(메이지 38)	전국 역 매점에 단팥빵이 등장함.
1906년(메이지 39)	도쿄 간다神田 마쓰무로초松室町의 잇칸도一貫堂가 '카레라이스의 재료'를 판매함.
1907년(메이지 40)	마루야마 도라키치丸山寅吉가 빵가루를 만들기 시작함.
1909년(메이지 42)	『가정家庭』에 「젓가락 회의箸の會議」 기사가 실림.

연도	주요 사항
1911년(메이지 44)	도쿄 교바시京橋 히요시초日吉町에 '카페 프랭탕カフェ·プランタン' 이 문을 엶. 가메이 마키코龜井まき子가 『양식조리洋食の調理』를 냄.
1912년(다이쇼大正 1)	『조칸』에 '카레라이스'라는 말이 처음으로 등장함.
1914년(다이쇼 3)	도쿄 니혼바시日本橋 오카모토쇼텐岡本商店이 '런던 특산품 즉석카레'를 판매함.
1917년(다이쇼 6)	도쿄 데이코쿠帝國 극장의 희극 '돗차단네ドッチャダンネ'에서 〈고로케의 노래コロッケの歌〉가 불려짐.
1918년(다이쇼 7)	도쿄 아사쿠사淺草의 포장마차 양식집 가와킨河金에서 '가스카레'를 판매함.
1919년(다이쇼 8)	다나카 히로시田中宏가 『다나카식 돼지고기 조리』를 냄.
1921년(다이쇼10)	와세다무稻田 고등학원생 나카니시 게이지로中西敬二郎가 '돈가스 덮밥'을 고안함.
1923년(다이쇼 12)	간토關東 대지진 후에 도쿄에서 양식집이 유행함.
1924년(다이쇼 13)	도쿄 간다神田의 '스다초須田町 식당'이 일·양·중식의 대중요리를 시작함.
1927년(쇼와昭和 2)	도쿄 신주쿠新宿의 나카무라야中村屋가 '고급 인도카레'를 판매함. 도쿄 후카가와深川 메이카도名花堂가 '양식빵(카레빵)'을 판매함.
1929년(쇼와 4)	도쿄 우에노上野의 폰치켄ポンチ軒의 시마다 신지로島田信二郎가 '돈가스'를 판매함.

참고문헌

초판본 또는 복각본의 출판연대(일부는 성립연대) 순으로 나열했다.

- 메이지明治 시대 전

    陳壽,『三國志』(「魏志倭人傳」), 3세기.
    著者 未詳,『料理物語』, 1643.
    寺島良安,『和漢三才圖會』, 1712.
    西川如見,『長崎夜話艸』, 1720.
    森島中良,『紅毛雜話』, 1787.
    大槻玄澤,『蘭說辨惑』, 1799.
    立原翠軒,『栖林雜話』, 1799.
    淺野高造,『素人庖丁』, 1803.
    饒田喩義,『長崎名勝圖繪』, 분세이文政(1818~30) 초기.
    醍醐山人,『料理早指南』, 1822.
    寺門靜軒,『江戶繁昌記初編』, 1832.
    小山田與淸,『鯨肉調味方』, 1832.
    磯野信春,『長崎土産』, 1855.
    柴田方庵,『方庵日記』(1855년조).
    松本良順,『養生法』, 1864.
    片山淳之助,『西洋衣食住』, 1867.
    著者 未詳,『南蠻料理書』, 막부 말기.
    小山田與淸,『松屋筆記』, 막부 말기.

- 메이지 시대

　　福澤諭吉,「肉食の説」, 1870.
　　假名垣魯文,『牛店雜談安愚樂鍋』, 1871.
　　假名垣魯文,『西洋料理通』, 1872.
　　敬學堂主人,『西洋料理指南』, 1872.
　　『新聞雜誌』, 第26號, 1872.
　　加藤祐一,『文明開化』, 1873.
　　服部誠一,『東京新繁昌記』, 1874.
　　萩原乙彦,『東京開化繁昌誌』, 1874.
　　福澤諭吉,『文明論之概略』, 1875.
　　假名垣魯文,『魯文新報』, 1877.
　　國光社 編,『女鑑』, 1895.
　　金子春夢,『東京新繁昌記』, 1897.
　　平出鏗二郎,『東京風俗志 中卷』, 冨山房, 1901.
　　池村鶴吉 編,『新撰和洋料理精通』, 松陽堂, 1901.
　　東陽堂 編集部,『風俗畫報』, 1902.
　　村井弦齋,『食道樂』, 報知社出版部, 1903.
　　松田政一郎,『西洋料理二百種』, 青木崗山堂. 1904
　　櫻楓會 編,『家庭』, 東京精美堂, 1909.
　　龜井まき子,『洋食の調理』, 博文館, 1911.

- 다이쇼大正 시대

　　宇野彌太郎,『西洋料理大全』, 大倉書店, 1912.
　　田中宏,『田中式豚肉調理』, 玄文社, 1919.
　　水島璽保布,『新東京繁昌記』, 日本評論社, 1924.
　　古賀十二郎 編,『長崎市史 風俗編』, 長崎市役所, 1925.
　　木下謙次郎,『美味求眞』, 啓成社, 1925.

• 쇼와昭和 시대

司馬江漢,『江漢西遊日記 復刊版』, 坂本書店, 1927.
北原義雄 編,『現代高等美術全集二二』, アルス, 1928.
『食道樂』, 內外情報出版社, 1929, 32, 33, 39.
クラセ 著, 太政官 譯,『日本西教社 復刊版』, 太陽堂書店, 1931.
大谷光瑞,『食』, 大乘社東京支部, 1931.
中山泰昌 編,『新聞集成 明治編年史』, 財政經濟學會, 1934.
笹川臨風, 足立勇,『近世日本食物史 下』, 雄山閣出版, 1935.
蘇武綠郎,『明治史總覽』, 明治史刊行會, 1938.
瀧川政次郎,『日本社會經濟史論考』, 日光書院, 1938.
福澤諭吉,『福翁自傳 復刊版』, 岩波書店, 1944.
ペルリ 著, 玉城肇 他譯,『ペルリ提督日本遠征記一~四』, 岩波書店, 1948.
夏目漱石,『三四郎 復刊版』, 新潮社, 1948.
坂田精一 譯,『ハリス日本滯在記一~三』, 岩波書店, 1953.
柳田國男,『明治文化史 第一三卷 風俗編』, 洋洋社, 1954.
澁澤敬三,『明治文化史 第一二卷 生活編』, 洋洋社, 1955.
福原康雄,『日本食肉史』, 食肉文化社, 1956.
柴田米作,『日本のパン四百年史』, 國進堂, 1956.
塚崎進,『日本人の生活全集 一 日本人の食事』, 岩崎書店, 1956.
山本直文,『佛蘭西料理要覽』, 柴田書店, 1956.
山本直文,『新版食物事典』, 柴田書店, 1958.
本山荻舟,『飲食事典』, 平凡社, 1958.
和田常子,『長崎料理史』, 柴田書店, 1958.
アーネスト・サトウ 著, 坂田精一 譯,『一外交官の見た明治維新(下)』, 岩波書店, 1960.
樋口清之,『新版日本食物史』, 柴田書店, 1960.
三谷一馬,『江戶商賣圖繪』, 靑蛙房, 1963.

日吉良一,『たべものの語源』, 柴田書店, 1963.

明治屋 編,『明治屋食品辭典 食料編(中卷)』, 明治屋, 1963.

渡邊實,『日本食生活史』, 吉川弘文館, 1964.

安達巖,『パンと日本人』, 日本經濟新聞社, 1965.

栗田泰二 編,『日本風俗史 食肉編』, 東京栗田, 1965.

日本食糧新聞社 編,『味百年』, 日本食糧新聞社, 1967.

加藤秀俊 他,『明治・大正・昭和世相史』, 社會思想史, 1967.

大塚力,『食生活近代史』, 雄山閣出版, 1967.

高橋義孝,『東京故事物語』, 河出書房, 1968.

ポンペ 著, 沼田次郎 他譯,『ポンペ日本滯在見聞記』, 雄松堂, 1968.

日本風俗史學會 編,『近代日本風俗史 卷五 食事と食品』, 日本風俗史學會, 1968.

宮內廳 編,『明治天皇紀 第二』, 吉川弘文館, 1969.

森銑三,『明治東京逸聞史 一~二』, 平凡社, 1969.

筑波常治,『米食・肉食の文明』, 日本放送出版協會, 1969.

柴田書店 編,『とんかつ』, 柴田書店, 1969.

大塚力,『食生活近代史—食事と食品—』, 雄山閣出版, 1969.

明治大正昭和新聞研究會 編,『新聞集錄 明治史』, 明治大正昭和新聞研究會, 1970.

日本食肉加工協會 編,『食肉加工百年史』, 日本食肉加工協會, 1970.

ボードウェン 著, 永積洋子 譯,『平戶オランダ商館の日記』, 岩波書店, 1970.

守安正,『日本名菓辭典』, 東京堂出版, 1971.

昭和女子大學食物學研究室,『近代日本食物史』, 近代文化研究所, 1971.

杉田浩一,『「こつ」の科學』, 柴田書店, 1971.

多田鐵之助,『たべもの日本史』, 新人物往來社, 1972.

中尾佐助,『料理の起源』, 日本放送出版協會, 1972.

山本嘉次郎,『日本三大洋食考』, 昭文社出版部, 1973.
ヴァリニャーノ 著, 松田毅一 他譯,『日本巡察記』, 平凡社, 1973.
森林太郎,『鷗外全集 第二八卷』, 岩波書店, 1974.
石毛直道, 大塚滋, 篠田統,『食物誌』, 中央公論社, 1975.
大塚滋,『食の文化史』, 中央公論社, 1975.
安藤靜夫, 小笠原武,『食物の始まりと由來』, 都出版, 1975.
近藤弘,『日本人とたべもの』, 毎日新聞社, 1975.
宮內廳 編,『明治天皇紀 第一二』, 吉川弘文館, 1975.
玉川一郎,『たべもの世相史 東京』, 毎日新聞社, 1976.
川崎房五郎,『文明開化東京①』, 桃源社, 1976.
安達巖,『日本の食物史』, 同文書院, 1976.
露木英男,『食物の歷史』, 德間書房, 1976.
多田鐵之助,『味の日本史』, 新人物往來社, 1976.
樋口清之,『食べる日本史』, 柴田書店, 1976.
石井治兵衛,『日本料理法大全 復刻版』, 新人物往來社, 1977.
加藤秀俊,『食生活世相史』, 柴田書店, 1977.
小柳輝一,『たべもの文化誌』, 新人物往來社, 1977.
林美一,『江戶店鋪圖譜』, 三樹書房, 1978.
企畵開發センター編,『明治・大正くらしの物語 上卷』, 企畵開發センター, 1978.
岡田章雄,『明治の東京』, 桃源社, 1978.
茂手木雅章,『うるさい男も默る洋食の本』, 主婦の友社, 1978.
平野雅章,『食の文化考』, 東京書籍, 1978.
大塚力,『「食」の近代史』, 敎育社, 1979.
ルイス・フロイス 著, 松田毅一 他譯,『日本史』, 中央公論社, 1979.
主婦の友社 編,『プロ自傳 おかず』, 主婦の友社, 1979.
芳賀徹,『明治維新と日本人』, 講談社, 1980.
茂出木心護,『洋食や』, 中央公論社, 1980.

池田彌三郎, 『私の食物誌』, 新潮社, 1980.

池波正太郎, 『食卓の情景』, 新潮社, 1980.

獅子文六, 『飲み·食い·書く』, 角川書店, 1980.

川邊長次郎 編, 『日本食肉史年表』, 食肉通信社, 1980.

石毛直道 他編, 『週刊朝日百科 世界のたべもの』, 朝日新聞社, 1980~83.

河野友美, 『日本人の味覺』, 玉川大學出版部, 1980.

安達巖, 『日本食物文化の起源』, 自由國民社, 1981.

池田彌三郎, 『食前食後』, 旺文社, 1982.

石毛直道, 『食事の文明論』, 中央公論社, 1982.

小松左京, 石毛直道, 『にっぽん料理大全』, 潮出版, 1982.

越中哲也, 『長崎の西洋料理』, 第一法規出版, 1982.

木村莊八, 『木村莊八全集 第七卷』, 講談社, 1982.

安達巖, 『日本型食生活の歷史』, 農山漁村文化協會, 1982.

平野雅章, 『料理名言辭典』, 東京堂出版, 1983.

伊東昌輝, 『南蠻かんぬし食物誌』, 鎌倉書房, 1983.

遠藤元男, 谷口歌子, 『日本史小百科一六 飲食』, 近藤出版社, 1983.

小柳輝一, 『繪で見る日本食物誌』, 春秋社, 1984.

村岡實, 『日本人と西洋食』, 春秋社, 1984.

文藝春秋 編, 『東京たべもの探險』, 文藝春秋, 1984.

池波正太郎, 『むかしの味』, 新潮社, 1984.

『大百科事典』, 平凡社, 1984.

氣樂プロ, 『1000円グルメの本』, 山手書房, 1985.

平野雅章, 『たべもの語源考』, 雄山閣出版, 1985.

締木信太郎, 『パンの百科』, 中央公論社, 1986.

和歌森太郎 編, 『新版 日本生活文化史-九: 市民的生活の展開』, 河出出版新社, 1986.

全國調理師養成施設協會 編, 『調理用語辭典』, 全調協, 1986.

増田太次郎, 『チラシ廣告に見る大正の世相・風俗』, ビジネス社, 1986.
多田鐵之助, 『食通の日本史』, 德間書店, 1987.
宮崎昭, 『食卓を變えた肉食』, 日本經濟新聞社, 1987.
富田仁, 『舶來事物起源事典』, 名著普及會, 1987.
農林統計協會 編, 『農林統計調査(日本人と肉食シリーズ)』, 農林統計協會, 1987~88.
富田仁, 內海あぐり, 『グルメは文化である』, 白馬出版, 1988.
加太こうじ, 『江戸のあじ東京の味』, 立風書房, 1988.
食文化研究所 編, 『食の百科事典』, 新人物往來社, 1988.

- 헤이세이平成 시대

  木村屋總本店 編, 『木村屋總本店百二十年史』, 木村屋總本店, 1989.
  多田鐵之助, 『味の日本史』, 德間書店, 1989.
  原田信男, 『江戸の料理史』, 中央公論社, 1989.
  杉田浩一, 『調理のコツの科學』, 講談社, 1989.
  鈴木晋一, 『たべもの史話』, 平凡社, 1989.
  尾佐竹猛, 『幕末遣外使節物語』, 講談社, 1989.
  栗田泰二 編, 『日本食肉史基礎資料集成』, 第289號, 東京栗田, 1990.
  伊藤記念財團 編, 『日本食肉文化史』, 伊藤記念財團, 1991.
  富田仁, 『渡來食はじまり紀行』, 農山漁村文化協會, 1991.
  小菅桂子, 『にっぽん臺所文化史』, 雄山閣出版, 1991.
  柳田國男, 『明治大正史世相編 新裝版』, 講談社, 1993.
  安達巖, 『新版日本型食生活の歷史』, 新泉社, 1993.
  岡田哲, 『コムギ粉の食文化史』, 朝倉書店, 1993.
  原田信男, 『歷史のなかの米と肉』, 平凡社, 1993.
  橋本慶子 他編, 『調理のための食品學辭典』, 朝倉書店, 1994.
  山內昶, 『「食」の歷史人類學―比較文化論の地平』, 人文書院, 1994.
  小菅桂子, 『にっぽん洋食物語大全』, 講談社, 1994.

原田信男,『木の實とハンバーガー』, 日本放送出版協會, 1995.

岡田哲,『日本の味探究事典』, 東京堂出版, 1996.

主婦の友社 編,『料理食材大事典』, 主婦の友社, 1996.

安達巖,『ものと人間の文化史八〇 パン』, 法政大學出版局, 1996.

石毛直道 他編,『日本の食一〇〇年(つくる)』, ドメス出版, 1997.

芳賀登, 石川寬子,『日本の食文化一一』, 雄山閣出版, 1997.

小菅桂子,『近代日本食文化年表』, 雄山閣出版, 1997.

岡田哲,『世界の味探究事典』, 東京堂出版, 1997.

石井研堂,『明治事物起源 八』, 筑摩書房, 1997.

日本調理科學會,『總合調理科學事典』, 光生館, 1997.

石川寬子 他監修,『全集日本の食文化 第八卷 異文化との接觸と受容』, 雄山閣出版, 1997.

南直人,『ヨーロッパの舌はどう變わったか』, 講談社, 1998.

岡田哲,『食の文化を知る事典』, 東京堂出版, 1998.

江原絢子, 杉田浩一,「日本の食文化の變遷(1)」,『食生活研究 一九卷の四』, 食生活研究會, 1998.

伊東椰子,『船が運んだ日本の食文化』, 調理榮養教育公社, 1998.

菊地眞一 編,『明治大阪物賣圖彙』, 和泉書院, 1998.

石毛直道 監修,『講座食の文化 第二卷 日本の食事文化』, 味の素食の文化センター, 1999.

石毛直道 監修,『講座食の文化 第三卷 調理とたべもの』, 味の素食の文化センター, 1999.

全國食糧振興會,『日本の食文化 明治篇』, 全國食糧振興會, 1999.

岡田哲,『コムギ粉料理探究事典』, 東京堂出版, 1999.

草間俊郎,『ヨコハマ洋食文化事始め』, 雄山閣出版, 1999.

돈가스의 탄생
튀김옷을 입은 일본근대사

2006년 6월 30일 초판 1쇄 펴냄
2020년 11월 30일 초판 8쇄 펴냄

지은이 오카다 데쓰岡田 哲
옮긴이 정순분

펴낸이 정종주
편집주간 박윤선
편집 강민우 김재영
마케팅 김창덕

펴낸곳 도서출판 뿌리와이파리
등록번호 제10-2201호(2001년 8월 21일)
주소 서울시 마포구 월드컵로 128-4 2층
전화 02)324-2142~3
전송 02)324-2150
전자우편 puripari@hanmail.net

디자인 북 커뮤니케이션
종이 화인페이퍼
인쇄·제본 영신사
라미네이팅 금성산업

값 13,000원
ISBN 89-90024-54-4 (03910)